张晓红 战迪 等著

粤港澳大湾区世界重要人才中心和创新高地建设

CONSTRUCTION OF
A WORLD IMPORTANT TALENT CENTER
AND INNOVATION HIGHLAND
IN GUANGDONG-HONG KONG-MACAO
GREATER BAY AREA

社会科学文献出版社
SOCIAL SCIENCES ACADEMIC PRESS (CHINA)

作者简介

张晓红

　　荷兰莱顿大学比较文学博士，二级教授、博士生导师，深圳大学全球传播研究院院长，韶关学院校长，国家社科基金重大项目首席专家。兼任中国比较文学学会常务理事、深圳市社会科学联合会副主席、深圳香蜜湖国际金融科技研究院理事长。主要研究领域为比较文学、国际传播等，在《文学评论》《中国比较文学》《现代传播》和 *Journal of Modern Literature*，*Comparative Literature Studies* 等 CSSCI、A&HCI 及 SSCI 国内外权威期刊上发表中英文论文 70 多篇，出版 *The Invention of a Discourse* 和《英国跨文化小说中的身份错乱》等专（合）著 6 部、译著 8 部，主编外语专业系列教材 10 余种。主持国家社科基金重大项目 1 项，曾主持国家社科基金一般项目 2 项、省部级重大项目 3 项、省部级其他项目 5 项。30 余篇咨政信息获中办、国办等高层采纳，4 篇获中央主要领导人肯定性批示。

战　迪

　　深圳大学社会科学部副主任，传播学院、全球传播研究院教授，博士生导师。深圳市鹏城孔雀计划人才、深圳大学"荔园优青"培养对象。先后获深圳市哲学社会科学奖新人奖、中国电视文艺"星光奖"理论奖二等奖、中国电视剧"飞天奖"理论奖一等奖、中国高等院校影视学会"学会奖"一等奖和二等奖、广东省哲学社会科学优秀成果奖二等奖、教育部高等学校科学研究优秀成果奖三等奖等。中国世界华文文学学会常务理事、中国高等教育学会影视传媒专业委员会理事。主持国家社科基金项目和省部级科研项目 6 项。近年来在《文艺研究》《现代传播》《当代电影》等重要期刊发表论文 100 余篇，多篇文章被人大复印报刊资料转载。主要研究领域为影视艺术、视听传播、数字媒体文化。

目　录

绪　论 / 1

第一章　人才强国战略背景下中国共产党对人才工作领导的
　　　　制度体系 / 10

第一节　中国共产党的人才工作领导制度体系 / 12

第二节　中国共产党的人才工作领导制度在粤港澳大湾区的
　　　　实施情况 / 48

第三节　进一步建设和优化党在粤港澳大湾区人才工作领导
　　　　制度的建议 / 64

第二章　人才培养机制的中外比较和创新高地建设 / 69

第一节　科研人才评价体系的中外比较 / 70

第二节　拔尖创新人才的自主培养 / 102

第三章　建设世界人才中心的评估体系与体制改革 / 122

第一节　人才贡献评价研究基础 / 123

第二节 "人才+城市"才城融合评价指标体系 / 142

第三节 中国主要城市才城融合综合评价分析 / 160

第四节 中国各城市发展建议 / 179

第四章 聚天下英才而用之的人才文化生态建设 / 195

第一节 粤港澳大湾区人才文化软实力建设的现状与问题 / 197

第二节 粤港澳大湾区人文价值链的内核与推介路径 / 213

第三节 粤港澳大湾区人才文化生态的优化方案 / 225

第五章 本土人才全球竞争力的法治保障 / 246

第一节 粤港澳大湾区提高本土人才国际竞争力的立法
现状与不足 / 246

第二节 粤港澳大湾区建设世界重要人才中心和创新高地的
法治路径与建议 / 253

第六章 粤港澳大湾区人才中心与创新高地的深圳实践
与发展建议 / 269

第一节 深圳科技创新人才发展现状与建议 / 269

第二节 深圳文化艺术人才发展现状与建议 / 284

结 语 / 305

后 记 / 309

绪　论

一　研究定位

2021年9月，习近平总书记在中央人才工作会议上明确提出，"加快建设世界重要人才中心和创新高地，需要进行战略布局。综合考虑，可以在北京、上海、粤港澳大湾区建设高水平人才高地"。[①] 2022年，党的二十大报告指出，"必须坚持科技是第一生产力、人才是第一资源、创新是第一动力，深入实施科教兴国战略、人才强国战略、创新驱动发展战略，开辟发展新领域新赛道，不断塑造发展新动能新优势"。[②] 以中国式现代化全面推进科教事业的高质量发展，人才建设在其中发挥支撑作用，是谋篇布局的重中之重。正如习近平总书记指出的那样，"国家发展靠人才，民族振兴靠人才"。[③] 作为党和国家明确的战

---

① 习近平：《深入实施新时代人才强国战略 加快建设世界重要人才中心和创新高地》，《求是》2021年第24期。

② 《习近平著作选读》第一卷，人民出版社，2023，第28页。

③ 《强化中国式现代化人才支撑》，《人民日报》2024年4月22日。

略部署，加快建设世界重要人才中心和创新高地是实现人才强国、创新驱动的重要内容。

就人才议题，广东省第十三次党代会提出，"要聚焦高精尖缺打造科技创新主力军，绘制全球高精尖缺人才地图和引才图谱，引育集聚具有战略科学家潜质的高层次复合型人才、一流科技领军人才和创新团队、青年科技人才、卓越工程师"。① 目前，粤港澳大湾区拥有超过 14 万亿元的巨大经济体量②、全球最完整的产业链，是中国经济社会的重要发展引擎。根据《2022 全球创新生态系统报告》，深圳—香港—广州科技集群发展成绩名列前茅，这表明粤港澳大湾区基本具备建设世界重要人才中心和创新高地的基础条件。

在人类文明史中，科技、人才、创新三大要素始终相生相伴。近现代以来，全球先后形成了包括 16 世纪的意大利、17 世纪的英国、18 世纪的法国、19 世纪的德国和 20 世纪的美国在内的五大人才中心。这些人才中心作为科技创新的首要推动力，直接影响着这些国家的世界地位，乃至人类文明的发展进程。③ 正如习近平总书记所强调的，"人类历史上，科技和人才总是向发展势头好、文明程度高、创新最活跃的地方集聚"。④ 当今世

① 《新华全媒+丨"中国引力"不减 粤港澳大湾区成全球生产要素聚集地》，"新华社"百家号，2022 年 12 月 21 日，https://baijiahao.baidu.com/s?id=1752827505 580635200&wfr=spider&for=pc。
② 《粤港澳大湾区 2024 建设报告：经济规模登顶全球湾区第一梯队》，大湾区经济网，2024 年 12 月 24 日，https://www.163.com/dy/article/JK6BAA4S0556AJ45.html。
③ 徐芳：《建设世界重要人才中心和创新高地》，"济宁新闻"百家号，2022 年 12 月 1 日，https://baijiahao.baidu.com/s?id=1750992878518328432&wfr=spider&for=pc。
④ 《中国式现代化关键在科技现代化》，新华网，2023 年 8 月 7 日，http://www.xinhuanet.com/politics/20230807/782c65dc873a4c0c83aedbfb195284d0/c.html。

界正经历百年未有之大变局，新一轮科技革命和产业变革突飞猛进。人民生活福祉、国家前途命运与科技创新紧密相连。具体到粤港澳大湾区的国家战略布局，在全球范围内吸引人才、孵化人才、尊重人才、激励人才，不仅是区域经济社会高质量发展之所需，也是科教兴国的必然选择。

　　加快建设粤港澳大湾区世界重要人才中心和创新高地，务必把握战略主动，做好顶层设计和战略谋划。习近平总书记着眼 2025 年、2030 年、2035 年三个重要时间节点，提出明确的建设目标：到 2025 年，全社会研发经费投入大幅增长，科技创新主力军队伍建设取得重要进展，顶尖科学家集聚水平明显提高，人才自主培养能力不断增强，在关键核心技术领域拥有一大批战略科技人才、一流科技领军人才和创新团队；到 2030 年，适应高质量发展的人才制度体系基本形成，创新人才自主培养能力显著提升，对世界优秀人才的吸引力明显增强，在主要科技领域有一批领跑者，在新兴前沿交叉领域有一批开拓者；到 2035 年，中国在诸多领域形成人才竞争比较优势，国家战略科技力量和高水平人才队伍位居世界前列。① 这三个关键性人才战略目标，为加快建设世界重要人才中心和创新高地确立了"时间表"和"路线图"。对标党中央的战略部署，为更好地发挥粤港澳大湾区人才工作的先锋示范和辐射带动作用，推动中国尽快迈入创新型国家前列、实现人才强国的战略目标，积极回应"未来的人才中心和创新高地在哪里"这一时代之问，本书以应

① 《人民日报评论员：全面贯彻新时代人才工作新理念新战略新举措——论学习贯彻习近平总书记中央人才工作会议重要讲话》，中华人民共和国中央人民政府网，2021 年 9 月 29 日，https://www.gov.cn/xinwen/2021-09-29/content_5639946.htm。

用性和对策性研究为主，从交叉学科、跨学科、超学科的视野出发，充分调用政治学、管理学、法学、教育学、社会学等相关学科的理论资源，试图对该议题进行科学有效的研判。

基于以上分析，本书将研究对象整体定位于"粤港澳大湾区的人才建设"，特别着眼于"人才中心"和"创新高地"两个发展目标，全面呼应新时代科技强国的战略布局。同时，本书遵循以人才中心和创新高地支撑综合性国家科学中心建设，以综合性国家科学中心支撑国际科学创新中心建设的战略逻辑。具体而言，本书以"路线图"为突破口，纲举目张，系统把握人才战略规划。

二 研究目标

第一，从政策研究视角出发，对中国共产党人才领导工作的制度体系进行历时与共时相结合的研究，从而厘清人才发展的制度脉络。第二，从教育研究视角出发，放眼第二个百年奋斗目标的壮阔前景，充分借鉴西方成熟经验，并结合中国本土的历史与实际，探索粤港澳大湾区乃至全国的人才培养、孵化机制，进而提出前瞻性、政策性建议。第三，从经济管理和人力资源研究视角出发，研究粤港澳大湾区建设世界人才中心的量化评估体系与体制改革方案，为区域人才队伍高质量发展提供切实有效的咨政建议和操作指南。第四，从文化建设视角出发，研究粤港澳大湾区文化生态的吸引力、向心力和凝聚力，深入思考人文精神和文化品牌定位对识别、理解粤港澳大湾区地标的价值与意义。同时，依循从文化认知到思想认同的发展路径，从"对幸福的承诺"这一精神坐标出发，描绘粤港澳大湾区人才中心和创新高地的精神文明建设图景。第五，从法律法规研究视角出发，思考在以粤港澳大湾区为典型案例和规划模板的本土人才国际化战略中，积极融入国际竞争体系的法律保障问题。同时，站在基础设施建设的立场，考察法律法规建设对于人才"引进来""走出去"的保障功能、保障模式和保障路径。总体而言，回应上述问题，有助于我们破解人才中心和创新高地建设中的难点和堵点，为粤港澳大湾区高质量发展提供有力的人才保障和智力支撑。

三　研究内容与方法

本研究以全面加强党管人才的宏观工作指导为基本立场，以推动教育科技人才一体化发展和加强创新平台建设为思路，以引育并举、加快会聚一流创新人才团队为内在要求，以打造一流生态并持续提升人才服务保障水平为建设目标，围绕五个方向展开了研究。

（一）方向1：人才强国战略背景下中国共产党领导人才工作的制度体系

人才强国战略作为在新时代、新征程的历史方位上做出的重要政治论断，体现出人才在国家战略全局中的显著地位。加快建设人才强国，必须把牢政治方向，坚持党对人才工作的全面领导。本书第一章从"史论结合、论从史出"的立场出发，深入分析中国共产党在不同历史时期的人才战略轨迹，定位当下人才工作的政策重点和理论要点，从而明确党对人才工作的全面领导，是做好人才工作的思想基础和政治基础。本研究通过对宏观人才制度的解读，为粤港澳大湾区人才发展规划做好政治引领。本研究从政治学视角切入，为深化人才发展体制机制改革提供了建设性意见，积极推动营造鼓励人才干事业、支持人才干成事业、帮助人才干好事业的良好政策制度环境。本研究还从领会党的人才领导工作思路入手，促进制度优势转化为人才优势和科技竞争优势，为粤港澳大湾区加速集聚各类人才，并激发他们的创新创造热情，加快构建世界级人才中心和创新高地，提供了完整的制度和政策阐释。本研究认为，应引导人才充分了解国家战略，进而激发活力，实现创新驱动，在更多领域形成人才国际竞争的比较优势，不断挖掘新动能，创造新优势。

（二）方向 2：人才培养机制的中外比较和创新高地建设

有效的人才培养机制包含两个重要方面：怎样认定和评价人才，如何培养高水平创新人才。本书第二章首先从高水平人才评价机制的中外比较入手，通过考察中、美、英、德、法、日、意七国在科研人才评价体系方面的异同，审视了中国科研人才评价体系的优点和不足，以探寻高水平科研人才培养的内在规律，为中国科研人才评价良性发展提供建设性意见。该章还聚焦拔尖创新人才的自主培养，对拔尖创新人才自主培养的现状进行评析，而后分析制约拔尖创新人才自主培养的评价问题以及内在原因，最后提出通过深化教育评价改革助力中国拔尖创新人才自主培养的建议。

（三）方向 3：建设世界人才中心的评估体系与体制改革

随着经济社会的不断进步，人才发展需求不断更新，影响人才发挥作用的因素也变得日益复杂。人才发展与城市经济、环境、社会系统相互依存、互利共生。各个城市厘清各自人才发展工作现状、发挥自身发展优势、制定符合自身的人才工作政策显得尤为重要。如何科学地制订和实施人才工作计划，加速构建世界人才中心？这是一份必须答好的时代问卷。基于此，本书第三章通过构建科学指标体系，对人才发展水平进行了测算和衡量。这既能够帮助粤港澳大湾区清晰地把握人才和城市融合发展的当前水平，又能全面了解人才发展现状，以及当前城市发展和人才建设工作中的不足，从而为加快培育造就高质量人才队伍、有效实施人才战略提供决策参考。本研究从"引得进、留得住、用得好"角度，全面考虑政府引才政策的效果。在指标选取上，本研究坚持科学性、系统性、可比性、可操作和动态性原则，密切结合中国国情，制定了包括经济融合、创新融合、共生融合、成长融合、制度融合在内的五个测量维度，以全面评估人才融合发展的水平。

（四）方向 4：聚天下英才而用之的人才文化生态建设

在人类历史上，人才总是聚集在发展势头好、文明程度高、创新最活跃的地方。人才文化往往以非物质和非组织化的精神力量塑造人才的是非观、价值观、道德观、人生观，以及社会风气。人才文化生态建设，对人才强国和人才自身发展都至关重要。良性的人才文化生态建设一方面能够赋予人才归属感、认同感、幸福感和共同体意识；另一方面可以强化人才队伍的精神文明气质，深化其德才兼备的自我修养，塑造其爱岗敬业的职业品格，增强其遵纪守法的公民意识，树立其爱国爱党的家国情怀。本书第四章将传承中华优秀传统文化、优化人才软环境视为吸引人才聚集的生态性理念。作为研究要点，该章为粤港澳大湾区各级党政机关和企事业单位提供了关于人才文化生态建设的智力支持。具体而言，该章紧密围绕区域文化品牌建设，为做好粤港澳大湾区经济社会发展的宣介工作、提升各类文化平台的辐射效能提出建设性意见，从而积极推动粤港澳大湾区用好、用活各类人才，画出最大的"文化同心圆"。本研究成果以促进人才的全面发展为目标，提出不仅要重视人才的"物质贡献"，更要重视人才的"精神贡献"，倡导从多元精神价值中求主导、从多样精神价值中求共识、从多变精神价值中求主动、从多选精神价值中求优势，推动粤港澳大湾区人才队伍欣欣向荣的精神家园建设。

（五）方向 5：本土人才全球竞争力的法治保障

人才治理法治化的建设目标在于，促使人才工作由政策创新转向依法建制，持续优化人才环境和营商环境，打造稳定的人才法治生态。随着全球化浪潮和全球移民化趋势的深入发展，各国陆续将本土人才国际化和国际人才本土化纳入重要人才规划范畴。中国推动相关立法工作，将党中央、国务院关于人才工作的规定、要求和各地行之有效的经验做法以法律形式固定下来，为人才的"引育留用"提供法治保障。本书第五章首先从全球比较视野梳理粤港澳大湾区各地人才工作立法现状，提炼各地立法共性与特色，分析存在问题及完善路径，探索立法引领粤港澳大湾区贯通引才、服务留才、统筹育才"三位一体"的人才流动与协同创新通道，为区域内人才一体化、各类要素实现自由流动提供了立法建议。本研究还进一步切入粤港澳大湾区人才规则制定的难题，深入探讨了如何从顶层设计入手，推动深圳、珠海利用特区立法权与港澳规则衔接、与港澳机制对接，打造具有粤港澳大湾区特色、彰显"两制"优势的区域立法示范区。

本书具体研究思路和方法如图 0-1 所示。

研究领域	研究内容	技术方法

一 | 政策研究 → 中国共产党领导人才工作的制度体系研究 ← 文献法

二 | 教育研究 → 人才培养机制的中外比较和创新高地建设研究 ← 访谈和比较研究

三 | 经济管理研究 → 建设世界人才中心的评估体系与体制改革研究 ← 熵值法

四 | 文化研究 → 人才文化生态建设研究 ← 访谈法

五 | 法学研究 → 本土人才及其创新实践的国际竞争力法治保障研究 ← 实证调研及区域比较研究法

形成建设方案、咨政建议

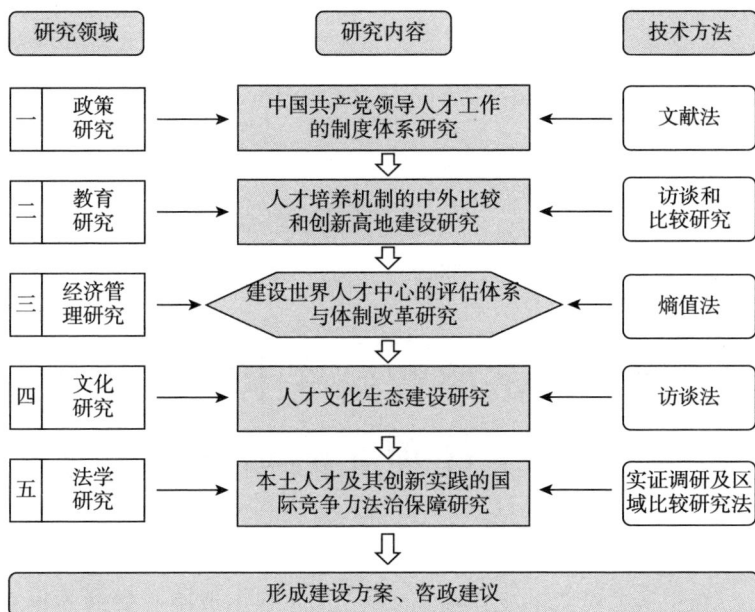

图 0-1　研究思路和方法

第一章

人才强国战略背景下中国共产党对人才工作领导的制度体系

在中国共产党的工作体系中，"人才强国战略"始终占据着重要的地位。2021年，习近平总书记在中央人才工作会议的讲话上指出，当前，中国已经进入向第二个百年奋斗目标进军的新征程，比任何时期都接近中华民族伟大复兴的宏伟目标，也比任何时期都更加需要人才。① 因此，中国共产党做出"深入实施新时代人才强国战略"的部署，以加快建设世界重要人才中心和创新高地，为实现中华民族伟大复兴的中国梦提供强大的人才支持。加快建设世界重要人才中心和创新高地，必须把握战略主动，做好顶层设计和战略谋划，其中的关键便是建立既有中国特色又有国际竞争比较优势的人才发展体制机制。

---

① 习近平：《深入实施新时代人才强国战略　加快建设世界重要人才中心和创新高地》，《创造》2022年第4期。

　　粤港澳大湾区在吸引人才方面具有得天独厚的优势。它具备广深科技创新走廊和轴带支撑的珠西先进装备制造产业带，汇集了国内外先进制造业和战略性新兴产业的技能技术型人才；它还拥有香港大学、香港科技大学、香港中文大学等多所世界知名高校，建有多个国家级、省级实验室，在生物医药、新材料、电子信息等领域具有世界顶尖的人才资源；同时，香港、广州、深圳等地在金融、法律、商务、知识产权、创新孵化等科技创新服务领域汇集了大量具有国际视野的人才；而且，"一个国家、两种制度、三个关税区、四个核心城市、三种流通货币"的独特区域体制背景，赋予了粤港澳大湾区高效便捷的交通条件，使之形成了联通内外的发展格局，令其具备打造高质量发展新引擎的战略价值。①

　　2023 年，习近平总书记在视察广东时的重要讲话中指出，要使粤港澳大湾区成为"新发展格局的战略支点、高质量发展的示范地、中国式现代化的引领地"，尤其强调"要推进粤港澳大湾区人才高地建设，形成高端科创人才聚集效应"。② 这一指示为高水平谋划推进粤港澳大湾区建设提供了根本遵循和目标指引。然而，如何建设粤港澳大湾区高水平人才高地，尤其是如何从政策制度环境的角度，在粤港澳大湾区建设鼓励人才干事业、支持人才干成事业、帮助人才干好事业的良好人才发展

---

① 张燕：《粤港澳大湾区创新人才高地建设机制探索》，《江苏商论》2023 年第 10 期。

② 《习近平在广东考察时强调：坚定不移全面深化改革扩大高水平对外开放 在推进中国式现代化建设中走在前列》，中华人民共和国中央人民政府，2023 年 4 月 13 日，https://www.gov.cn/yaowen/2023－04/13/content_5751308.htm。

机制，是当前在粤港澳大湾区建设世界重要人才中心和创新高地的基础和关键问题。本章的目的即在于通过解读中国共产党在人才工作领导中的制度体系，为粤港澳大湾区人才发展规划提供建设性意见。

本章由三个部分构成。第一部分通过梳理中国共产党人才工作领导机制的形成和发展历程，深入解读中国共产党各时期人才工作中的政策重点和理论要点，总结中国共产党领导人才工作的基本特点和思路，为粤港澳大湾区的人才发展规划做出政治引领。第二部分讨论党的人才工作领导制度在粤港澳大湾区的实施情况，通过对标世界三大成熟湾区和国内其他高水平人才高地，分析粤港澳大湾区人才工作的特点和需求，进而总结当前党的人才工作领导制度在粤港澳大湾区的优越性与亟待解决的问题，为制定下一步人才政策、推动产业升级、提升本区域的国际竞争力提供有力支持。第三部分从建设"充满活力的世界级城市群，具有全球影响力的国际科技创新中心，'一带一路'建设的重要支撑，内地与港澳深度合作示范区，宜居宜业宜游的优质生活圈"战略定位出发，为进一步优化粤港澳大湾区城市集群的人才政策和制度体系提供建设性建议。

第一节　中国共产党的人才工作
领导制度体系

一　中国共产党的人才工作领导制度的形成和发展

中国共产党的人才工作领导制度，是在长期的革命和建设实践中逐步形成和完善的。具体而言，中国共产党自建党以来的百余年历史征程（1921～2024 年）可以划分为新民主主义革命时期（1921 年 7 月至 1949 年 10 月）、社会主义革命和建设时期（1949 年 10 月至 1978 年 12 月）、改革开放和社会主义现代化建设新时期（1978 年 12 月至 2012 年 11 月）、中国特色社会主义新时代（2012 年 11 月至今）四个发展阶段。随着社会、政治、经济局势的不断变化，各个阶段国家发展建设的核心任务也在调整和变化。中国共产党针对各个历史阶段的国际局势和基本国情，出台了一系列与时俱进的人才政策。这些政策紧密围绕中国的国家发展大局和经济社会建设的核心任务，旨在将人才工作与国家的长远发展规划和现实需求紧密结合，确保人才资源得到最优配置。透过这几个历史阶段的人才工作重点，我们可以看出中国共产党对人才内涵的认识如何一步步深化，也可以从中总结出中国共产党领导人才工作的基本思路。

（一）新民主主义革命时期（1921 年 7 月至 1949 年 10 月）：建立统一战线

在中国共产党的百余年历史征程中，从党的诞生到 1949 年中华人民共和国成立的这段时期，是新民主主义革命时期。在这 28 年的时间里，中国共产党领导中国人民先后经历了大革命、土地革命、全民族抗日战争、解放战争四个重要的历史阶段。在不断的斗争与探索中，中国共产党带领人民廓清了此阶段中国社会的两大主要矛盾：一是帝国主义和中华民族的矛盾，二是封建主义和人民大众的矛盾。面对广大人民群众深受“三座大山”压迫、工人阶级人数少而战斗力强、农民和其他小资产阶级占人口大多数的基本国情，以毛泽东同志为代表的中国共产党人提出，要团结一切可以团结的力量，开展民主革命运动。党在新民主主义革命时期人才工作的目标，便是建立由中国共产党领导的各革命阶级、革命党派的统一战线。①

建党初期，党的首要任务是在国民中积极传播马克思主义，为革命奠定思想理论基础。党的早期领导人首先看到知识分子的力量，多次强调革命要团结和调动大量能主动快速吸收、掌握和宣传马克思主义的知识分子，尤其是青年学生。通过创办《向导》《中国青年》等报刊，早期中国共产党人积极展开面向知识分子的马克思主义思想宣传工作，试图唤醒知识分子的革命担当意识。② 萧楚女在《中国青年》刊文《革命中学生应持的态度》，在文中指出"中国现在除了革命没有第二条生路可走。……中国今后的革命必须建筑在民众的基础上。……在目前能负这个使命而且负到民众间去的，只有我们青年学生"③。早期共产党人们号召知识分子尤其是青年学生积极承担国民革命领导责任的论述，充分凸显了在建党早期，知识分子在中国共产党人才内涵中的重要地位。

在中国共产党的领导和革命知识分子的推动下，工人运动在中国大地如火如荼地展开。在此过程中，中国共产党人看到工人的力量，开始意识到要团结工人阶级作为革命的领导者。彭述之在《新青年》杂志上刊文《谁是中国国民革命之领导者》，明确指出中国的工人阶级在数量上多于资产阶级，而且在帝国主义与封建军阀的压迫下，他们具备远超过其他阶级的革

---

① 唐杰、陈莹、韩莹：《中国共产党人才工作的百年回顾与未来展望》，《经济研究参考》2021 年第 22 期。
② 易风林：《中共的革命指向与知识分子的革命自觉（1921—1927）》，《苏区研究》2020 年第 4 期。
③ 萧楚女：《革命中学生应持的态度》，《中国青年》1924 年第 35 期。

命性与觉悟力，是"世界革命之先锋军"，"天然是国民革命的领导者"。① 陈独秀也从党领导的工人运动中，逐步意识到工人阶级是中国"革命领袖军"。五卅运动后，他在《革命的上海》一文中指出，国民革命只有在革命的工人阶级的领导下才能进行到底。②

与此同时，随着中国共产党领导的农民运动的影响力逐步增加，早期共产党人也意识到团结农民阶级的重要性。李大钊不仅重视工人阶级在革命中的先锋作用，直接投身工人运动，而且进一步强调农民阶级在中国革命中的主力军作用，提出"他们若是不解放，就是我们国民全体不解放"③。彭述之还指出，"占中国人口百分之七十以上的农民群众，为中国国民革命之伟大的势力，谁也不能否认。……如果中国的农民群众不来参加国民革命运动，中国的国民革命运动是不会成功的"④。在这些认识的基础上，1925 年，中国共产党第四次全国代表大会明确指出要确立工农联盟，明确提出民族革命运动"必须最革命的无产阶级有力的参加，并且取得领导的地位，才能够得到胜利"⑤，"务必在反帝国主义反军阀的民族革命时代努力获得最大多数农民为工人阶级之革命的同盟"⑥。毛泽东尤其重视农民

---

① 彭述之：《谁是中国国民革命之领导者》，《新青年》（季刊）第 4 期，1924 年。
② 陈独秀：《革命的上海》，《向导》第 160 期，1926 年。
③ 李大钊：《青年与农村》，《晨报》1919 年 2 月 20~23 日。
④ 彭述之：《谁是中国国民革命的领导者》，《新青年》（季刊）第 4 期，1924 年。
⑤ 《中国共产党第四次全国代表大会对于民族革命运动之议决案》，载《中共中央文件选集（1921—1925）》，中共中央党校出版社，1989，第 329~341 页。
⑥ 《中国共产党第四次全国代表大会对于民族革命运动之议决案》，载《中共中央文件选集（1921—1925）》，中共中央党校出版社，1989，第 358~364 页。

在中国革命中的地位和作用，1927 年，他在《湖南农民运动考察报告》中指出，"没有贫农，便没有革命"，并提出国民革命要走依靠贫农、团结中农的阶级路线。① 中国共产党在这一时期密切团结和发动广大工农阶层的决策，明确了工农群众在中国新民主主义革命中的地位和作用，彰显了中国共产党独特的人才内涵。

对知识分子的争取和吸纳是这一时期党的人才工作的重点。建党初期，党中央对知识分子的阶级定性和历史作用进行了积极探索，总体上认为知识分子具有革命性。土地革命后期，为了建设红色政权，党中央提出，尽管知识分子有些是地主、富农、资本家家庭出身，但他们自己是使用脑力的劳动者，民主政权应当采取保护和吸纳他们的政策。② 在 1935 年瓦窑堡会议通过的《中共中央关于目前政治形势与党的任务决议》中，党明确将知识分子与工农群众列为中国革命的重要力量："中国工人阶级与农民，依然是中国革命的基本动力。广大的小资产阶级群众，革命的智识分子是民族革命中可靠的同盟者……"③ 同时，党中央也明确了判断知识分子是否值得团结的标准是其有没有与工农群众相结合。1939 年，毛泽东在为《解放》撰写的纪念五四运动二十周年的文章中指出，"在中国的民主革命运动中，知识分子是首先觉悟的成分……然而知识分子如果不和工农民众相结合，则将一事无成。革命的或不革命的或反革命的

---

① 《毛泽东选集》（第一卷），人民出版社，1991，第 19~21 页。
② 蔡庆新：《简析解放战争时期任弼时的政策思想》，中共中央党史和文献研究院，2017 年 9 月 5 日，https://www.dswxyjy.org.cn/n1/2019/0228/c423729-30946867.html。
③ 《建党以来重要文献选编（1921~1949）》（第 12 册），中央文献出版社，2011，第 536~537 页。

知识分子的最后的分界，看其是否愿意并且实行和工农民众相结合"①。可见，中国共产党在人才选任方面更看重知识分子的革命性和先进性，非无产阶级的出身并不会成为限制知识分子发展的否决性因素。

尤其值得注意的是，抗日战争全面爆发后，党大力吸收知识分子并积极培养他们使其加入干部队伍。1937年，毛泽东在《为争取千百万群众进入抗日民族统一战线而斗争》中指出，"要自觉地造就成万数的干部，要有几百个最好的群众领袖。这些干部和领袖懂得马克思列宁主义，有政治远见，有工作能力，富于牺牲精神，能独立解决问题，在困难中不动摇，忠心耿耿地为民族、为阶级、为党而工作"②。1939年，中共中央发出《大量吸收知识分子的决定》，批评一些地区和部门在工作中对知识分子的恐惧和排斥，要求全党和各地区、军队吸纳知识分子参加党，参加军队，参加政府工作，进行文化运动和民众运动。这份决议明确指出，对知识分子的正确政策是革命胜利的重要条件③。中国共产党团结、引导、鼓励、吸收、改造知识分子的政策，一时间吸引了万千革命知识青年成批地投入中国共产党领导的抗日和民主斗争的工作中。任弼时1943年12月在中央书记处工作会议上的发言中指出，抗战开始后，有4万余名知识分子来到延安。④ 革命

① 《毛泽东选集》（第二卷），人民出版社，1991，第559~560页。
② 《毛泽东选集》（第一卷），人民出版社，1991，第277页。
③ 徐明：《中国共产党百年人才思想的理论进路与实践向度》，《北京社会科学》2022年第2期。
④ 陈晨、张斌：《新华全媒＋｜这组大数告诉你，延安当年有多红｜4万多名知识分子奔赴延安！这里是抗战中的"光明之城"》，新华社，2021年4月15日，https://xhpfmapi. zhongguowangshi. com/vh512/share/9908500? chan-nel＝weixin。

的知识青年成批地投入军队，极大地改善了中国共产党的干部队伍素质结构。在这一时期，党对知识分子的优待政策，充分显示了中国共产党对人才的尊重和重视；党的领导人对人才应当服务广大人民群众利益、具备独立解决问题的能力的强调，也凸显了中国共产党人才内涵的革命性、群众性与实效性。①

可见，在新民主主义革命时期，中国共产党人才领导工作的重点在于团结和吸纳各类社会进步力量，包括具有革命精神的工农大众、干部与知识分子。在统一战线建立的过程中，党对人才的含义做出独具特色的阐述，明确了中国共产党的人才要能团结工农群众、全心全意为广大群众服务并且能独立解决问题，主张要根据知识分子的社会属性而不是政治出身来判定他们是不是党需要团结的人才。这一阶段的人才工作帮助中国共产党培养了一批军事和政治人才，为抗日战争和解放战争的胜利、农民运动和土地革命的开展提供了关键的人才保障。

（二）社会主义革命和建设时期（1949 年 10 月至 1978 年 12 月）：扩充人才队伍

1949 年之后，中国社会的主要矛盾发生了一些变化。在中华人民共和国成立初期，中国存在多种经济成分。农村的主要矛盾是封建主义与民主主义之间的矛盾，需要进行土地制度改革；土地改革之后，国内还存在工人阶级和资产阶级之间、社会主义道路和资本主义道路之间的矛盾。② 面对多种经济成分共

---

① 李焕荣、韦蓝欢、刘国顺：《中国共产党人才思想百年发展与演进》，《广东财经大学学报》2021 年第 6 期。

② 韩振峰：《中国共产党对我国社会主要矛盾的认识过程》，《光明日报》2018 年 6 月 6 日。

存的现实，中国共产党首先制定了过渡时期的总路线，开展了对农业、手工业和资本主义工商业的社会主义改造，逐步建立起以公有制为主体的社会主义经济基础。随着社会主义改造的顺利完成，中国社会实现了从新民主主义社会到社会主义社会的转变。在1956年召开的中国共产党第八次全国代表大会上，党中央明确指出，社会主义改造完成之后，中国社会的主要矛盾"已经是人民对于建立先进的工业国的要求同落后的农业国的现实之间的矛盾，已经是人民对于经济文化迅速发展的需要同当前经济文化不能满足人民需要的状况之间的矛盾"①。这些矛盾本质上反映了先进的社会主义制度同落后的社会生产之间的不匹配。解决这一问题，唯有大力发展经济，提高社会生产力。因此，党的工作重点从革命斗争转向经济建设。为了为新中国的建设迅速争取和培养大量政治可靠的专业人才，党的人才工作先后围绕扩大队伍、整编管理和教育改造三个目标而展开。②

中华人民共和国成立伊始，全国百废待兴，人才极度匮乏。据统计，在当时的4.5亿人口中，文盲有八成以上。③ 当时，中国社会的知识分子主要由三类人构成：第一类是革命知识分子，他们在新民主主义革命时期就已经被中国共产党团结和吸纳，在中华人民共和国成立后，其中的大多数被党和国家委以重任；第二类是国民党遗留的宣传和科教机构、厂矿企业、各种文艺

---

① 《中共中央文件选集》，人民出版社，2013，第248页。
② 唐杰、陈莹、韩莹：《中国共产党人才工作的百年回顾与未来展望》，《经济研究参考》2021年第22期。
③ 张锋：《新中国成立初期党集聚优秀人才的四大举措》，《中国人才》2021年第3期。

团体中的旧知识分子，他们数量比前者更多，分布在科教文卫等各个领域；第三类则是尚未成熟的青年学生。① 面对新中国繁重的发展和建设任务，党中央充分认识到人才的宝贵，在对人才队伍整体现状进行全面分析的基础上，及时制定了一系列科学的人才政策，全力将党内外、国内外的优秀人才团结到国家建设的进程中。

这一时期，党首先将重点放在迅速扩大各类人才队伍上。一方面，新政府采取各种方式，积极继承和吸纳旧政府遗留的数百万军政公教人员参加国家建设和社会服务。1949 年 12 月，中共中央发布《关于保护与争取技术人员的指示》，明确指出，原本属于旧中国资源委员会的一批工程技术人员，"大部分为中国比较优秀的技术专家，必须妥为保护，尽量争取原职原薪任用，不得采取粗暴态度"②。在《中共中央关于对旧职员的处理原则的指示》中，党中央再次指出，"应采取留用一切有用人员的态度…… 争取大批旧职员为我们政府工作"③。1950 年，毛泽东在中国共产党七届三中全会上的报告中进一步明确指出，要"有步骤地谨慎地进行旧有学校教育事业和旧有社会文化事业的改革工作，争取一切爱国的知识分子为人民服务"④。根据这些指示，党和政府共接收了 200 多万名旧知识分子，为新中

① 夏杏珍：《建国初期对知识分子思想改造的历史必然性》，《红旗文稿》2014 年第 21 期。
② 张锋：《新中国成立初期党集聚优秀人才的四大举措》，《中国人才》2021 年第 3 期。
③ 《建党以来重要文献选编（1921—1949）》第 26 册，中央文献出版社，2011，第 232 页。
④ 《毛泽东文集》（第六卷），人民出版社，1999，第 71 页。

国的科教文卫事业积累了宝贵的人才资源。[1] 对有一技之长而不是反动或劣迹昭著的知识分子，为了充分调动他们参与国家建设事业的积极性，党和政府对其实行"包工作、包分配、包吃住"的"包下来"人才政策，给予他们全方位的优待，并进行合适的工作安置。[2] 对于失业的知识分子，党和政府也通过组织学习、发放救济、介绍参加各种社会服务工作的方式予以支持，帮助他们重新就业。其中，部分具有影响力的知识分子代表人物，还能够在政府中担任重要职务，比如担任政务院副总理的黄炎培、新中国第一任最高人民法院院长沈钧儒等。[3] 这些政策充分展现了中国共产党惜才、爱才、容人的胸襟和气魄。

另一方面，中国共产党也注重自主培育可以参加社会主义革命和建设的人才，通过扫盲运动、创建速成中学等创新方式提高广大工农群众的文化素质，培育劳动人民出身的新知识分子。面对新中国成立初期全国八成以上的工农大众及其子女很难接受学校教育的现实，党和政府决定贯彻"教育为工农服务"的方针，大力发展工农教育。创办工农速成中学便是其中最具典型性的一种举措。1950 年，周恩来在《中央政务院关于举办工农速成中学和工农干部文化补习学校的指示》中提出，"工农干部是建设人民国家的骨干，但在过去的长期战争

---

① 张锋：《新中国成立初期党集聚优秀人才的四大举措》，《中国人才》2021 年第 3 期。

② 黎田：《新中国成立初期司法改革运动缘起新探——以对旧司法人员的政策调整为线索》，《当代中国史研究》2023 年第 4 期。

③ 夏杏珍：《建国初期对知识分子思想改造的历史必然性》，《红旗文稿》2014 年第 21 期。

环境中，他们很少有受系统的文化教育的机会。为了认真提高他们的文化水平以适应建设事业的需要，人民政府必须给予他们以专门受教育的机会，培养他们成为新的知识分子"①。为此，党和政府决定创办3年制的工农速成中学，从参加革命工作3年以上的工农干部或具有3年以上工龄的产业工人中，抽调或选送学员接受教育，为工农出身的人进入高等学校开辟渠道。工农速成中学及其相关升学政策对提高新中国成立初期工农干部的知识文化水平发挥了重要作用，据统计，1951~1952学年，全国高等学校工农成分学生占在校生总数的19.08%；1956~1957学年，工农成分学生占在校生总数的比例上升至34.1%。②

这一时期，党还通过举办扫盲运动的形式提升劳动人民和工农干部的文化水平。1952年，中共中央发布《关于推行速成识字法开展扫除文盲运动的指示》，要求从中央到县均设立扫除文盲委员会，广泛吸收知识分子与社会人士作为扫盲师资，"争取在两年内扫除各级机关团体的工农干部中的文盲，在三四年内扫除全体产业工人中的文盲，在六七年内扫除全国青壮年农民和行业工人中的文盲，务求在十年内将全国文盲全部扫除"③。这些举措在较短时间内提升了工农干部和群众的文化素质。

---

① 何东昌：《中华人民共和国重要教育文献（1949-1975）》，海南出版社，1998，第69页。

② 周慧梅：《速成教育与教育速成——以新中国成立初期工农速成中学为例》，《职业技术教育》2021年第30期。

③ 中共中央党史和文献研究院：《新中国成立初期中共中央关于扫除文盲工作文献选载（一九五二年九月——一九五六年三月）》，《党的文献》2012年第5期。

1964 年第二次全国人口普查的数据显示，全国 15 岁以上人口的文盲率已经由新中国成立初期的 80% 下降到 52%①，党和政府迅速获得了大量可以参与社会主义建设的人才。

与此同时，中国共产党也开始探索建立有中国特色的人才管理机构体系。为了改变旧时代中国科研工作和人才无组织、无计划的混乱局面，党制定和颁布了一系列方针政策，对科学界进行整编管理。一方面，1949 年，党主持建立了中国科学院，此后该机构迅速完成了对当时中央研究院、北平研究院的接收和改组，并在东北、西北等边疆地区建立多所研究所。② 另一方面，党领导整合了旧中国多种体制的大学，仿照苏联高校模式建立了面向国家工业化的一系列专业教育院校，改变了过去中国高等教育以通识教育为主、游离于国家发展需要之外的状况，迅速培养出一大批能够服务特定行业和区域经济社会发展的专业技术人才。③ 同时，党还新建了一批地方和行业科研机构。由此，到 20 世纪 50 年代中期，中国共产党已初步主持搭建出一个以中国科学院为核心，包括高等院校、中央产业部委所属科研院所，以及地方科研机构等 4 个方面力量在内的多级科研体系的框架，④ 以极高的效率为新中国科技事业的发展奠定了基础。从 1949 年到 1955 年，全国科研机构数量从 187 个上升到 840

---

① 《中国"扫盲"记：十几年扫掉上亿文盲，运动员起跑线上比写字》，瞭望智库，2019 年 9 月 28 日，https://www.thepaper.cn/newsDetail_forward_45 52896。

② 孙烈：《中国科技体制的演变》，《中国科学院院刊》2019 年第 9 期。

③ 周光礼：《构建中国特色高等教育体系：国家战略视角》，《中国高教研究》2020 年第 7 期。

④ 孙烈：《中国科技体制的演变》，《中国科学院院刊》2019 年第 9 期。

个，科技人员总数从不到 5 万人增加到 42.5 万人，①极大地促进了新中国科技平台和科研人才队伍的发展。

随着社会主义建设的推进，党也对人才的判断标准展开了进一步的研究和创新，针对某些知识分子思想进步不足的情况，开展了教育和改造活动。②以毛泽东同志为主要代表的中国共产党人首先提出"又红又专"的人才标准，对知识分子成长的目标提出"以红带专"的要求。1957 年，毛泽东在中共八届三中全会上指出，"政治和业务是对立统一的，政治是主要的，是第一位的，一定要反对不问政治的倾向；但是，专搞政治，不懂技术，不懂业务，也不行。我们的同志，无论搞工业的，搞农业的，搞商业的，搞文教的，都要学一点技术和业务。……我们各行各业的干部都要努力精通技术和业务，使自己成为内行，又红又专"③。这一论述表明，中国共产党需要的人才，首先应当具备无产阶级的世界观，拥护党的领导和社会主义的方向，用自己的专门知识为社会主义建设、祖国和人民服务。其次，以毛泽东同志为代表的党的领导人进一步强调知识与劳动生产实践相结合的重要性，认为无产阶级革命事业的接班人必须到工农群众中去，到实践中去，必须能将知识与生产劳动中的具体问题结合起来。1955 年，毛泽东在给河南郏县大李庄乡《在一个乡里进行合作化规划的经验》的按语中指出，"一切可以到农村中去工作的这样的知识分子，应该高兴地到那里去。农村

---

① 于飞：《建国 70 年中国科技人才政策演变与发展》，《中国高校科技》2019 年第 8 期。

② 徐明：《党管人才的核心议题、研究进路与实践向度》，《人民论坛·学术前沿》2023 年第 18 期。

③ 《毛泽东文集》（第七卷），人民出版社，1999，第 309 页。

是一个广阔的天地，在那里是可以大有作为的"①。1968 年 12 月，《人民日报》在醒目位置引述了毛泽东的指示，"知识青年到农村去，接受贫下中农的再教育，很有必要"②。在这些指示的号召下，中国广大知识青年掀起了上山下乡运动的热潮。据统计，截至 1979 年，全国共有超过 1791 万名知识青年来到乡村③，为农村地区的发展做出了一定的贡献。

从整体来看，在社会主义革命和建设时期，党的人才工作是围绕知识分子的吸纳、整编、教育和改造展开的。尽管这一阶段的人才领导工作经历了反复曲折的发展过程，但此阶段的探索帮助中国建立起科研机构和人才管理体制的框架，④ 提出了"又红又专""知识与劳动生产实践相结合"并将之作为适合社会主义建设的人才选拔标准，同时积累了高效率培养人才和加强党对人才培养领导工作的宝贵经验。

（三）改革开放和社会主义现代化建设新时期（1978 年 12 月至 2012 年 11 月）：人才制度上的时代革新

1978 年召开的中共十一届三中全会，开启了中国改革开放和现代化建设的新时期。1979 年，在党的理论工作务虚会上，邓小平就当时社会的主要矛盾进行了重要论述，他强调，"我们的生产力发展水平很低，远远不能满足人民和国家的需要……解决这个主要矛盾就是我们的中心任务"⑤。在这一阐述的指引

①　《毛泽东文集》（第六卷），人民出版社，1999，第 462 页。

②　《我们也有两只手，不在城里吃闲饭!》，《人民日报》1968 年 12 月 23 日。

③　顾洪章：《中国知识青年上山下乡始末》，人民日报出版社，2009。

④　唐杰、陈莹、韩莹：《中国共产党人才工作的百年回顾与未来展望》，《经济研究参考》2021 年第 22 期。

⑤　《邓小平文选》（第二卷），人民出版社，1994，第 182 页。

下，1981 年党的十一届六中全会通过了《中国共产党中央委员会关于建国以来党的若干历史问题的决议》，指出"我国所要解决的主要矛盾，是人民日益增长的物质文化需要同落后的社会生产之间的矛盾"①。因此，以经济建设为中心，大力发展社会生产力，成为党和国家在这一时期的工作重心。为满足社会主义现代化建设的人才需求，党的人才领导工作的重点转变为恢复和重建人才政策体系与加快人才管理体制机制改革，以充分适应经济高速发展的要求。

在此阶段，以邓小平同志为核心的党中央总结了社会主义革命和建设时期人才工作的经验和教训，提出"科学技术是第一生产力"的重要论断，呼吁社会主义现代化建设要给予知识分子应有的尊重，大力发展科学技术和教育。在邓小平的主持下，社会主义现代化建设初期的人才领导工作从四个方面展开。首先，承认和恢复知识分子在社会主义现代化建设中的重要地位。邓小平强调，"一定要在党内造成一种空气：尊重知识，尊重人才。要反对不尊重知识分子的错误思想。不论脑力劳动，体力劳动，都是劳动"②。1990 年，中共中央发布《关于进一步加强和改进知识分子工作的通知》，承认知识分子"在现代化建设和改革开放事业中作出了重大贡献"，强调全党必须高度重视知识分子工作，呼吁从中央到地方都要"继续增加对科学研究和教育事业的投入"，"认真研究和制定促进人才合理流动和有助于优秀青年人才进一步脱颖而出的方针政策"，"努力做好知识分子的培训提高工作，为他们的知识更新创造条件"，"完善出国留学制度"，

① 《改革开放三十年重要文献选编》（上），中央文献出版社，2008，第 212 页。
② 《邓小平文选》（第二卷），人民出版社，1994，第 40~41 页。

"努力改善知识分子的生活条件","要经常倾听广大知识分子的意见、建议和呼声,诚恳接受他们对党和政府工作的批评、监督"等。① 党和国家对知识分子的肯定和支持,有助于在全社会形成尊重知识、尊重人才的良好风尚,给知识分子参与社会主义现代化建设事业提供了重要的精神动力。

其次,以邓小平同志为核心的党中央重新阐释了社会主义现代化建设的人才标准。他呼吁全党要对"又红又专"有正确的理解。他指出,"专不等于红,但红一定要专",② "我们的科学事业是社会主义事业的一个重要方面。致力于社会主义的科学事业,作出贡献,这固然是专的表现,在一定意义上也可以说是红的表现"③。邓小平的这一论述,从根本上体现了党对知识分子的尊重,也体现了党在人才问题上捍卫真理、实事求是、敢于解放思想的魄力。在此基础上,邓小平提出社会主义需要的可靠接班人应当是"有理想、有道德、有文化、有纪律"的"四有"人才。1982 年 7 月,邓小平在军委的一次座谈会上明确指出"四有"的内涵,"搞社会主义精神文明,主要是使我们的各族人民都成为有理想、有道德、有文化、守纪律的人民"④。具体而言,他把"有理想,有马克思主义信念,有共产主义信念"放在首位,强调理想和纪律是中国共产党凝聚和领导人民克服困难、不断奋进的根本动力;他进一步指出,"有了理想,

① 《十三大以来重要文献选编》(中),中央文献出版社,1993,第 1223~1231 页。

② 《邓小平文选》(第二卷),人民出版社,1994,第 262 页。

③ 《邓小平文选》(第二卷),人民出版社,1994,第 92 页。

④ 《邓小平文选》(第二卷),人民出版社,1994,第 408 页。

还要有纪律才能实现"①；在人才成长的价值导向上，邓小平重申要"以德为先"，要求知识分子把国家、集体和个人利益结合起来，继承和发扬艰苦奋斗等中华民族优秀传统价值观；② 在实践层面，邓小平强调科学技术的重要性，呼吁重视高分子合成工业、原子能工业、电子计算机工业等新兴工业。③ "四有"新人的人才标准不但继承和延续了社会主义革命和建设时期"又红又专"的人才思想，而且是党的人才标准在新的历史时期的具体化表现，体现了中国共产党人才内涵的先进性和时代性。④

最后，在人才选任方面，以邓小平同志为核心的党中央主张，党的人才工作的重要任务是打破常规去发现、选拔和培养杰出的人才，他提出应选贤任能，破除论资排辈、任人唯亲、求全责备、狭隘身份观念、人才年龄限制等落后思想。在干部选任问题上，他认为首先应给予知识分子高度信任，当时社会主义现代化建设面临的问题，是缺少一批年富力强的、有专业知识的干部："干部构成不合理，缺乏专业知识、专业能力的干部太多，具有专业知识、专业能力的干部太少。比如现在我们能担任司法工作的干部，包括法官、律师、审判官、检察官、专业警察，起码缺一百万。"⑤ 其次，他还指出"四个现代化"的实现既需要坚持社会主义道路，又需要人才有真才实

---

① 《邓小平文选》（第三卷），人民出版社，1993，第 111 页。
② 刘勇：《邓小平的"四有"人才思想内涵新论——基于价值观研究的视角》，《重庆理工大学学报》（社会科学版）2015 年第 5 期。
③ 刘勇：《邓小平的"四有"人才思想内涵新论——基于价值观研究的视角》，《重庆理工大学学报》（社会科学版）2015 年第 5 期。
④ 何亚非：《邓小平"四有"人才思想浅论》，《西南民族学院学报》（哲学社会科学版）1999 年第 8 期。
⑤ 《邓小平文选》（第二卷），人民出版社，1994，第 263 页。

学，要坚持令党的干部队伍做到革命化、年轻化、知识化、专业化"四化"辩证统一。同时，在具体的人才选拔工作中，邓小平提出需要打破常规的思想方法、改革现行的组织制度，采取一些创造性的方法来选才用才。在邓小平等老一辈革命家的直接推动下，组织部门特别注意从四十岁左右的人中间，尤其是从 20 世纪 50 年代到 60 年代中期之前进入大学的大学生、中专毕业生中选拔干部；[①] 为了使这些有发展潜力的年轻干部有施展抱负的空间，他还建议建立干部离退休制度，要求"所有老干部都要认识，实现干部队伍的革命化、年轻化、知识化、专业化，是革命和建设的战略需要，也是我们老干部的最光荣最神圣的职责"；[②] 邓小平指出各行各业选拔人才都要不拘一格，强调"干部的提升，不能只限于现行党政干部中区、县、地、省一类台阶，各行各业应当有不同的台阶，不同的职务和职称。随着建设事业的发展，还要制定各个行业提升干部和使用人才的新要求、新方法。将来很多职务、职称，只要考试合格，就应当录用或者授予。打破那些关于台阶的过时的观念，创造一些适合新形势新任务的台阶，这才能大胆破格提拔。……一定要真正把优秀的中青年干部提拔上来，快点提拔上来。……特别优秀的，要给他们搭个比较轻便的梯子，使他们越级上来"[③]。

最重要的是，此阶段，党开始对人才管理体制机制进行改革。这首先体现在人才任用制度上的市场化改革。1989 年，国务院批准了《国家教委关于改革高等学校毕业生分配制度的报

---

① 《邓小平文选》（第二卷），人民出版社，1994，第 239~273 页。

② 《邓小平文选》（第二卷），人民出版社，1994，第 396 页。

③ 《邓小平文选》（第二卷），人民出版社，1994，第 324 页。

告》，指出"以统和包为特征的毕业生分配制度存在一些明显的弊端，不利于调动学生学习、学校办学、用人单位合理使用人才的积极性"①，必须把竞争机制正确地引入高等教育，进行招生、分配制度改革，依托市场配置人才资源。1994 年，中共中央组织部、人事部发布《加快培育和发展我国人才市场的意见》，推动建立和发展人才市场和人才聘用制度，着重强调要"确立人才与单位在人才市场中的主体地位""发挥市场调节手段的作用"②。2000 年，《关于深化科研事业单位人事制度改革的实施意见》③ 和《关于深化高等学校人事制度改革的实施意见》④ 出台，推动全国科研机构和高校建立了一系列灵活有效的用人机制，包括聘用制、未聘人员分流安置制度等。

与此同时，党还在这一阶段开启实施了一系列高层次人才计划。1993 年，国务院建立中国科学院院士制度，中国科学院学部委员改称为中国科学院院士。1994 年，中国工程院成立，两院院士制度正式建立，此后两院院士在国家经济社会发展的一系列战略问题上发挥了关键的作用。⑤ 1995 年，国务院印发

① 《国务院批转国家教委关于改革高等学校毕业生分配制度报告的通知》，《中华人民共和国国务院公报》1989 年第 12 号。
② 《关于印发〈加快培育和发展我国人才市场的意见〉的通知》，中国改革信息库，1994 年 8 月 30 日，http://www.reformdata.org/1994/0830/6734.shtml。
③ 《中共中央组织部、人事部、科学技术部关于印发〈关于深化科研事业单位人事制度改革的实施意见〉的通知》，中华人民共和国人力资源和社会保障部，2000 年 3 月 30 日，http://www.mohrss.gov.cn/xxgk2020/fdzdgknr/zcfg/gfxwj/rcrs/201407/t20140717_136293.html。
④ 《关于印发〈关于深化高等学校人事制度改革的实施意见〉的通知》，中华人民共和国中央人民政府，2000 年 6 月 20 日，https://www.gov.cn/gong-bao/content/2001/content_61330.htm。
⑤ 《改革开放 30 年人才工作发展记事：铸就人才强国基石》，央事网，2008 年 11 月 13 日，https://news.cctv.com/china/20081113/100661.shtml。

《关于培养跨世纪学术和技术带头人的意见》，呼吁各级政府和有关部门重视培养和造就跨世纪学术和技术带头人的工作，在重要学术、技术岗位的实践中培养、造就学术和技术带头人，努力为青年知识分子脱颖而出创造良好的工作和生活条件。此后，密集的高层次人才项目得以出台，如"跨世纪优秀人才培养计划"等。①

而且，此阶段的改革还制定了多样的人才激励方式。1999年，中国颁布《国家科学技术奖励条例》，开始建立完善的国家科学技术奖励体系。此外，在 2000 年印发的《关于深化科研事业单位人事制度改革的实施意见》《关于深化高等学校人事制度改革的实施意见》两份文件中，党和政府明确鼓励"丰富和完善科技生产要素参与分配的方法和途径"②，"将教职工的工资收入与岗位职责、工作业绩、实际贡献以及知识、技术、成果转化中产生的社会效益和经济效益等直接挂钩"③。1997 ~ 2001 年，"高新技术成果入股""国有企业股权激励试点"等多样化的分配激励政策相继出台，人才激励手段开始变得更加灵活、多元。④

---

① 唐杰、陈莹、韩莹：《中国共产党人才工作的百年回顾与未来展望》，《经济研究参考》2021 年第 22 期。

② 《中共中央组织部、人事部、科学技术部关于印发〈关于深化科研事业单位人事制度改革的实施意见〉的通知》，中华人民共和国人力资源和社会保障部，2000 年 3 月 30 日，http://www.mohrss.gov.cn/xxgk2020/fdzdgknr/zcfg/gfxwj/rcrs/201407/t20140717_136293.html。

③ 《关于印发〈关于深化高等学校人事制度改革的实施意见〉的通知》，中华人民共和国中央人民政府，2000 年 6 月 20 日，https://www.gov.cn/gong-bao/content/2001/content_61330.htm。

④ 唐杰、陈莹、韩莹：《中国共产党人才工作的百年回顾与未来展望》，《经济研究参考》2021 年第 22 期。

可见，在改革开放和社会主义现代化建设的初期，党的人才领导工作的重点是重建并改革社会主义的人才制度。中国共产党解放思想、实事求是，在坚守"尊重知识，尊重人才"原则的前提下，革新了人才选任方面的传统思想理念和组织机制，以此培养"四有"新人，建立革命化、年轻化、知识化、专业化"四化"统一的干部队伍。这一时期党对科学技术的重视，突出了中国共产党的人才理念中人才队伍专业化的重要性。党还领导各级政府和单位持续进行以促进公平、灵活、竞争为目标的用人体制改革，以充分调动人才的积极性和能动性。在党的领导下，科研人才和机构的地位得到恢复，人才的培养和选拔方式更加科学、效率更高。

进入 21 世纪后，国际科技与经济发展势头迅猛。2001 年，中国正式加入世界贸易组织，积极融入全球市场。随着经济进一步与世界接轨，中国面临日趋严峻的人才竞争形势和人才流失压力：一方面，经济结构调整对人才素质提出更高的要求，国际化经营人才、国际商务谈判人才等高层次人才供不应求；另一方面，跨国公司以优厚待遇吸纳中国优秀人才，外国猎头公司也纷纷在中国开展跨国人才中介业务，一些跨国公司甚至在中国的名牌高校中建立人才培养基地。[①] 在综合国力竞争越来越依赖科技进步和人才的社会中，面对国际资本对本土人才的争夺，如何通过科学合理的制度留住人才、吸纳人才并激发人才活力，从而进一步提高生产力，使中国在国际竞争中立于不败之地，加快实现全面建成小康社会的目标，是此阶段党的人才管理工作的重点。为此，

---

① 赵登华：《关于入世后新一轮人才竞争的思考》，《经济研究参考》2002 年第 7 期。

党在人才管理制度改革方面持续发力，正式提出"人才强国"战略，进一步完善中国的人才管理制度设计。

　　此阶段，党的人才工作围绕三个方面展开。首先是将"科教兴国""人才强国"上升为国家战略，并制定国家级别的长期人才发展规划。1995 年 5 月，中共中央、国务院在科学分析国内外形势和科技、经济发展趋势的基础上，发布《关于加速科学技术进步的决定》①，决议实施科教兴国战略。该决定阐释了科教兴国的内涵，指出"科教兴国"就是"全面落实科学技术是第一生产力的思想，坚持教育为本，把科技和教育摆在经济、社会发展的重要位置，增强国家的科技实力及向现实生产力转化的能力，提高全民族的科技文化素质，把经济建设转移到依靠科技进步和提高劳动者素质的轨道上来，加速实现国家的繁荣昌盛"。同年，江泽民同志在全国科学技术大会上发表重要讲话，强调人才对于实施"科教兴国"战略的重要战略意义，号召"要充分发挥现有科技人员的重要作用，创造人尽其才、才尽其用的社会环境，不断改善他们的工作和生活条件，充分调动他们的积极性和创造性"②。1996 年，在《中华人民共和国国民经济和社会发展"九五"计划和 2010 年远景目标纲要》中，中共中央、国务院明确将"科教兴国"战略树立为国民经济和社会发展的重要指导方针之一。《中华人民共和国国民经济和社会发展"九五"计划和 2010 年远景目标纲要》特别指出，为了达到科教兴国的目标，"教育要面向现代化，面向世界，面向未

---

① 《关于加速科学技术进步的决定》，中华人民共和国科学技术部，1996 年 5 月 6 日，https://www.most.gov.cn/ztzl/jqzzcx/zzcxcxzzo/zzcxcxzz/zzcxgncxzz/200512/t20051230_27321.html。

② 《十四大以来重要文献选编》（中），人民出版社，1997，第 1392 页。

来，培养大批优秀人才"①。在此基础上，2002 年，中共中央、国务院印发《2002—2005 年全国人才队伍建设规划纲要》，首次提出要"走人才强国之路"。在 2003 年的《中共中央 国务院关于进一步加强人才工作的决定》②中，党对人才强国战略的实施进行了全面部署，强调"实施人才强国战略是党和国家一项重大而紧迫的任务"。2007 年，人才强国战略作为发展中国特色社会主义的三大基本战略之一被写入党章。2010 年，中共中央、国务院印发中国第一个中长期人才发展规划《国家中长期人才发展规划纲要（2010—2020 年）》③，强调推进人才发展要统筹兼顾、分步进行，尤其指出在制度建设、机制创新上的着力点。这些宏观政策和规划，在全社会形成了尊重知识、尊重人才的氛围，也为各地出台人才政策、开展人才项目指明了方向。

其次，从人才管理的角度上，此阶段党的工作方式逐步从以人才具体事务为中心的"硬管理"转变为以人才的发展为中心的"软管理"，开始注重打造适合人才成长的环境，通过社会文化风尚、精神气候、制度体系等调动人才个体的能动性。党中央高度重视良好的机制、制度在人才成长过程中的作用，反复强调要创造人尽其才、才尽其用的制度环境。关于人才培养

---

① 《关于国民经济和社会发展"九五"计划和 2010 年远景目标纲要的报告——1996 年 3 月 5 日在第八届全国人民代表大会第四次会议上》，中华人民共和国中央人民政府，2008 年 4 月 21 日，https://www.gov.cn/test/2008-04/21/content_950407.htm。

② 《中共中央 国务院关于进一步加强人才工作的决定》，中华人民共和国中央人民政府，2003 年 12 月 26 日，https://www.gov.cn/test/2005-07/01/content_11547.htm。

③ 《国家中长期人才发展规划纲要（2010-2020 年）发布》，新华社，2010 年 6 月 6 日，https://www.gov.cn/jrzg/2010-06/06/content_1621777.htm。

机制，江泽民强调要为人才提供在实践中成长的机会，指出"要努力创造青年优秀科技人才特别是拔尖人才脱颖而出的环境和条件，委派他们在关键岗位承担重任，使他们在实践中健康成长"。① 关于人才的选拔，他提出"要不断深化干部人事制度改革，形成干部能下的机制，用制度为优秀年轻干部脱颖而出、健康成长创造良好的环境和条件"，②"努力形成广纳群贤、人尽其才、能上能下、充满活力的用人机制，把优秀人才集聚到党和国家的各项事业中来"。③ 关于人才的管理和使用，他提出"要形成开放、灵活的人才市场配置机制，打破单位、部门壁垒，鼓励人才合理流动，培育并形成与其他要素市场相贯通的人才市场，建立人才结构调整与经济结构调整相协调的动态机制"。④

在江泽民同志关于人才的重要论述的基础上，以胡锦涛为总书记的党中央提出"科学人才观"⑤，指出只要品德、知识、能力和业绩过硬，勤于学习，勇于投身时代创业，能够在建设中国特色社会主义事业中做出积极贡献，就是人才，破除了传统唯学历、资历、职称、职务、身份论人才的片面认知。"科学人才观"还强调以人为本，要求尊重人才、理解人才、解放人才和发展人才，从是否有利于人才的成长、是否有利于促进人才的创新活动、是否有利于促进人才工作同经济社会发展相协调出发开展人才工作，持续破除不合时宜、束缚人才成长和发挥作用的观念

① 《江泽民文选》（第一卷），人民出版社，2006，第 436 页。
② 《江泽民文选》（第三卷），人民出版社，2006，第 52 页。
③ 《江泽民文选》（第三卷），人民出版社，2006，第 557 页。
④ 《江泽民文选》（第三卷），人民出版社，2006，第 320 页。
⑤ 《胡锦涛要求树立科学人才观 强调"三个观念"》，中新网，2003 年 12 月 20 日，https://www.chinanews.com.cn/n/2003-12-20/26/383276.html。

和制度，推动实现人才配置市场化、人才开发多元化、人才评价科学化。在"科学人才观"的指引下，2006 年，《国家中长期科学和技术发展规划纲要（2006—2020 年）》强调，要把创造良好的环境和条件、培养和凝聚优秀拔尖人才、提高广大科技人员的积极性和创造性作为科技人才工作的首要任务；要构建有利于创新人才成长的文化环境，尤其是要倡导求真务实、勇于创新的科学精神，尊重个性、宽容失败，倡导学术自由和民主，营造宽松和谐、健康向上的创新文化氛围。随着《国家中长期科学和技术发展规划纲要（2006—2020 年）》的落实，全国进一步形成了尊重劳动、尊重知识、尊重人才、尊重创造的社会文化风尚。

"软管理"还体现在分配机制改革上。江泽民同志在党的十六大报告中提出把按劳分配与按生产要素分配结合起来，"确立劳动、资本、技术和管理等生产要素按贡献参与分配的原则"①。此后，中国实行并进一步完善各种生产要素参与分配、保护知识产权等政策，大大激发了人才的积极性和能动性，为中国吸引、使用、留住海内外人才并使他们充分发挥才能，提供了制度上的保障。2016 年，中共中央办公厅、国务院办公厅印发《关于实行以增加知识价值为导向分配政策的若干意见》②，要求各地区各部门逐步提高科研人员收入水平，完善对科研人员的绩效激励制度，鼓励科研人员通过科技成果转化获得合理收入，制定以实际贡献为评价标准的科技创新人才收入分配激励办法，

① 吴长春、苑世强、姜秀敏：《江泽民对邓小平人才激励思想的继承与发展》，《理论探讨》2004 年第 5 期。

② 《中共中央办公厅 国务院办公厅印发〈关于实行以增加知识价值为导向分配政策的若干意见〉》，中华人民共和国中央人民政府，2016 年 11 月 7 日，https://www.gov.cn/xinwen/2016-11/07/content_5129805.htm。

完善股权激励制度等，进一步为鼓励人才创新创业营造了公平、自由、开放的制度环境。

最后，此阶段，党加大了吸纳海外人才的工作力度[①]。《2002—2005 年全国人才队伍建设规划纲要》[②] 明确提出，要通过给予优厚的薪酬、提供重点实验室和科研基地等措施，吸引海外高层次人才。还强调要按照充分信任、放手使用的原则，探索制定选拔优秀留学回国人员担任领导职务的办法；在住房、医疗、社保、户籍、投资创业政策等方面研究出台利好措施，为留学回国人员在国内就业创造良好的政策环境。此后，《中共中央国务院关于进一步加强人才工作的决定》[③] 和《关于鼓励海外留学人员以多种形式为国服务的若干意见》[④] 进一步指出要为留学和海外人才营造适合他们发展的环境，鼓励海外留学人员通过回国工作，承接国内委托的科研项目，为国内引进外资、技术和项目，与国内高等院校和科研机构等展开合作等方式为国服务。通过提供与国外基本相当的工作条件和优渥的生活待遇，吸引包括知名教授、高级专业技术人才、高级经营管理人才、有海外自主创业经验的杰出创新创业人才等多个类别的海外高层次人才来华

---

① 文玲艺：《改革开放 30 年我国科技人才战略与政策演变》，《科技进步与对策》2009 年 11 期。

② 《中共中央办公厅　国务院办公厅关于印发〈2002—2005 年全国人才队伍建设规划纲要〉的通知》，中华人民共和国教育部，2002 年 6 月 11 日，http://www.moe.gov.cn/jyb_xxgk/gk_gbgg/moe_0/moe_8/moe_26/tnull_404.html。

③ 《中共中央　国务院关于进一步加强人才工作的决定》，中华人民共和国中央人民政府，2003 年 12 月 26 日，https://www.gov.cn/test/2005-07/01/content_11547.htm。

④ 《人事部教育部科技部公安部财政部关于印发〈关于鼓励海外留学人员以多种形式为国服务的若干意见〉的通知》，中华人民共和国中央人民政府，2001 年 5 月 14 日，https://www.gov.cn/gongbao/content/2002/content_61391.htm。

工作。在党中央的引领下，各省区市也纷纷制定了本省区市的引才方案，如广东"珠江人才计划"。这些引才政策不但有效弥补了国内高层次人才培养的短板，而且带动形成了海外人才归国潮，为实现"聚天下英才而用之"的目标奠定了基础。

从总体来看，党的人才领导工作更加科学、系统、人性化。宏观的人才长期规划的制定，有助于将党的人才工作与国家和民族发展的战略需求相结合。与此同时，党也更加注重人才环境的建设，强调要建立并不断完善以人为本、公平、包容、开放、自由、市场化的人才工作体系，推动与国际人才系统接轨。这一时期的人才政策，对进一步集聚人才、激发人才活力发挥了重要作用。

（四）中国特色社会主义新时代（2012 年 11 月至今）：强调创新驱动发展

中国特色社会主义新时代是中国发展新的历史方位。2012年 11 月在北京召开的中国共产党第十八次全国代表大会，是在我国进入全面建成小康社会决胜阶段召开的一次十分重要的大会。自党的十八大后，中国特色社会主义进入新时代。[①] 随着中国特色社会主义进入新时代，中国社会的主要矛盾也发生了新的变化。习近平同志在党的十九大报告中提出，目前，中国社会的主要矛盾已经转化为"人民日益增长的美好生活需要和不平衡不充分的发展之间的矛盾"。[②] 习近平同志在报告中指出，"我国稳定解决了十几亿人的温饱问题，总体上实现小康，不久

---

① 《党的十八大：中国特色社会主义进入新时代》，中国共产党新闻网，2022 年 9 月 9 日，http://cpc.people.com.cn/n1/2022/0909/c443712-32522908.html。

② 《习近平在中国共产党第十九次全国代表大会上的报告》，人民网，2017 年 10 月 28 日，http://cpc.people.com.cn/n1/2017/1028/c64094-29613660.html。

将全面建成小康社会，人民美好生活需要日益广泛，不仅对物质文化生活提出了更高的要求，而且在民主、法治、公平、正义、安全、环境等方面的要求日益增长。同时，我国社会生产力水平总体上显著提高，社会生产能力在很多方面进入世界前列，更加突出的问题是发展不平衡不充分，这已经成为满足人民日益增长的美好生活需要的主要制约因素"①。人才资源作为最大的生产力，是导致不平衡不充分发展的重要因素之一，也是解决这一问题的关键点。一个地区的创新活力和发展潜力，关键在于这个地区的人才输入状况是否能支撑当地发展从依靠资源、劳动力向依靠科技转变②。习近平同志在党的十九大报告中把人才问题放到新时代中国参与国际竞争的大环境中看待，强调创新是引领发展的第一动力，要求把党内外、国内外各方面优秀人才集聚到党和人民的伟大奋斗中来，培养造就一大批具有国际水平的战略科技人才、科技领军人才、青年科技人才和高水平创新团队，促进科技成果转化，推动解决发展不平衡不充分的问题。

具体而言，此阶段党的人才领导工作侧重四个方面。首先是人才评价和激励机制开始朝更细分化、科学化、社会化、公平化、市场化的方向发展。在《关于深化人才发展体制机制改革的意见》③ 中，党中央鼓励分类推进人才评价体制改革，对基础研究、应用研究、哲学社科型人才采取不同的评价和考核方

---

① 《习近平著作选读》（第二卷），人民出版社，2023，第9~10页。

② 冯孔、宋纯鹏：《人才是导致中西部发展差异的主要原因之一》，2018年3月4日，http://www.xinhuanet.com/politics/2018lh/2018-03/04/c_112248 5879.htm。

③ 《中共中央印发〈关于深化人才发展体制机制改革的意见〉》，中华人民共和国中央人民政府，2016年3月21日，https://www.gov.cn/zhengce/2016-03/21/content_5056113.htm。

式。2018 年，中共中央、国务院印发《关于深化项目评审、人才评价、机构评估改革的意见》①，要求保障项目评审公开公平公正，加强国家科技计划绩效评估，落实国家科技奖励改革方案；在科技人才评价方式方面，要求科学设立人才评价指标，克服唯论文、唯职称、唯学历、唯奖项倾向，不把人才荣誉性称号作为承担各类国家科技计划项目、获得国家科技奖励、职称评定、岗位聘用、薪酬待遇确定的限制性条件，加大对优秀人才和团队的支持力度；在科研机构评估机制方面，要求推动建立中长期绩效评价制度，将绩效评价结果作为财政拨款、国家科技计划项目实施、国家科技创新基地建设等工作的重要依据，充分发挥绩效评价的激励约束作用。2021 年，国务院办公厅印发《国务院办公厅关于完善科技成果评价机制的指导意见》②，进一步要求科技成果评价要坚持科学分类、多维度评价，坚持质量、绩效、贡献为核心的评价导向，坚持在政府的领导下充分发挥市场在资源配置中的决定性作用，坚持尊重科技创新规律、加强中长期评价、后评价和成果回溯。同年，人力资源社会保障部、教育部出台《关于深化实验技术人才职称制度改革的指导意见》③，明确人才评价标准要把思想品德和职业道

---

① 《中共中央办公厅　国务院办公厅印发〈关于深化项目评审、人才评价、机构评估改革的意见〉》，中华人民共和国中央人民政府，2018 年 7 月 3 日，https://www.gov.cn/zhengce/2018-07/03/content_5303251.htm。

② 《国务院办公厅关于完善科技成果评价机制的指导意见》，中华人民共和国中央人民政府，2021 年 8 月 2 日，https://www.gov.cn/zhengce/content/2021-08/02/content_5628987.htm。

③ 《人力资源社会保障部教育部关于深化实验技术人才职称制度改革的指导意见》，中华人民共和国教育部，2021 年 9 月 7 日，http://www.moe.gov.cn/jyb_xxgk/moe_1777/moe_1779/202109/t20210907_560035.html。

德放在职称评价的首位，突出人才的实验能力和工作业绩，进一步破除唯学历、唯资历、唯论文、唯奖项、唯项目等倾向，完善以同行专家评审为基础、注重社会和业内认可的评价机制，探索代表性成果评价制度，注重代表作的质量、贡献和影响力。2020 年，科技部等印发《赋予科研人员职务科技成果所有权或长期使用权试点实施方案》[①]，探索建立赋予科研人员职务科技成果所有权或长期使用权的激励机制和模式。这些试点方案着力破除科技成果有效转化的政策制度瓶颈，进一步调动科研人才的积极性和创新活力，促进了经济与科技的深度融合。

其次，党中央更加重视人才的创新能力，并开始注重运用政策和制度手段，引导、鼓励和支持创新创业。2015 年，国务院相继颁布《国务院关于大力推进大众创业万众创新若干政策措施的意见》[②]《国务院关于加快构建大众创业万众创新支撑平台的指导意见》[③]，着力推动通过结构性改革和体制机制创新，构建普惠性政策扶持体系，充分激发人才的创新活力，尤其是把握"互联网+"时代发展机遇，推动各类要素资源集聚、开放、共享，通过线上与线下相结合、传统与新兴相结合等方式打造新的发展引擎。2018 年，《国务院关于推动创新创业高质量

---

① 《科技部等 9 部门印发〈赋予科研人员职务科技成果所有权或长期使用权试点实施方案〉的通知》，中华人民共和国中央人民政府，2020 年 5 月 9 日，https://www.gov.cn/zhengce/zhengceku/2020-05/19/content_5512908.htm。

② 《国务院关于大力推进大众创业万众创新若干政策措施的意见》，中华人民共和国中央人民政府，2015 年 6 月 16 日，https://www.gov.cn/zhengce/content/2015-06/16/content_9855.htm。

③ 《国务院关于加快构建大众创业万众创新支撑平台的指导意见》，中华人民共和国中央人民政府，2015 年 9 月 26 日，https://www.gov.cn/zhengce/content/2015-09/26/content_10183.htm。

发展打造"双创"升级版的意见》①出台，鼓励高校科研人员离岗创业，提出要完善大学生、返乡农民工、军人、归国人士、外籍人才创新创业的支持政策和服务体系，推动以创新带动就业；着重强调要加快创业创新公共平台、创业创新技术平台建设，着力发展创业孵化服务，丰富第三方创业服务，发展"互联网+"创业网络体系，探索创业券等公共服务新模式等，激发全社会的创新潜能和创新活力。这些政策为"每一个具有科学思维和创新能力的人"②提供利好，为人才广泛平等地参与创新创业、共同分享改革红利和发展成果提供了更广阔的空间，充分体现了中国共产党人才内涵中创新能力的重要性，以及人才工作政策中"群众路线"的重要性。

再次，政府积极推动更开放和创新的海外人才引进、留用和流动政策，实施"回国工作"和"为国服务"并行政策。2017 年 4 月，中国启动外国人永久居留证件便利化改革，向世界释放出中国招才引贤的诚意。2018 年，科技部、财政部联合宣布港澳特区的高等院校和科研机构可通过竞争择优方式承担中央财政科技计划项目。同年发布的《国务院关于积极有效利用外资推动经济高质量发展若干措施的通知》③，要求各地政府

---

① 《国务院关于推动创新创业高质量发展 打造"双创"升级版的意见》，中华人民共和国中央人民政府，2018 年 9 月 26 日，https://www.gov.cn/zhengce/content/2018-09/26/content_5325472.htm。

② 《国务院关于加快构建大众创业万众创新支撑平台的指导意见》，中华人民共和国中央人民政府，2015 年 9 月 26 日，https://www.gov.cn/zhengce/content/2015-09/26/content_10183.htm。

③ 《国务院关于积极有效利用外资 推动经济高质量发展若干措施的通知》，中华人民共和国中央人民政府，2018 年 6 月 15 日，https://www.gov.cn/zhengce/content/2018-06/15/content_5298972.htm。

部门和机构大幅放宽金融业、服务业、农业、采矿业、制造业等领域的外资市场准入限制，提升外商投资自由化和便利化水平，鼓励外商投资现代农业、生态建设、先进制造、创新发展等党和国家重点发展的领域，这为利用外资与国际人才创造了灵活、便利的条件。2018 年，《国务院关于推动创新创业高质量发展打造"双创"升级版的意见》①也要求提升归国和外籍人才创新创业便利化水平，实施留学人员回国创新创业启动支持计划，为留学和外籍人才创新创业提供了强有力的支持。这些政策为吸纳海外人才、留学人员创造了更加开放的环境。

最后，注重推动跨地区、跨国家的产学研用合作，加快科技成果转化。2017 年，《国务院办公厅关于深化产教融合的若干意见》②出台，推动深化产教融合，促进教育链、人才链与产业链、创新链有机衔接，提升学校、企业、行业服务国家和地方经济社会的能力。国家还积极搭建政策平台推动协同创新，2018 年，党中央在《中国教育现代化 2035》③中要求探索构建产学研用深度融合的全链条、网络化、开放式协同创新联盟，健全有利于激发创新活力和促进科技成果转化的科研机制。同年，《国务院关于推动创新创业高质量发展打造"双创"升级版

① 《国务院关于推动创新创业高质量发展 打造"双创"升级版的意见》，中华人民共和国中央人民政府，2018 年 9 月 26 日，https://www.gov.cn/zhengce/content/2018-09/26/content_5325472.htm。
② 《国务院办公厅关于深化产教融合的若干意见》，中华人民共和国中央人民政府，2017 年 12 月 19 日，https://www.gov.cn/zhengce/content/2017-12/19/content_5248564.htm。
③ 《中共中央、国务院印发〈中国教育现代化 2035〉》，中华人民共和国中央人民政府，2019 年 2 月 23 日，https://www.gov.cn/zhengce/2019-02/23/content_5367987.htm。

的意见》也要求推动高校、科研院所与企业共同建立概念验证、孵化育成等面向基础研究成果转化的服务平台。2018 年，《国务院关于印发积极牵头组织国际大科学计划和大科学工程方案的通知》[①] 发布，强调要通过牵头组织国际大科学计划和大科学工程，在世界科技前沿和驱动经济社会发展的关键领域，形成具有国际影响力的大科学计划布局，培养引进全球顶尖科技力量，提升中国科技创新水平和在全球科技创新领域的话语权，使中国成为国际重大科技议题和规则的倡导者、推动者和制定者。党中央尤其注重借助构建重大工程和战略平台的契机，协调人才队伍发展。该文件强调，要依托国家重大人才工程培养和引进优秀人才，建立足够支持他们工作的激励机制。粤港澳大湾区高水平人才高地的建设就是一个典型案例，广东省将以此为牵引，部署实施战略人才培养工程、人才引进提质工程、人才体制改革工程等，构建科研创新高地[②]。

总的来说，中国共产党在新时代的人才工作领导制度的突出特点是强调深入实施创新驱动发展战略。党和政府颁布了一系列更加积极、更加开放、更加有效的人才政策，相关政策措施以激发各类人才的创新活力，增强创业带动就业能力，提升科技创新和产业发展活力，有机融合大中小企业创新创业价值链，深度融汇国际国内创新创业资源为目的，为加快培育发展新动能、实现更充分就业和经济高质量发展提供了坚实的人才保障。

---

① 《国务院关于印发积极牵头组织国际大科学计划和大科学工程方案的通知》，中华人民共和国中央人民政府，2018 年 3 月 28 日，https://www.gov.cn/zhengce/content/2018-03/28/content_5278056.htm。

② 倪玉洁：《博士后力量书写广东创新"春天的故事"》，《佛山日报》2021 年 12 月 17 日。

二　党的人才工作领导制度的主要内容和特点

人才是支撑国家和民族持续进步的核心基石。国家的安定和繁荣，关键在人才。回顾中国共产党的百余年辉煌历程，会聚人才、塑造人才、用好人才，壮大人才队伍是其中的一条重要主线。在党领导人民走过的一个多世纪的征程中，中国共产党与社会主义事业所需的人才一起成长，不断深化对执政规律、社会主义建设规律、人类社会发展规律的认识，人才工作理念在实践中不断得到丰富和升华。在对中国特色社会主义道路的探索中，中国共产党始终将马克思列宁主义的基本原理与中国国情和实际相结合，相继提出"又红又专""两个尊重""党管人才""科学发展观""人才资源是第一资源"等重要的人才理论。这些思想理念深刻地回答了"为谁育人、怎样育人、育什么样的人"等根本问题，为中国充分发挥人力资源的巨大优势，推动党和国家事业实现历史性跨越、取得历史性成就，奠定了坚实而可靠的人才基础。

回顾新民主主义革命时期至今中国共产党人才思想发展的历程可以发现，中国共产党的人才工作领导制度是在实践中探索、继承、发展、创新而来的。这个制度的主要内容包括在党的领导下，以国家层面的发展战略和重大人才工程为指引，坚持以人为本、全面发展、科学决策、统筹兼顾、"公开、公平、公正、公示"的原则，通过试点示范的方式持续推进人才机制体制改革，自主培养与全球引进并举。[①] 其主要特点如下。

---

① 唐杰、陈莹、韩莹：《中国共产党人才工作的百年回顾与未来展望》，《经济研究参考》2021 年第 22 期。

（一）坚持党的领导，坚持党管人才

党管人才是中国共产党人才工作的重要原则，也是具有中国特色的人才领导机制。[①] 党管人才的核心就是党领导人才工作，主要体现为党在人才的吸引、选拔、培养、使用、评价、激励等各个环节发挥关键作用。坚持党管人才是人才事业发展的根本保证。中国共产党人秉持全心全意为人民服务的宗旨，坚守团结人才、重视人才的优良传统，这决定了党能够代表人民群众，发掘和任用那些党、国家和人民需要的好干部和优秀人才。坚持党管人才也是确保正确政治方向的内在需要。中国共产党作为马克思主义政党，始终高度重视思想政治引领。面对新形势和新变局，不重视思想政治工作，就无法广泛凝聚共识、汇聚起实现民族复兴的磅礴力量。因此，我们要继承和发扬党重视知识分子工作的光荣传统，进一步做好人才的思想政治工作，引导人才爱国奉献、为国分忧，把党内外、国内外的优秀人才集聚到党和人民的伟大奋斗中来。坚持党管人才，也是中国人才工作的最大制度优势。中国共产党是中国特色社会主义事业的领导核心，在中国革命、建设、改革等不同时期的实践中，始终发挥着总揽全局、协调各方的领导核心作用[②]。这决定了党能够从国家和社会发展的全局考虑，从顶层对各类人才展开统筹指挥、协调、服务，还能将人才发展与国家和社会的宏观发展方向统一起来。因此，在激烈的国际竞争中，开展

---

① 何成学：《新时代人才工作必须善于坚持党管人才的原则》，中国共产党新闻网，2018 年 4 月 16 日，http://dangjian.people.com.cn/n1/2018/0416/c117092-29927738.html。

② 徐明：《党管人才的核心议题、研究进路与实践向度》，《人民论坛·学术前沿》2023 年第 18 期。

人才工作必须坚决维护党的领导地位，保障中国的人才优势不衰减。

（二）坚持科学发展观，以人为本，协调统筹

坚持科学发展观是中国共产党领导的人才制度的另一特征。在具体的人才工作中，中国共产党始终坚持遵循社会发展和人才成长的客观规律，着力破解人才工作中存在的资源不均、方法存在缺陷、政策不连贯等突出问题，构建科学规范、开放包容、运行高效的人才治理体系。党尤其强调系统治理的原则，注重着眼于人才发展的全过程、全要素、全周期特征，加强对人才发展体制的统筹设计和分类指导。这首先体现为党能够坚持以人为本，以人才的发展需求为出发点，保障人才的根本利益，充分发挥人才的主体作用，为人才提供良好的发展环境和条件。其次，党的人才领导工作重视人才的全面发展，着力建设专业齐全的人才队伍，为经济和社会各个领域的发展提供有力的人才支持。再次，党的人才工作还注重推进人才工作与国家经济社会发展的深度融合，着力根据社会发展的需求，培养和引进各类急需紧缺人才，并合理配置人才资源，引导人才向不发达地区和边远地区流动。最后，中国共产党还坚持推进人才与产业需要的有机衔接，注重通过"产才融合"提升社会整体创新能力，推动形成"产业引聚人才、人才赋能产业"的良好局面。这些原则和理念充分展现了中国共产党在人才工作中的科学思维和全局视野。

（三）持续推进人才制度体制改革，激发人才活力

中国共产党的人才领导工作注重在实践中持续改革人才体制机制，遵循人才成长的规律与客观市场规律，坚持科学管理、科学决策。这首先体现在人才评价制度上，党强调要注重人才

的社会属性，破除"唯帽子论""唯论文、唯职称、唯学历、唯奖项"等落后观念，着重考察人才的品德和能力。其次，在人才选拔和任用机制上，注重坚持公开、公平、公正、公示的原则，确保人才选拔任用工作的公正性和公信力。再次，在人才激励机制上，坚持提高科研人员待遇，开发多样化、市场化的人才激励方式，并以探索按知识要素分配为代表的内部激励方式激发人才的创新活力，为人才提供广阔的创新空间。最后，在人才流动机制上，打破国籍、户籍、身份、体制对人才流动的壁垒限制，着重打造社会化的人才档案公共管理服务系统，为人才的自由流动提供便利。

（四）本土培养和全球引进并重，人才工作具备全球视野

党的人才工作还坚持本土培养和国外引进并举的人才策略。一方面，中国共产党重视培养自主创新能力，通过加大科学教育投入、增加培训机会等方式，培养杰出人才。另一方面，党和国家制定密集的政策加强国际人才交流与合作，吸引留学人员回国发展，引进"高精尖缺"的海外高层次人才，提高中国人才的国际竞争力。这充分展现了中国共产党"识才的慧眼、爱才的诚意、用才的胆识、容才的雅量、聚才的良方"。

第二节　中国共产党的人才工作领导制度
在粤港澳大湾区的实施情况

一　党的人才工作领导制度如何适应粤港澳大湾区的特点和需求

粤港澳大湾区人才高地的建设基础与国内外其他人才高地

有明显不同。它的定位为全球高层次创新人才高地，策应科技创新和先进制造产业高地建设，建设基础是粤港澳地区产业链、创新链与人才链的融合支撑。它的优势有三点。首先，其有雄厚的经济实力，这为人才发展奠定了良好的物质基础。据《广州日报》，2023年，粤港澳大湾区经济总量预计超过13.6万亿元人民币[①]，约占全国的10.8%；若放置于全球对比，早在2022年粤港澳大湾区的经济总量就已经超越韩国、澳大利亚，这一体量是新加坡的4倍，与意大利、加拿大等发达国家规模相当。[②]

　　其次，粤港澳大湾区齐全的产业结构为人才创新、创业提供了天然的土壤。2022年，粤港澳大湾区第一、二、三产业占GDP比重分别为1.32%、30.87%、67.81%，形成了服务业为主导、三大产业协调发展的格局。[③] 其中，珠三角9市是全国乃至全球重要的制造业中心，更拥有庞大的市场；香港的物流、金融和专业服务等产业发展水平全球领先，而且与国际市场贸易联系密切；澳门的博彩旅游、建筑地产和金融服务业发达，是葡语系国家与华贸易的桥梁。[④] 相对完备的产业链、供应链和连通内外的发展优势，使粤港澳大湾区具有人才发展所需的产业体系基础。随着本地区产业结构持续向高端先进制造、产品研发、现

① 申卉：《数读大湾区五年"成绩单"》，《广州日报》2024年2月18日。
② 《5年增3万亿！去年粤港澳大湾区GDP超韩国，为新加坡4倍》，南都大数据研究院，2023年3月23日，https://m.mp.oeeee.com/a/BAAFRD0000 20230323775545.html。
③ 陶锋：《赶超战略的阶段变化与粤港澳大湾区制造业高质量发展》，《人民论坛·学术前沿》2023年第17期。
④ 《粤港澳大湾区人才发展报告》，全球化智库，2018年12月，https://www.ipim.gov.mo/wp-content/uploads/2019/01/yuegangaojian20181213。

代服务等价值链高端转型升级，未来粤港澳大湾区将有能力吸纳更多国内外高端人才来此就业、创业。

最后，粤港澳大湾区拥有丰富的科教资源与企业创新平台，这为创新创业人才集聚提供了强有力的支撑。锚定"建设具有全球影响力的国际科技创新中心"的战略定位，近年来，粤港澳大湾区已布局了类型丰富、层次多样的高水平创新资源。高校方面，粤港澳三地拥有百余所高校，其中 5 所高校进入 2023 年 QS 世界大学排名榜单前 100 名；实验室和科研机构方面，截至 2024 年，大湾区累计布局 34 家国家级、71 家省级国际科技合作基地，20 家粤港澳联合实验室，鹏城实验室、广州实验室两大"国之重器"挂牌运作①；国家高新技术企业方面，粤港澳大湾区共拥有 7.5 万家国家级高新技术企业，连续 8 年排名全国第一②，集聚华为、腾讯、中兴、比亚迪、大疆等一大批世界级的领军企业。这些高水平的科技创新平台成为大湾区吸引国内外顶尖创新人才的重要载体。

然而，与北京、上海及世界其他人才高地相比，粤港澳大湾区人才高地还存在几大短板。第一，内部城市间人才差距较大。根据《粤港澳大湾区人才发展报告》，从人才总量占常住人口比例来计算，人才占比最高的城市为香港和深圳③；港深在人才的质量和数量上都远超广佛、珠澳④。单就科技创新人才而

---

① 陈伟光、罗艾桦、谷业凯：《努力建设全球科技创新高地——二〇二三大湾区科学论坛侧记》，《人民日报》2023 年 5 月 24 日。
② 申卉：《数读大湾区五年"成绩单"》，《广州日报》2024 年 2 月 18 日。
③ 《粤港澳大湾区人才发展报告》，全球化智库，2018 年 12 月，https://www.ipim.gov.mo/wp-content/uploads/2019/01/yuegangaojian20181213。
④ 赵明仁、柏思琪、王晓芳：《粤港澳大湾区高水平人才高地制度体系建构研究》，《杭州师范大学学报》（社会科学版）2022 年第 3 期。

言，深圳市集聚科技创新人才的能力位于粤港澳大湾区 11 个城市之首，单位人口科技创新人才密度约是 11 所城市中最小值的 7 倍，单位面积科技创新人才密度约是 11 所城市中最小值的 190 倍；而江门、肇庆等地聚集科技创新人才的能力偏弱，科技创新人才密度低于粤港澳大湾区平均水平①。这说明粤港澳大湾区各城市间尚未形成有效的人才协同发展机制。

第二，创新创业类人才占比低，且人才创新创业的效能较低。粤港澳大湾区创业人才仅占高水平人才的 8.23%，远低于旧金山湾区的 13.36%，独角兽企业数量全国占比（14.6%）也远低于长三角（39.8%）与京津地区（40.8%）②。尽管粤港澳大湾区对人才投入的经费不断增长，但其区域创新能力与世界其他湾区相比仍有显著的差距。据统计，2011~2020 年，粤港澳大湾区的研发经费支出从 1800 亿元增加到 3200 亿元，年均增长率达到 10% 以上，区域创新综合能力位居全国第一；但在世界 500 强企业中，仅有 16 家企业的总部位于粤港澳大湾区，远低于纽约湾区（46 家）、旧金山湾区（36 家）、东京湾区（60 家）③。这说明粤港澳大湾区掌握关键核心技术的人才和团队较少，科技投入效能有限，需要进一步加强顶层设计、补短板、建长板、强能力。

第三，国际化人才数量相对较少，且内部分布不均。据统

---

① 孙殿超、刘毅：《粤港澳大湾区科技创新人才空间分布特征及影响因素分析》，《地理科学进展》2022 年第 9 期。

② 涂成林等主编《中国粤港澳大湾区改革创新报告（2020）》，社会科学文献出版社，2020。

③ 萧鸣政、张湘妹：《加快推进粤港澳大湾区人才高地建设》，《中国人才》2021 年第 8 期。

计，粤港澳大湾区国际人才仅占常住人口的 3.3%，远低于发达国家（约 10%），且大部分集中在港深①。根据《粤港澳大湾区数字经济与人才发展研究报告》②，深圳是粤港澳大湾区国际人才流入流出比最高的城市，高水平人才和数字人才流入流出比分别达到 1.65 和 1.68，对国际人才的吸引力和保留率都居于本区域前列，其他对国际人才有较强吸引力的城市还包括东莞、佛山和香港；而珠海和澳门在高水平人才和数字人才两方面都在向国际地区流失人才，人才的保留率较低。这说明，粤港澳大湾区对国际人才有一定的吸引力，但在人才集聚水平和质量上与世界一流湾区相比仍有一定的差距，现有人才集聚水平尚不足以支持其打造为富有国际竞争力的一流湾区、世界级城市群和国际科技创新中心。

第四，人才创新创业所需要的资源空间分布不均③。在高校资源方面，目前，粤港澳大湾区拥有百余所高校，但世界知名高校和学科基本分布在香港、澳门，内地城市教育资源不足且主要集中在广州和深圳。在科创企业方面，尽管广州拥有不少高水平研究型大学，但科创企业的总体规模和质量有所欠缺；而深圳有一批领先的科创企业，但高水平研究型高校资源相比其他一线城市有显著不足，科技创新的可持续性有限；香港具备国际一流的教育资源，但本土科创企业规模和知名度都不高，

---

① 《粤港澳大湾区人才发展报告》，全球化智库，2018 年 12 月，https://www.ipim.gov.mo/wp-content/uploads/2019/01/yuegangaojian20181213。

② 《粤港澳大湾区数字经济与人才发展研究报告》，清华经管学院互联网发展与治理研究中心，2019 年 2 月，http://cidg.sem.tsinghua.edu.cn/info/1020/1111.htm。

③ 韩永辉、麦炜坤、沈晓楠：《粤港澳大湾区打造高质量发展典范的实现路径研究》，《城市观察》2023 年第 1 期。

科技转化能力不强。在新兴技术产业优势创新机构方面，2015～2019 年，平均 80%具有新兴技术产业优势的创新机构集中在广州、深圳和东莞，新兴技术产业的科研设备等关键创新发展要素空间分布不均衡。科教创新资源分布的不均衡不仅影响了教育公平，也不利于激发粤港澳大湾区整体的创新发展活力。

第五，由于"一国两制、三税区"的体制差异，三地的创新要素流动并不十分流畅①，在企业税收、财政科研基金流动、科研项目审批、科技金融监管、人才职业资格互认等方面存在明显的政策和制度壁垒，粤港澳大湾区的一体化发展呈现明显的不均衡性。

中国共产党的人才工作领导制度在适应粤港澳大湾区的特点和需求方面，表现出高度的灵活性和针对性。首先，党高度重视人才的培养和引进，丰富、有针对性、多层次的引才、育人、选拔政策体系可以有力地扩充大湾区人才智力库，解决湾区缺乏创新创业人才、国际化人才占比偏低的问题。尤其值得注意的是，党的人才选育标准对政治素养和专业业务能力的强调以及对德才兼备的重视，可以引导香港培育人才的大局意识。通过支持香港特区政府开展爱国主义教育、培养港人家国情怀，可以提高香港本地人才对国家发展的关注度，增强其参与意识，从而进一步提高香港在大湾区建设过程中的融入程度，增强香港教育的辐射力。

其次，党和政府在人才支持政策方面的不断创新，可以为

---

① 王镜榕、周子怡：《粤港澳大湾区高质量发展的机遇和挑战》，中宏网，2023 年 11 月 17 日，https://www.zhonghongwang.com/show - 94 - 307726 - 1.html。

大湾区留住人才，特别是为港澳及海外人才来粤发展破除体制障碍。例如，党推动大湾区各地方政府出台了一系列的人才政策，包括提供优惠的住房、购房政策，税收优惠政策等，保障海外人才的住房、医疗、子女教育、发展空间、科研设备等。这些措施在一定程度上可以打破因体制不同而导致的税制冲突、待遇差异，促进粤港澳人才的高水平融通与国际人才、资本、技术在跨境合作中的积极流动。

最后，党在社会生产中的领导地位决定了党能够有效地开展组织动员、统筹协调资源，为改善大湾区城市间差距问题提供解决方案。党制定了一系列措施鼓励大湾区内的企业和科研机构加强科技创新，深化校企合作、产教融合，尤其是促进香港、深圳高校的优质科研人才与广东省完备的产业链条和制造业基础有效结合。这不仅可以推动大湾区的科技创新和成果转化，更能优化大湾区的资源配置，为改善城市间发展不平衡状况提供了强大的助力。

二　党的人才工作领导制度在粤港澳大湾区的实施情况与问题

当前，在中国共产党的领导下，粤港澳大湾区各市均出台了一系列人才政策，为人才的引进和发展提供了重要的保障。

（一）各地人才政策密集，"引育用留"覆盖全面①

粤港澳大湾区的城市均根据自身发展特点和需求，出台了齐全的人才政策。大部分城市的政策以系列化的配套政策方式

---

① 赵明仁、柏思琪、王晓芳：《粤港澳大湾区高水平人才高地制度体系建构研究》，《杭州师范大学学报》（社会科学版）2022年第3期。

出台，涵盖人才引进的认定、人才使用与培养、人才管理方案等维度。目前，有代表性的市级特色人才工程和政策体系包括广州的"羊城人才计划""红棉计划"，珠海的"珠海英才计划"，中山的"中山英才计划"，惠州的"人才双十行动"，佛山的"南海鲲鹏人才计划"，等等①，这些政策体系为人才的引育留用提供了有力的政策保障。

例如，深圳坚持把人才发展战略作为城市的主导战略，在国家科教兴国、人才强国政策的大背景下，结合特区政策优势，出台了一系列完备的人才政策，对人才的培养、引进、流动、评价、激励、服务和保障等工作做出全面的指导。2011年，深圳市出台了《关于实施引进海外高层次人才"孔雀计划"的意见》和5个配套文件，着力引进和培养一批在支柱产业和战略性新兴领域的国际一流水平产业科技人才，完善落实高层次人才配套待遇。2016年3月，深圳发布《关于促进人才优先发展的若干措施》，对"孔雀计划"进行了深化和拓展，给予新引进人才租房和生活补贴，进一步优化和提升高层次人才配套服务。2018年，深圳市政府发布《关于加强党对新时代人才工作全面领导进一步落实党管人才原则的意见》《关于实施"鹏城英才计划"的意见》《关于实施"鹏城孔雀计划"的意见》，对以往人才政策进行了进一步的重构和优化②。当前，深圳市已构建了包括顶层法规文件、综合政策措施、配套实施办法、具体操作规程在内的四个层次的人才政策体系，面向国内和海外高层次人

① 韩永辉、麦炜坤、沈晓楠：《粤港澳大湾区打造高质量发展典范的实现路径研究》，《城市观察》2023年第1期。
② 李海宾：《改革开放以来深圳人才政策发展历史轨迹与未来展望》，《特区经济》2023年第12期。

才，设立了包括杰出人才、国家级领军人才和海外 A 类人才、地方级领军人才和海外 B 类人才、后备级人才和海外 C 类人才四个层次在内的人才认定办法，并从奖励补贴、住房政策优惠、子女教育福利等配套服务等方面不断改革创新。这为深圳市吸引和留用海内外高层次人才发挥了重要作用。

再如，2016 年，肇庆市政府推出"西江人才计划"，其主要由"1+10+N"政策构成①。其中，"1"是系列政策的纲领性文件，"10"是围绕肇庆发展需要的四类人才和人才发展需要的平台、住房、资金、服务等制定和出台的 10 项子政策，"N"是 10 项子政策的配套政策。各政策间紧密结合、相互补充，构成了具有肇庆特色的全方位、立体式人才发展保障激励政策体系。2023 年，肇庆对"西江人才计划"进行了优化升级，从人才发展机制改革、调整人才项目体系结构、构建青年人才梯队、壮大紧缺产业人才队伍、建设实用型乡村振兴人才队伍、集聚重点领域社会事业人才、激发国资国企人才工作活力、改善人才发展生态环境等八个方面陆续出台核心政策和配套政策②。

除了上述面向海内外人才的市级人才工程，粤港澳大湾区还形成了一系列专门政策，主要面向港澳人才，为其在内地学习、就业和留居提供优质服务，以支持粤港澳人才合作示范区建设，促进粤港澳人才协同发展。例如，2021 年，珠海横琴出台了《横琴粤澳深度合作区建设总体方案》，从吸引、培养、保

---

① 《肇庆实施"西江人才计划"引育"高精尖缺"人才》，澎湃新闻网，2019 年 10 月 18 日，https://www.thepaper.cn/newsDetail_forward_4709704。

② 《肇庆：实施"西江人才计划"推进人才强市建设》，《南方日报》，2023 年 9 月 22 日，https://www.gdzz.gov.cn/rcgz/gzdt/content/post_19571.html。

障、激励高层次人才等方面提供政策保障①。横琴特别注重吸引"高精尖缺"人才，对在合作区工作的境内外高层次人才采取了免征其个人所得税超出 15% 的部分的措施，在外国人才签证方面不断完善相关政策，打造横琴澳门青年创业谷等一批创新创业基地，在现有扶持政策基础上允许合作区内的澳门青年同时获得粤澳两地优惠政策资助。

再如，《国务院关于印发广州南沙深化面向世界的粤港澳全面合作总体方案的通知》提出，要面向港澳人才实施特殊支持措施，开辟专门面向港澳青年的创新创业空间，将到南沙创业的符合条件的港澳居民纳入当地创业补贴扶持范围，深入实施港澳青年"百企千人"实习计划，落地一批青年专业人才合作项目，提升实习就业保障水平等②。这些政策有力地促进了人才创新创业和粤港澳三地的全面务实合作。

（二）引才方式多种多样，招才引才机制完备

目前，粤港澳大湾区在引才工作上已经建立起了完备的机制，开发了多种形式和层次的招才引才平台和渠道。各级政府的人才引进计划是这一机制的主体。持续实施的广东省"珠江人才计划""广东特支计划""扬帆计划"，是大湾区内地城市进行大规模、目的性强的招才引智活动的三大常备机制。其中，"珠江人才计划"自 2009 年开始正式实施，每年投入约 8.5 亿元，面向海内外引进具有国际一流水平的创新创业团队和领军

①　陈杰、李玉晗：《人才高地建设的经验与启示：从粤港澳人才合作示范区到粤港澳大湾区》，《特区经济》2023 年第 8 期。

②　《国务院关于印发广州南沙深化面向世界的粤港澳全面合作总体方案的通知》，中华人民共和国中央人民政府，2022 年 6 月 14 日，https://www.gov.cn/zhengce/content/2022-06/14/content_5695623.htm。

人才;"广东特支计划"自 2014 年启动实施,每年投入 1.64 亿元,支持培养一批杰出人才、领军人才、青年拔尖人才;"扬帆计划"自 2012 年开始正式实施,每年投入 1.25 亿元,专门面向粤东西北地区实施人才发展帮扶。[①] 三大常备引才工程与各市区的引才计划为大湾区内地城市吸引来众多高水平人才。截至 2023 年底,全职在粤"两院"院士已超 150 人;广东省全省累计发放"外国人工作许可证"超 30 万人次,目前持证外国人才超 4.5 万人;全省专业技术人才总量达 972 万人;全省技能人才总量达 1979 万人,其中高技能人才 690 万人;全省在站博士后超 1.3 万人,规模稳居全国第一。[②]

此外,党和政府还在大湾区举办各类人才交流会、高新科技成果分享会、国际人才论坛等,实现"活动引才"。本地区代表性的人才交流活动包括广州的"留交会"、深圳的"高交会""中国国际人才交流大会""创新创业大赛国际赛"等。例如,2023 年深圳举办的第二十一届中国国际人才交流大会,共组织了 18 家境内企事业单位与 40 家境外机构面谈交流,共发布项目需求 1369 项,发布人才需求 11625 个,引进境外高层次人才 2431 人、境内高层次人才 2151 人[③]。这些活动创造了与国内外

---

① 《广东省人力资源和社会保障厅关于省十三届人大二次会议第 1518 号代表建议会办意见的函》,广东省人力资源和社会保障厅,2019 年 4 月 29 日,https://hrss.gd.gov.cn/zwgk/jytabl/jybl/content/post_2519271.html。

② 《广东科技生长力:研发人员十年翻一番》,南都大数据研究院,2024 年 2 月 18 日,https://static.nfapp.southcn.com/content/202402/18/c8610014.html?enterColumnId=0。

③ 《第二十一届中国国际人才交流大会·2023 年深圳》,中国国际人才交流大会,2023 年 7 月 19 日,https://www.ciep.gov.cn/content/2023-07/19/content_30347000.htm。

高层次人才交流的机会，打响了粤港澳大湾区爱才、惜才的知名度，为大湾区的招才引智工作搭建了广阔的平台。

与此同时，大湾区政府还主动"走出去"招揽人才，不仅加强建设海外引才工作站和人才联络站，拓宽海外高层次人才引进渠道，还定期赴国内外高等院校、科研资源集中地开展招才活动，建立起高效、长效的海外引才工作机制。当前，广东省人才工作领导小组已经在英国、法国、德国、西班牙、加拿大、美国、澳大利亚、日本等多个国家建立了海外引才工作站，影响力覆盖亚洲、欧洲、美洲、大洋洲。[①] 这些海外引才工作站以常态化的方式在当地宣传广东省改革开放取得的巨大成就和吸引海外人才的政策信息，发布广东省引进高层次人才的需求信息，物色推荐高层次人才人选，以更加积极、更加开放、更加高效的机制促进广东的海内外人才合作。再如，2023 年，首个"前海香港人才工作站"揭牌，协助香港科技人才对接粤港澳大湾区创新研发平台，为国际人才、港澳人才在前海发展创造了便利。[②] 粤港澳大湾区境内的高校，如中山大学、深圳大学、华南理工大学等，也纷纷赴英国、美国、荷兰等地举办海外引才专场招聘宣讲会。多种多样的海外引才机制，为粤港澳大湾区打造世界级人才高地，加速建设国际科技创新中心提供了巨大助力。

为了进一步发现和引进优秀人才，大湾区还建立了人才举

[①] "引才平台"，广东人才网，2024 年 3 月 8 日，http://www.gdrc.gov.cn/gdrcw/hwgzz/hwgzz_list.shtml。

[②] 何梓阳、卢玲玲：《全力推进人才"湾区通"！"前海香港人才工作站"揭牌》，粤港澳大湾区门户网，2023 年 4 月 14 日，https://www.cnbayarea.org.cn/city/shenzhen/zxdt/content/post_1050381.html。

荐制度，鼓励知名企业、人才服务中心、引才工作站、个人举荐人才，并对举荐成功者给予奖励。例如，深圳市的"人才伯乐奖"，对从市外新引进人才的企事业单位、民办非企业单位和人力资源服务机构等给予奖励。这些政策有力地支持大湾区人才库的发展壮大。

然而，目前粤港澳大湾区的引才方式也存在较为明显的问题。当下大多数引才手段以长期留住人才为目的，但是在全球人才紧缺的背景下，与欧美等发达国家相比，粤港澳的人才竞争优势并不突出。为了让大湾区能够更灵活、高效地使用海内外智力资源，更多不受地域、户口等限制的柔性引才方式亟待被开发①。此外，在引用人才的结构上，当前的人才引进偏重自然科学和工程技术领域，但大湾区建设同样需要人文社会科学领域、艺术领域和交叉学科领域的人才，尤其是人文社会科学领域、文化创意与智库产业中掌握面向政府和面向人类的知识的人才，他们可以为大湾区建设成为绿色、人文、科技、安全、可持续全方位发展的世界级智慧城市群提供智力支持②。这需要党和政府进一步优化引才结构，打造更全面、友好的人才环境。

（三）产学研结合，全链条育才、用才体系正在形成

当前，粤港澳大湾区对人才的使用和培养正在形成产学研融合的模式。各地都发布了立足于产教研融合的政策。例如，根据《深圳经济特区人才工作条例》，深圳将通过产教融合、校企合作及继续教育的方式来提升人才质量。《深圳经济特区人才

---

① 赵明仁、柏思琪、王晓芳：《粤港澳大湾区高水平人才高地制度体系建构研究》，《杭州师范大学学报》（社会科学版）2022年第3期。

② 刘益东：《粤港澳大湾区建设高水平人才高地的关键——以一流人才体系为中心》，《深圳社会科学》2024年第1期。

工作条例》着重强调推进校企合作，注重在实践中育才，促进形成企业和学校联合培养技术技能人才、产业和教育深度融合的职业教育制度；同时，督促用人单位建立职工培训制度，鼓励企事业单位建设人才培养平台、人才工作室等。在《深圳经济特区人才工作条例》的引导下，深圳高校在引领产教研协同合作方面创造了很多新模式。例如，中国科学院深圳先进技术研究院与企业开展包括技术委托开发、联合实验室、协同创新中心等在内的多元合作模式，截至 2021 年已建立企业联合实验室 180 家，孵化企业 1346 家，[1] 居国内前列。南方科技大学注重提升科技成果转化率，组建了专业的技术转移团队，为科技成果转化为生产力保驾护航。截至 2021 年，该校已将 8 个项目共计 70 件科技成果部分所有权赋予科研人员，5 年间完成 75 个项目共计 320 件科技成果的转移转化，支持科技初创企业 70 家。[2] 香港中文大学（深圳）与腾讯、京东、华为等知名企业共建 13 家校企联合实验室，建设资金近 9000 万元，与企业开展合作项目超过 140 项，累计金额 2 亿元。[3] 深圳职业技术学院与深圳 2500 余家企业建立合作关系，其中世界 500 强企业达到 18 家，与世界 500 强企业和行业领军企业共建特色产业学院 14 所。[4]

　　再如，2023 年 3 月，珠海出台《珠海市产教融合建设试点实施方案（修订版）》[5]，明确指出到 2025 年，珠海将建设培育

---

① 彭琰：《产教研合作深圳多模式破题》，《深圳商报》2023 年 3 月 9 日。
② 彭琰：《产教研合作深圳多模式破题》，《深圳商报》2023 年 3 月 9 日。
③ 彭琰：《产教研合作深圳多模式破题》，《深圳商报》2023 年 3 月 9 日。
④ 彭琰：《产教研合作深圳多模式破题》，《深圳商报》2023 年 3 月 9 日。
⑤ 《我市出台产教融合建设试点实施方案（修订版）》，《珠江晚报》2023 年 3 月 29 日。

3 个以上具有一定示范带动作用的产教融合型行业，建设培育 100 家以上的产教融合型企业，重点打造 10 个以上产教融合创新平台和实训基地。

类似的，作为全国制造业重镇，东莞在"十四五"时期非常重视高技能型人才的培养，计划以产教融合为主线，大力发展职业教育。东莞政府计划到 2025 年建设成为广东全省首批产教融合型城市，培育 10 个职教集团，建设 50 个高水平校企合作实训基地，培育 100 家以上产教融合型企业。作为全国率先探索校企混合所有制办学的职业院校之一，东莞职业技术学院目前已与 400 家企业建立紧密合作关系，其产教融合新模式的重点试点项目"工业 4.0 智能制造实验室"，采用"产教链接式"校企合作教学模式，以企业先进设备和院校人力资源为纽带，以实战项目为驱动，对外承接订单，在订单基础上为学生提供实习机会，面向工业生产的实际需求锻炼学生的实践技能，为现代生产企业输送具备前沿的制造知识和技能的人才[①]。

可见，粤港澳大湾区正在形成教育链、人才链与产业链、创新链融合的育才、用才体系，这将为科技创新转化为生产力提供强大动能。当前，这一体系仍存在一些需要改善的地方，比如内地只有深圳、珠海、广州有较多高校和科研机构，其他城市依然缺乏高质量的科教资源。此外，在产业合作方面，港澳企业与内地城市的合作和互动较少。因此，进一步探索人才培养合作路径、优化人才培育资源配置，将是未来的工作重点。

---

① 郑玮：《大湾区"冲刺"职业教育高地：东莞探路产教融合地方样本，深圳将投百亿促职教高端发展》，界面新闻，2021 年 3 月 9 日，https://www.jie-mian.com/article/5779190.html。

（四）打通人才互联互通路径，人才流动与湾区一体化发展稳步推进

在粤港澳大湾区，人才互联互通路径正在被打通，国内国际人才在湾区以及跨境合作中的积极流动与城市一体化发展正在稳步推进。各地都通过加强人才服务保障力度，确保了港澳人才和国际人才能够在内地留居、工作。例如，香港居民在大湾区内地城市购房享受内地居民同等待遇；在粤工作港澳人士子女与内地居民子女享同等教育权利；深圳、珠海等地都对外国人才签证办理、居留、落户等放宽了条件并简化了手续，提高了外籍人才办理政府事务的效率。在职业资格认证方面，《关于推进粤港澳大湾区职称评价和职业资格认可的实施方案》在一些领域实现了粤港澳三地职称评价对接。在社会保障公共服务体系方面，大湾区政府积极推进搭建粤港澳三地在社保上的互认互通机制，推出"湾区社保通"项目，为在粤的港澳居民提供无差别的社保服务，从社保的角度破除了限制大湾区内部人才流动的机制障碍，为港澳人才在粤创业就业提供了便利。截至 2023 年 2 月底，港澳居民有 30.6 万人次在粤参加养老、工伤、失业保险，其中享受社保待遇的有 3.55 万人。① 此外，大湾区还积极探索粤港澳地区的税收合作模式，制定《国家税务总局广东省税务局推进粤港澳大湾区建设实施方案》等，在政策落地、规则衔接、税制对接、创新服务等方面推出一系列创新举措，打破财税制度壁垒，以促进生产要素在大湾区内部自由流动。

---

① 何漪：《首批"湾区标准"上线粤港澳大湾区市场一体化发展提速》，《上海证券报》2023 年 4 月 7 日。

这些正在逐步推行的政策惠及民生，打破了大湾区内部城市之间不必要的要素管制，促进了人才、技术、教育等资源在大湾区城市群内的高效自由流动。但不容忽视的是，大湾区人才宜居环境的建设还存在一些不足，在生态、社区、文化、可持续发展方面表现并不亮眼，导致国际人才的归属感较弱。留住港澳和海外人才在内地城市发展，打造宜居宜业、国际化的社会文化环境，是未来大湾区必须努力的方向。

第三节　进一步建设和优化党在粤港澳大湾区人才工作领导制度的建议

粤港澳大湾区对人才的引进、选拔、培养、激励、使用制度，已经成为全国其他地区对标的范本。然而如上文所述，该地区的人才工作依然存在一些不足。在新时代党的人才工作重点强调"创新驱动发展"的背景下，大湾区需要进一步改革和创新机制，以充分释放人才的创新活力，推动产业链协同创新，培育新兴产业和高新技术产业，为区域发展创造新动能。未来人才工作改革和持续创新可以着重从以下几个方面切入。

第一，粤港澳大湾区政府还需要探索如何进一步推动城市间协同合作，促进人才内部流通。这首先要求各地继续深入推动创新要素跨境流动，破除人才跨境、资金跨境、企业税收衔接等方面的体制机制障碍。同时，各地还需要进一步推动财政科研经费的跨境流通，允许科研经费在粤港澳三地转移使用，便利高校、科研机构、企业、人才。此外，各地可积极探索"联合招才引智"方式，以港澳为海外高层次人才来华工作的适应地，允许科研人才居住在港澳，探索更多柔性的跨境引才模式。

第二，提高创新创业人才比重，优化人才结构以满足产业需求。粤港澳大湾区目前存在创新创业人才的数量和质量无法满足产业需求的问题，需要优化人才结构。当前，湾区引才和培养工作很大程度上依赖政府，企业的积极性并没有充分发挥出来。这让企业难以以本行业的市场需求为导向选人、用人、育人，人才与岗位难以精准匹配，不能充分发挥人才优势。有鉴于此，大湾区应积极向用人单位放权，支持企业自主设置科技人才评价标准，强化以市场和效益为导向吸引人才的机制。还要进一步简化人才审批和管理过程中的行政程序，通过数字化手段，简化手续、缩短流程、提高效率。

第三，进一步破除"四唯"人才评价标准，引领科技人才务实创新。要继续着力破除人才评价中的"四唯"，推进确立成果与潜力并重、公正、灵活、全面的人才评价新体系。在现有评价体系高度重视已有成果的基础上，综合考虑个体发展的背景条件和独特经历，增加创新能力、潜力方面的评定的权重，从而识别那些在成果和影响力上尚不突出，但有较大发展潜力的人才，给予他们成长的机会和空间，并提供必要的资源和生活保障。同时，大湾区的用人主体也可以建立更多元的主体评价机制，将同行评价、市场评价和社会评价纳入评价要素，以保证对人才的全面和公正评定。

第四，要继续改革激励体制，探索差异化、多维度的激励机制，进一步释放人才的创新潜力。在倡导创新驱动发展的时代主题下，粤港澳大湾区应持续释放引才用才机制改革红利，面向海内外，吸纳科技创新人才来大湾区创新创业。在外部激励的层面上，大湾区可积极完善和落实重点科技项目的项目负责人制度，赋予项目负责人更大的技术路线决定权、经费支配权和资源调度权。鼓励高校、科研人员离岗创业，探索和完善科技项目中科研人员以技术要素和创新成果折算股权参与科技转化效益分配的机制。[①] 在内部激励的层面上，大湾区各地政府应支持人才通过事业发展实现自我价值，积极帮助国际国内人才参与或承担重要课题，担任管理职务，建立紧密、积极的社会和工作关系，以此提高人才的幸福感和效能感，突出人才的创新价值，充分释放人才创新活力。

第五，加强城市环境建设，提升湾区对国际人才的吸引力。与其他国际湾区相比，粤港澳大湾区在国际人才吸引力、工作条件和生活环境方面优势相对不足。有鉴于此，粤港澳大湾区应当重点改善城市环境，提升本区国际化宜居程度。具体措施包括加强对湿地和海域生态系统的保护，提高水、土地、能源等资源利用效率；支持修建环保和绿色建筑，节能减排，建设可持续发展的低碳城市；关注国际人才的需求，加大公共场所双语标识投放力度，打造国际文化节、国际风情街、国际人才社区等适合国际人才的活动和生活服务场所等。

结论与展望

总的来说，中国共产党的人才工作领导制度在粤港澳大湾区的实施情况良好，为大湾区的发展提供了强大的人才支持。回顾中国共产党自建党以来领导人才工作取得的成就，不难发

---

① 张燕：《粤港澳大湾区创新人才高地建设机制探索》，《江苏商论》2023 年第 10 期。

现，其本质就是在党的全面领导下，根据不同时期的需要，出台符合需求的人才政策，让人才工作服务于国家发展和经济社会发展的实际，走具有中国特色的人才强国道路。中国共产党人才领导工作的百余年探索和实践反映出中国共产党人才工作的几条重要工作思路：强调要团结和吸纳各类社会人才，明确中国特色社会主义建设需要的人才必须具备正确的政治立场，必须德才兼备、以德为先，坚持尊重人才成长的客观规律，注重通过政策和制度创新营造适合人才成长和发展的环境，推动创新驱动发展，同时具备全球视野，坚持本土育才和全球引才并重。中国共产党人才领导工作的理论和政策体系，为粤港澳大湾区的人才工作提供了方向上的指引。

中国共产党的人才工作领导制度在适应粤港澳大湾区的特点和需求方面，表现出高度的灵活性和针对性。当前，粤港澳大湾区对人才的引进、选拔、培养、激励、使用制度，已经成为全国其他地区对标的范本。然而，目前该地区的人才工作依然存在一些不足，主要包括引才结构和方式有待进一步优化，高校、科技创新及企业资源分布不均，创新创业人才数量和质量有待提高，城市宜居程度有待提升等。对此，在未来的人才工作中，大湾区需要进一步改革和创新机制，既要探索如何进一步促进城市间的合作互动，完善沟通机制，提高大湾区内地城市的人才竞争力，又要从产业需求出发，提升区域内创新创业人才培养能力。同时，粤港澳大湾区还需要加强城市软环境建设，实现提高地区高水平人才吸引力的目的。

本研究从政策和历史的角度出发，分析了中国共产党人才工作的政策要点和理论思路，为粤港澳大湾区人才发展规划工作提供了参考意见。然而从人才自身发展的角度出发，现实中这些政策如何影响他们的生活决策和事业发展轨迹，什么样的政策是他们急需的，什么政策最能调动他们参与大湾区建设的热情，这些问题还需要通过进一步的调研解答，是未来的研究方向。

第二章

人才培养机制的中外比较
和创新高地建设

在全面建设社会主义现代化国家、不断推进和拓展中国式现代化的道路上，中国始终高度重视教育、科技、人才的统筹发展。党的二十大报告第五章"实施科教兴国战略，强化现代化建设人才支撑"专门论述了教育、科技和人才对于全面建设社会主义现代化国家的支撑意义，再次强调了"科技是第一生产力、人才是第一资源、创新是第一动力"的历史结论，深刻指出在今后的一个时期内，全国必须加快推动以教育、科技和人才为核心驱动力的强国战略。高素质人才，尤其是独立自主培养的各类德才兼备、拔尖创新人才，是国家和民族长远发展的支撑。① 有效的人才培养机制包含两个重要侧面：怎样认定和

---

① 《高举中国特色社会主义伟大旗帜 为全面建设社会主义现代化国家而团结奋斗——在中国共产党第二十次全国代表大会上的报告》，人民出版社，2022。

评价人才，如何培养高水平创新人才。本章第一节从高水平人才评价机制的中外比较入手，通过考察中、美、英、德、法、日、意在科研人才评价体系方面的异同，审视中国科研人才评价体系的优点和不足，以探寻高水平科研人才培养的内在规律，为中国科研人才评价良性发展提供建设性意见。第二节聚焦拔尖创新人才的自主培养，对拔尖创新人才自主培养的现状进行评析，而后分析制约拔尖创新人才自主培养的评价问题以及内在原因，最后提出深化教育评价改革以助力中国拔尖创新人才自主培养的建议。

第一节　科研人才评价体系的
中外比较

科学合理的科研人才评价及其结果运用，事关在全面建设社会主义现代化国家过程中更好地发挥科教及人才支撑效用。针对中国科研人才评价"标准单一、主体单一、方式单一"的现实，本节在梳理和总结美国、英国、德国、法国、日本、意大利科研人才评价机制的基础上，从评价理念、操作路向和具体实施三个维度提出解决方案，为中国科研人才评价工作的深化完善建言献策。

一　科研人才评价：理论与分析框架

（一）从"人才"到"科研人才"

习近平总书记多次强调，党和人民事业要不断发展，就要更好地发挥各方面人才的作用，聚天下英才而用之。在百余年奋斗征程中，党和国家始终重视对各类人才的自主培养和战略引领。① 从国际上看，文艺复兴后的西方（欧洲）文明迎来了知识、科学、技术的快速积累并逐渐形成迭代递增效应，尤其是在两次科技革命对现代文明形态的冲击下，以英国、法国、德国、意大利、美国等国为代表的工业化国家对人才的重视程度持续加深，对人才的培养给予了长期支持。

科研人才主要从事科学研究等相关工作，旨在获得更多知识，并将知识应用于生产。科研人才按研究类型可分为基础研究人才、应用研究人才两类，后者根据其应用导向还可分为实验开发类人才、设备设施类人才。基础研究人才专门从事某种系统性研究，其目的是更全面地了解或理解某种现象及其可观察事实的基本方面，部分基础研究涉及应用转化。应用研究人才则专门从事获取某种必要知识的系统性研究，旨在掌握具体的科学方法和技术路线。在前者获取的知识成果基础上开展创造性、系统性科学工作，开发或改进产品和工艺，专门生产和运维科技装备与基础设施的人才，则具有实验开发和设备设施研发等属性。

党的十八大以来，以习近平同志为核心的党中央做出"科技是第一生产力、人才是第一资源、创新是第一动力"的重大判断，深入实施科教兴国战略、人才强国战略、创新驱动发展战略，提出教育优先发展、科技自立自强、人才引领驱动等措施，极大地推动了中国人才事业的蓬勃发展。当前，中国人才资源总量达 2.2 亿人，全球创新指数排名由 2012 年的第 34 位上

---

① 《总书记为何如此重视人才？这些话"典"明答案》，《新民晚报》，2021 年 9 月 29 日，https://baijiahao.baidu.com/s? id = 1712199404672140824&wfr = spider&for = pc。

升到 2021 年的第 12 位，全社会逐步形成了"知才爱才、用才吸才、培才固才"的良好局面，对科研人才的认可度和满意度不断上升。[①] 过去十余年间，中国科研人员快速融入国际科研合作网络，与全球范围内的学者合作，特别是在人工智能领域，国际合作更加深入。[②]

（二）科研人才评价的发生机制

科研人才科研评估是世界各国科技管理和科技政策的核心内容与要素之一。科研人才的管理与科研资源的分配对国家科技进步与战略潜力发掘具有重要意义。科研人才评价基于"有组织科研"的要求，切实推进高水平科研活动，按照国际标准、社会经济贡献、开拓创新原则进行，其发生机制与运行逻辑主要体现在以下三个方面。

一是各创新主体都着力提升科研效能和转化经济效益，在此过程中开展科研人才评价是基于质量保证机制的要求，通过自我评价、同行评议、组织评审等设计，鼓励和支持科研人才的阶段性工作与长期性规划。

二是通过开展科研人才评价，切实有效地促进研发工作、提升研发质量、激发研究人员积极性。多维度的合理评价还有助于制定更符合科研实际的宏观政策与微观措施，打造一流科研环境，使其更具竞争力与开放性；有助于发现和培养新的科研人才，实现"聚天下英才而用之"。

---

① 《加快建设世界重要人才中心和创新高地》，新华时评，2022 年 8 月 22 日，https：//www. gov. cn/xinwen/2022 - 08/22/content_ 5706404. htm? eqid = b0dc214c0002974800000006461aec5。

② "Publications Output：U. S. Trends and International Comparisons，" https：//nc-ses. nsf. gov/pubs/nsb202333.

三是根据评价结果，以科研主体的效益和科研成果的转化为导向，确定优先顺序，对科研活动的资金与人力资源进行动态配置；通过对评价过程中取得的结果进行适度宣传推广，进一步推动专业领域的同行合作，提升社会对科研主体的认知，加大各类公立机构、科学基金、企业和行业对科研人才的资助与扶持力度。

（三）科研人才评价的方法路径

当前，世界范围内人口结构快速变化、科学技术日新月异、数字经济蓬勃发展等各种因素导致科研人才竞争日益激烈，各国、各科研主体、各学科都有各自的人才管理体系，其中包括人才评价方法及其实现路径。科研活动的总目标主要是产生新知识，世界多国对科研人才的评价主要基于其发表的学术论文与著作等显性成果，通过内部评审或同行评议等手段产生的评价结果将直接影响人才的研究资源、学术资源、行政资源分配，此类方式被称作"事后评价"，即对科研主体或科研人员在过去特定时间内的绩效进行评价。通过赋予科研主体更高的自主性和独立性，将科研人才作为管理对象，科研主体能够以特定流程开展人才评价。然而，该评价手段通常建立在评价标准较高、流程透明、结果可靠等基础上。简言之，目前通行的两类科研人才评价方法主要有同行评审法和文献计量法，两种方法在方式、渠道、时间、限制等方面各有不同。同行评审法由科研主体先开展内部评估，再将选定的成果材料提交至专家评议组，由其对科研人员的研究成果进行评审。基于专家的专业判断，通过小组讨论和最终投票等方式对科研人员进行综合评估。这种方式的局限性在于同行之间可能存在一定的利益冲突。同行评议的时间成本和过程控制也是该方法的重要考量因素。文献计量法主要考察科研人才在国际性学术期刊上发表的论文成果，利用特定定量指标（如数据库收录、影响因子、刊物分区、被引次数、转载渠道等）进行评估。[①]

以高等教育为例，高校承担了人才培养、科学研究、社会服务、技术创新、经济发展等使命与责任。高校随着外部条件的变化而产生新的要求，推动了科研主体的战略规划、流程优化、人才发展等总体目标建设。科研人才是科研主体的支柱力量，其科研产出与效率被视作衡量科研主体的重要指标之一。总的来说，质量保证是人才管理的关键环节，自我驱动式的保证方法是质量保证机制的主要环节。这能够促进科研主体和科研人才的合作。根据彼得·马森（Perer Maasen）[②]的观点，在哲学上可以从唯名论（nominalism）、本质主义（essentialism）或客观主义（objectivism）的角度看待质量问题。唯名论观点认为，对质量的描述没有定论。本质主义观点试图确定质量的本质或基本方面。客观主义方法则强调"普遍方法论"，通过对同一方面进行研究并以相同的方式对其进行量化，就能得出质量的客观衡量标准。还有学者认为，高等教育质量评价存在三种通用方法，分别是声誉法（基本判断途径是同行评审）、成果法（主要依据是各类成果指标，如及格学生比例、通过率、出版物数量等）、全面质量法（强调广泛参与、持续改进、组织学习和

① G. Abramo, C. A. D'Angelo, F. Pugini, "The Measurement of Italian Universities' Research Productivity by a Non Parametric-bibliometric Methodology," *Scientometrics* 76 (2008): 225-244.

② P. Maasen, "The Rise and Impact of the Evaluative State: The Issue of Quality in European Higher Education (P 183)," *South African Journal of Higher Education* 9 (1995): 63-88.

关注个体需求）。①

　　上述所有条件都要求科研主体形成一个高效的科研管理系统。在现代高等教育和科研机构体系下，越来越多的科研主体倾向采用经济管理理论及商业评估工具实现其发展评价与进度追踪。关键绩效指标（key performance indicators）成为最受欢迎的评价方法之一，是旨在通过衡量科研活动中各项具体目标完成度评价所取得成果及效率的一种量化指标。科研活动中的关键绩效指标有助于全面了解科研主体、科研项目、科研制度、科研人才、科研过程的完成情况，其主要优势在于具有通用性。利用该评价体系，不仅可以对整个科研主体及其内设机构、人才队伍进行评估，还可以对同一时期多个单位的指标情况进行横向比较。在人才管理方面，利用关键绩效指标工具能够以量化方式评估科研人才对科研主体最终目标的参与度和贡献度。乔万尼·阿布拉摸（Giovanni Abramo）等指出，研究投入包括人力资源和其他有形资源（设备、科学仪器、材料等）和无形资源（积累的知识、社会资本、声誉等），而产出具有有形（出版物、专利、会议发言、数据库、协议等）和无形（隐性知识、咨询活动等）的复杂性质。② 科研主体在运用关键绩效指标体系时，还应清楚地意识到，对科研人员生产率进行量化评估是一项复杂工作，需要考虑多层面的科研投入。

---

① D. Dill, "Quality by Design: Toward a Framework for Academic Quality Manage-ment," in *Higher Education: Handbook of Theory and Research Vol. 111* (New York: Agathon Press, 1992); N. Cloete, "Quality: Conceptions, Contestations and Comments," http://www. hsrc. ac. za/chet/debates/qualh. html.

② G. Abramo, D. W. Aksnes, C. A. D'Angelo, "Comparison of Research Per-formance of Italian and Norwegian Professors and Universities," *Journal of Infor-metrics* 14 (2020): 2.

二 中国科研人才评价的现存问题

中国拥有全球数量最多的科研人才,这些科研人才分布在各行各业,如何对各类人才进行评价是一项系统工程。基于上述评价方法路径,有必要对国家科技创新的主体机构(高校与科研院所)的评估体系进行重新审视,以验证其对生产力与绩效产出的可靠性,这对国家科技政策具有现实参考意义。

(一)评价标准单一

中国科研人才分布领域广、行业类别多、专业门类杂,既包括"两院"院士等科研"金字塔"顶端的高精尖缺人才,也有处于基层一线的农村实用人才、社会工作人才,以及各类新兴人才等。而传统的科研人才评价标准普遍存在重学历轻能力、重资历轻业绩、重论文轻贡献、重数量轻质量的问题,对不同领域、不同门类的人才进行简单的量化衡量,普遍存在"一把尺子量到底"的问题,对各创新主体的重视程度不一。以科研人才较为集中的高等院校为例,对人才的评价习惯运用"同一套"制式化标准,对研究人员的考核除了科研指标,通常还包括教学、公共服务和社会影响等要求。

(二)评价主体单一

在现有的科研人才评价中,政府往往处于主导地位,惯常采用行政手段组织专家进行评审。典型的如"两院"院士的增选、"国家级三大奖"的评选等,会出现用人主体和市场第三方参与较少,甚至完全无法发挥应有评价作用的状况,易导致"外行评价内行"、评价手段趋同、行政色彩浓厚等情况的出现,更长期存在"一班专家评到底"的情况。此外,对各类评审与评议环节中使用的标准、人员构成、过程材料等也存在披露不足等情况，未充分建立专家与人才之间直接的指导与反馈渠道。

（三）评价方式单一

中国相当长一段时间的科研人才评价更多属于对"人"的评价，将学术头衔、人才称号、学历层次、职称等级等作为限制性条件，而不是对"事"的评价和对"业绩"的评价，忽视了不同人才在不同科研项目中价值创造的差异性，以及科研人才在不同成长阶段创造价值的差异，普遍存在"一套方式用到底"的问题。长期以来，对科研人才研究成果的普遍评价标准是在国内外同行评议的科学期刊上发表的论文，并以此为人才产出的主要指标。然而，论文之外的其他成果，如非公开出版物、研究报告、专利、数据库及各类隐性知识，甚至是人才培养和科学管理等方面的贡献，均属于科研人才在特定时间内的产出"业绩"。此外，依据国际数据库（如 SCI、SSCI 等）对科研人员出版物进行评价的正确性还受到数据库本身的限制：一是各大数据库收录的国际期刊虽有较高认可度，但仍然难以涵盖本学科的代表性刊物；二是现行理工医等学科的国际期刊影响力普遍较大，知名度普遍较高，人文社会科学的国际期刊则代表性相对有限。

总体而言，应针对科研资源的分配及分配标准制定更加明确稳定的标准政策，根据各主体及其人才队伍的独特性、跨学科性，结合科研主体在专业建设、人才潜力、地理位置、研究定位、产出规模、社会影响等方面的差异化需求与动态化发展，按照"促进互补、鼓励竞争"的原则，给予不同的科研活动和科研人才不同程度的指导与支持。

三 国外科研人才评价的制度变迁及经验启示

（一）美国

美国政府十分重视科研活动，认为投资科研能够促进经济创新，重振美国的"全球领导地位"，对应对气候危机、发展新兴技术也至关重要，高质量的大规模科研投入将为未来产业提供发展动力，并在国内创造新的就业岗位和高收入行业。美国总统拜登宣布的"美国就业计划"（American Jobs Plan）提出要新增 2.3 万亿美元用于基础设施建设，其中就包括重大科研投资，给予国家科学基金会 500 亿美元投资，为促进创新和创造就业的研发活动提供 300 亿美元额外资助，用于改造升级全国实验室研究设施的投资达 400 亿美元。①

对科研人员而言，获得各级基金项目支持以及单位内晋升具有现实意义。美国大学素有教职员工评价机制，多数院校制定了专门的考核评估方案，旨在为教学科研人才的绩效评价提供公正的指导原则，不论其种族、民族、性别认同、性别表达、性取向、社会经济地位、年龄、能力、宗教、地区、是否退伍军人身份、公民身份和国籍等情况。肯塔基大学等高校对教职工开展年度考核评估（performance evaluation），认为评价是一个动态持续的过程。该校通过年终系统填报等形式完成绩效评估，并与受评人进行讨论。年度评估为评估员工绩效提供了统一的方法和操作原则。②

---

① "Research and Development," https://www. whitehouse. gov/wp-content/uploads/2021/05/ap_ 14_ research_ fy22. pdf.

② "Performance Evaluation," https://hr. uky. edu/policies/performance-evaluation.

以堪萨斯大学为例，[①] 职工应给予教学和研究同等关注，人才绩效评估的权重分别是：教学/指导占 40%，研究占 40%，大学、社区和专业服务占 20%。评估标准采用五级评分制——优秀（excellent）、很好（very good）、良好（good）、差强人意（marginal）、差（poor）。

首先，在教学与指导方面，堪萨斯大学要求所有长聘与预长聘教职员工成为高质量的教师，促进学生的学习，并承担本系的教学任务。

其次，针对科研方面的衡量标准多种多样，基本考核指标包括：在期刊、书籍上发表经同行评审的研究成果；撰写并向外部资助机构提交基金申请，或主持在研外部项目；指导研究生、本科生、博士后、技术人员及其他研究人员的研究工作；在各类会议上宣介研究成果。获评"优秀"等级的考核标准是校外课题资金应满足支持至少一名研究助理的工作，在同行评审期刊上保持与学科相称的发表率，在各级学术场合介绍研究成果，并达到以下一项或多项要求：学术成果发表率超过学科预期，或在高影响力期刊上发表论文；具有完全能够支持本人开展研究的校外资金，可以覆盖其他多位研究人员的工资和津贴；获得重大研究奖项。

再次，面向科研人员的服务绩效指标。堪萨斯大学要求所有长聘与预长聘教职工为所在系部和大学的管理做出贡献，其服务对象包括三类：系、学院或大学；社区、州、地区、国家或国际社会；专业或学科。主要考核标准是积极参与系部管理，

---

① "Faculty Evaluation Plan, Department of Molecular Biosciences," https://policy. ku. edu/CLAS/faculty-evaluation-plan-molecular-biosciences.

包括定期参加教师会议，积极参与各级委员会的工作。"很好"及以上的评分标准还包括参与评审各级各类基金项目、担任审稿人、对准聘教职员工进行指导、担任期刊编辑等学术兼职的数量和质量。通常更高阶的考核等级与教职工所在的外部学术机构级别及重要性挂钩，如在美国国立卫生研究院、国家科学基金会评审小组中任职，担任校内外主要学术团体领导职务、高水平期刊编辑或编委，组织大型学术会议、从事广泛的社区外联活动或获得重要服务类奖项。

最后，堪萨斯大学还特别指出，在安排教学/指导、研究和服务领域的活动时，各教学单位给予教职员工较高自主权，与部门总体使命一致的各类有关活动均可获得考核认定。

（二）英国

英国高等教育统计局（HESA）每年都会针对英国所有高等教育机构发布一套绩效指标，通常包括增加入学机会和提高参与度、学生保留率和成功率、就业统计和研究绩效。这些指标基于所有高等教育机构每年必须向高等教育统计局提交的学生、教职员工和财务数据。

以剑桥大学为例，[1] 该校开展的"员工评估与发展计划"（Staff Review & Development）面向大学所有级别和工作领域的员工，其主要目的是提高工作效率并支持专业发展。剑桥大学认为，定期开展员工考核，持续进行"一对一面谈"有助于将个人、专业、发展目标同团队、机构及学校的战略目标结合起来。在实践中，人才的自律发展有助于提升其满意度、积极性

---

[1] "Staff Review and Development," https://www.hr.admin.cam.ac.uk/staff-re-view-and-development.

和幸福感，并有助于建立牢固有效的工作关系。学校通过该计划表彰个人，提高人才积极性；通过营造支持持续评估和改进评估方案的氛围，提高绩效，明确个人责任；通过有效的双向交流和开放式的管理、领导与合作，打造包容、积极的工作文化；通过建立信任以及对个人需求和责任的认识，保障员工福利；使良好的工作实践和共同的战略愿景保持一致；帮助员工认识、学习和发展大学内部的宝贵技能、知识和经验，促进员工的发展和技能传承。

剑桥大学还制定了适用于全校科研人员的"学术职业发展机制（研究与教学）"［Academic Career Pathways（Research and Teaching）］，详细列出科研人才考核的晋升程序及标准。① 学校强调，教职工的每项评估申请都将根据具体级别的评估标准进行审议并考虑投入和产出的依据。各系部的评估标准以及通用的"优秀指标"主要通过对研究、发展和服务的情况进行评估。以晋升教授为例，申请人将按照研究与研究领导能力（50/100 分）、教学与研究人员发展（30/100 分）、对大学和学术界的服务（20/100 分）的评估标准和评分方法进行评估，获评最低的两个等级（"明显不满意"及"证据不足"）将被视为未达到科研晋升门槛。②

研究与研究领导能力方面的评价标准。晋升教授（12 级）应在科研和学术指导方面取得杰出成就，并参照国际优秀水平

① "Academic Career Pathways（Research and Teaching），" https://www. acp. hr. admin. cam. ac. uk/assessment-criteria.

② "ACP Guidance Assessment Criteria and Scoring，" https://www. acp. hr. admin. cam. ac. uk/files/acp_ guidance_ –_ assessment_ criteria_ and_ scoring_ july_ 2021_ final. pdf.

进行评估。杰出成就主要包括个人研究和合作研究成果以及在引领优秀机构研究文化方面的贡献。通常要求科研人员在两个标准方面都取得突出成绩：一是持续开展严谨的研究，解决重大问题，提出新观点，推动该领域的发展，同时确保保持研究诚信的最高标准；二是保持高质量的研究领导力，对未来进行战略规划，支持包容和富有成效的研究文化。

教学与研究人员发展方面的评价标准。申请者应证明他们为实现大学的目标做出有效贡献，为本科生和研究生提供高质量的以研究为导向的教学服务，以及促进研究生和职业早期研究人员的专业发展。剑桥大学明确指出，申请人在其职业生涯的不同阶段可能会做出不同的贡献，而不同学科的有效贡献也可能不同。因此，学校将根据相关机构的期望，包括具体的工作量等对个人贡献进行评估。有效贡献必须全部或部分参照以下三个标准：一是持续提供优质的教学服务，使学生受益于剑桥大学的研究环境，并融入其中，这在智力上具有挑战性；二是持续提供高质量的研究指导，这具有智力挑战性和支持性；三是始终确保职业早期研究人员获得更好机会，以发掘他们的潜能。

对大学和学术界的服务方面的评价标准。申请者应做出有效的服务贡献，大学成员通过打造相互尊重的文化，展示并促进同事关系。剑桥大学认为，个人可能在不同时期以不同方式做出贡献，随着个人职位的提升，他们可能会被要求承担更多大学以外的工作。尽管如此，大学通常希望申请者能够在大学内部做出重要的服务贡献，促进同事关系，营造相互尊重的文化氛围。

伍斯特大学①的"发展、成就和绩效评估审查计划"（Appraisal Review for Development, Achievement & Performance）旨在为所有员工（无论是受评人还是评议人）提供指导和培训，通过定期会面机制，讨论对个人、团队、部门乃至全校都具有重要意义的问题。该计划涵盖所有工作人员，包括各类兼职、不定期和定期合同人员。该计划主要评估两大领域，分别是业绩（涉及目标和成果的实现情况）和发展（涉及专业和职业发展）。评议人由受评人所在部门的负责人或其他高级职员担任，其主要作用是帮助反思过程、提供反馈意见，以及厘清和商定目标。评估将根据与机构/部门/服务需求相关的时间表每年进行一次，评估的主要内容包括三点：受评人和评议人的准备与思考，回顾以往的目标和成果，为今后的工作提出建议，并制定考评会议议程；召开考评会议，讨论受评人业绩，评议人根据表格内的问题填写情况；确定考核结果，确定绩效和发展目标，并了解发展需要。

此外，亚伯丁大学②在科研人才评价的新政策和程序中也引入了强化后的晋升标准框架，旨在运用更加丰富的标准，确保学术晋升过程能够反映科研人才在研究、教育、学术和专业实践，以及创新等支柱领域的业绩情况。在对科研人才的晋升评议过程中，一般先由院系级领导进行审核，为其专业内的每份

---

① "Appraisal Review for Development, Achievement & Performance," https://www2.worc.ac.uk/personnel/documents/Appraisal _ Procedures _ document _ revised_25_12_19.24_（3）.docx.

② "Promotion Policy & Procedure（Academic Staff），University of Aberdeen," https://www.abdn.ac.uk/staffnet/documents/hr-Promotion-Policy-Procedure-Academic-2023.pdf.

晋升申请撰写评估报告。在此过程中，院系领导应同校内相关高级教职员工进行磋商，征集意见，此类人员应至少包括学术机构负责人、研究主任、教学主任、分部/群组/小组/系主任。随后，晋升申请将由大学委员会审议，大学委员会成员有副校长（召集人）、另外2名副校长或院长、跨学科主任、4名高级学术人员、人力资源经理或高级人力资源管理人员（办事员）、社会偏见观察员/工会观察员（仅供观察）。学校特别重视评议委员会成员的平衡性，要求其具备评估所有方面的能力并代表各学科，同时尽全力确保性别和种族平衡。除此之外，如果学校层面经过评议后，认为有初步证据证明可晋升，还会进行外部专家评议，这有助于根据晋升标准对申请进行评估。

（三）法国

法国国家研究政策由高等教育机构、研究与创新部负责，其职责是确定国家层面科研活动的主要方向并分配资源。法国2013年颁布的《国家研究战略》指出，要保持法国在世界领先研究大国中的地位，使法国的研究进展能够应对21世纪的科学、技术、环境和社会挑战。法国的公共研究由多种机构开展，其中最重要的是大学和其他高等教育机构，以及研究型机构。研究型机构分为两个法律种类，公共科学技术机构（EPST）和公共工商业机构（EPIC），这是法国科研组织的一大特色。

在法国高校里，教师属于"A类"公务员，遵守适用于所有公务员的规定，享有一定的传统保障。这些规定旨在维护其独立性和言论自由。法国高校教师的招聘和晋升完全由其同行组成的评审机构决定。按照有关规定，教师和研究员标准工作时间的一半应是教学服务时间，相当于128课时的年标准教学时间，或192课时的指导学习或实践课程，或由初始教育、继续教育或远程教育中的任何等效组合确定，另一半时间为研究活动时间。大学教授和讲师可以晋升到更高的级别，讲师、二级教授和一级教授按资历晋升。大学教授从二级晋升至一级时，须由全国大学理事会相关部门协商，或与所在单位的董事会协商，并根据单位内所有学科的可用职位数量综合决定。对于讲师（Maîtres de Conférence）而言，从普通级晋升为高级时，须按照以下程序进行选拔：与全国大学理事会相关部门协商后，或与院校董事会协商后，根据院校所有学科的可用职位数量进行选择。讲师也有资格通过参加特别招聘考试成为大学教授，在高等教育机构工作满 10 年（其中 5 年具有讲师资格）的人员均可参加考试。

法国研究与高等教育机构评估局承担评估全国高等教育和研究机构活动的职责。该机构选择的评估方法是先由研究机构进行自我评估，介绍其成果和项目，然后由与被评估群体同一领域的专家进行独立、集体和透明的外部审查。评审结果将形成一份书面报告，并附有研究机构在阅读报告后提出的意见和一套评分标准。同行评估法要求进行独立、透明的评估，每个受评机构应成立特别委员会，其成员结构按照研究机构的任务、科学领域和应用领域划分。组成委员会的专家由委员会的科学代表根据评估对象的特点（学科范围、研究目标、可能的跨学科层面等）挑选。他们的评估工作不限于积累根据可量化数据确定的特征信息，还需要对观察到的事实进行分析讨论，以便听取专家团的所有意见，形成意见摘要，同时遵守法国研究与高等教育机构评估局规定的道德准则。

为了向接受评估的研究机构及其上级机构提供足够广泛的信息，法国研究与高等教育机构评估局自 2008 年起根据四项标准进行评估，这四项标准为科研成果和质量、学术声誉和吸引力、研究实体的管理和寿命、下一份合同的战略和研究前景。2012年起，该标准又修订为六项，以反映研究评价的多样性和趋势，这六项标准为科研成果和质量，学术声誉和吸引力，与社会、经济和文化环境的互动，机构的组织和生活，通过研究参与培训，下一份合同的战略和研究前景。

研究机构的多样性意味着它们不可能完全一致地满足所有评价标准，这些指标还应根据每个机构的特性、使命和研究重点加以调整。这正是同行评估的意义所在，专家本身就属于他们所评估的研究机构的学科领域，他们知道如何调整这种共同语言，并确定其领域所关注的重点，以获得同行的认可和理解。已经明确的是，这些标准旨在帮助研究机构起草自我评估文件。这些标准还用于说明如何在同行定性评估之前描述和介绍活动或成果。从此以后，对研究机构的评估就有了一个所有学科通用的工具。在初步实施之后，法国研究与高等教育机构评估局将根据收到的反馈意见，并在与接受评估的团体协商之后，对这些标准进行修订。①

（四）德国

德国约有420所高等教育机构，这些机构提供所有学科的教育。德国高等教育体系的特点是学习、教学和研究之间紧密联系。

德国制定了一系列研究政策，旨在实现国家"高科技战略2025"（High-Tech Strategy 2025）。到2025年，该战略将使德国

---

① "Criteria for the Evaluation of Research Institutions: The AERES Standards," https://www.aqu.cat/doc/doc_18395864_1.pdf.

研发投资占国内生产总值的比例提高到 3.5%，总体目标是使德国成为全球创新领导者。

此外，德国有 1000 多家公共和政府资助的科学、研究和开发机构，400 多个研究与创新网络和集群，70.8 万名研发人员，超过 4.5 万项（排名第五）全球注册专利。2018 年，德国研发支出 1047 亿欧元，占国内生产总值的 3.1%。[①]

德国私营部门是寻找新方法、研发新产品和新应用的主要投资者，提供的资金占德国研发资金总额的三分之二以上。德国汽车工业是最重要的产业，工业界三分之一以上的研发费用用于汽车制造。就研发强度（内部研发支出占营业额的比例）而言，制药业居于领先地位。

非大学研究机构是德国科研的一大特色。这些机构主要属于四大国际知名研究组织：马克斯-普朗克协会（Max Planck Society）、弗劳恩霍夫协会（Fraunhofer-Gesellschaft）、亥姆霍兹协会（Helmholtz Association）和莱布尼茨协会（Leibniz Association）。它们的研发活动涉及各个领域和学科，涵盖从基础研究到以应用为导向的研究。这些组织倾向于开展跨学科研究，并经常与学术界或私营部门的合作伙伴合作。与同样作为非大学研究机构的大型科学组织一样，四大协会均为非营利性组织，并接受政府资助。

在德国，研究评价领域有以下参与者和程序。

德国研究基金会。其采用多种不同的研究评估方式。根据

---

① "The German Research Landscape, Deutscher Akademischer Austauschdienst（DAAD），" https://www.research-in-germany.org/dam/jcr：3e5ad44b-8e6a-4832-b64d-ff037d106018/The-German-research-landscape_2021_barrierefrei_bf.pdf.

作为研究资助机构的职能，德国研究基金会有一套长期确立的资助建议评估程序，该程序基于对学术界过往业绩及建议的价值进行同行评审。不过，最近人们认识到，德国研究基金会资助的项目和计划的有效性也应得到评估。2006 年初成立的研究信息和质量保证研究所负责对获得德国研究基金会资助的项目的有效性进行评估。

科学委员会是国家的一个机构，由联邦政府和各州共同资助，其具体任务是就科研组织的结构、绩效、规划和发展提出建议，还包括在机构自我评估和同行评估的基础上进行评估。然而，这些评估是不定期进行的，而且是由联邦政府、相关机构临时发起的。

每个负责非大学研究机构的协会也对其所负责的研究机构进行自我评估。这些评估定期进行，主要是由各协会之外的学术界人士（包括外国人）进行同行评审。一般来说，开展这些活动既是为了给协会内部决策提供信息，也是为了向外部捐助人报告协会及其下属研究机构的业绩情况。例如，莱布尼茨协会的董事会只有外部成员，它对莱布尼茨协会进行定期评估，并利用这些评估向联邦政府和各州就协会的经费及概况提出建议。

地区和州一级的评估。对高等教育和研究现行结构进行评估，并对未来发展提出建议。除这些一次性评估，巴登-符腾堡州和下萨克森州等州还设立了地区评估机构，其目的是向各院校和州政府通报比较绩效。

（五）日本

根据日本统计局发布的数据，日本 2022 财年的研发总支出为 20.70 万亿日元，同比增长 4.9%，为史上最高；研发总支出占国内生产总值的比例为 3.65%，增长 0.09 个百分点。日本政府将人工智能、生物技术和量子技术定位为战略性基础技术，2022 财年这三个领域的研发经费分别为 2725 亿日元、3850 亿日元和 1322 亿日元。与上一财年相比，2022 财年，日本人工智能研发经费增加 56.3%，生物技术研发经费增加 55.1%，量子技术研发经费增加 13.2%，其中人工智能和生物技术的研发经费都有大幅增长。截至 2023 年 3 月，日本科研人员总数为 91.04 万人，比上一年增长 0.2%。日本科研人员总数已连续七年增长，2023 年更是创历史新高。其中，女性研究人员为 18.33 万人，占研究人员总数的 20.1%。2022 财年，人均研发支出为 2274 万日元，比上一财年增长 4.6%。[①]

创新创造了新的需求，提高了生产力，从而促进了日本的可持续发展。日本文部科学省下属的国家科学技术·学术政策研究所（The National Institute of Science and Technology Policy, NISTEP）的使命是为实施科学、技术和创新政策提供客观依据。为此，NISTEP 对企业创新活动进行调查和分析，以更好地了解日本的创新体系。日本《第五期科学技术基本计划》旨在促进以证据为基础的政策规划、评估和实施，以此加强其促进科学、技术发展和创新的功能。日本国家创新调查（The Japanese National Innovation Survey, J-NIS）是一项关于企业创新活动的官方统计调查。其调查结果被用作分析、规划、执行和监督科技创新政策的基本信息。

创新过程包括私营企业（创新过程的核心参与者）、政府、

---

① "Results of the Survey of Research and Development, Statistics Bureau of Japan," https://www.stat.go.jp/english/data/kagaku/1550.html.

大学和公共研究机构之间的互动。因此，在从创造创新的角度制定和实施科技政策时，不仅要适当了解政府、大学和公共研究机构的研发活动和管理趋势，还要了解研发支出占日本研发总支出约 70% 的私营企业的研发活动和管理趋势。1968 年，日本科学技术振兴机构（The Japan Science and Technology Agency）开始实施"民营企业研究活动调查"。这是一项经日本总务省批准的统计调查，旨在了解民营企业的研究动向。此后，该调查几乎每年进行一次。从 2008 财年调查开始，NISTEP 便负责实施这项调查。这是目前唯一定期大规模开展的针对民营公司研发活动的调查。此外，NISTEP 还对民营企业的国际研发活动进行调查，对产学合作和知识产权管理进行调查研究，并对大学和公共研究机构的研究管理进行调查。

培养科技人才和确保充足的科技人力资源，是日本科技创新政策的主要目标。NISTEP 致力于确定大学、研究生院和其他机构培养科技人才的条件，以及现有的职业发展途径，包括研究人员的国际流动性等。它还阐明并分析了确保充足的人才资源所面临的挑战，即培养日本科技发展所需的人才，需要准确地发现人力资源开发和职业场所建设存在的问题，并找到解决这些问题的方法。

日本的人才挑战是多方面的，其中一方面是人口问题，人口老龄化意味着劳动适龄人口预计将从 2018 年的 7500 万减少到 2030 年的 6900 万。工程师和熟练的研发人员需要数年时间才能掌握技能，这使公司很难在高级研发人员退休后进行研发人员的补充。三分之二的受访者还认为，他们的组织缺乏指导和管理正在进行的研发项目的手段。如果没有一套有效的关键绩效指标等机制衡量项目绩效，研发工作就很容易耗时过长、成本过高、回报过低。一位受访者指出，他所在组织的文化使其更容易承诺进行新的大规模投资，而不是退出表现不佳的现有项目。①

日本的大学和研究生院正在开展一系列有特色的活动，旨在通过高质量的教育和研究进行人才培养，加强并全面实施其组织教育方法。日本的博士和博士后研究人员正在建立自己的职业生涯，并作为年轻的研究人员在大学和公共研究机构中发挥积极的作用。近年来，他们在私营部门工作的机会也越来越多，因此，他们的职业选择和职业道路正在以前所未有的方式增加，变得多样化。NISTEP 在这一领域的调查和研究试图揭示博士和博士后研究人员的职业选择，以及他们选择职业道路后在各种情况下的活动和流动性。

要想使日本的科技人才从事一流的研究工作，就必须提高研究人员的流动性，提升研究人员在不同组织之间流动的能力，并创造研究人员可以相互学习的环境。此外，可通过更多利用女性研究人员和外国研究人员等手段，进一步实现人力资源的多样化。NISTEP 在这一领域的调查和研究确定了客观的评估指标，并收集了定量数据，用于对科技人力资源的流动性和多样化进行数据分析。②

以广岛大学（Hiroshima University）为例，该校开发了一种用于量化教师多方面活动的综合客观测量方法——"成就激励

---

① Shun Chokki, Hiroshi Odawara, André Rocha, Christoph Sandler, Takuya Tsuda, "A New Era for Industrial R&D in Japan," https://www.mckinsey.com/capabilities/operations/our-insights/a-new-era-for-industrial-rnd-in-japan.

② "Human Resources in Science and Technology, National Institute of Science and Technology Policy," https://www.nistep.go.jp/en/? page_id=54.

型关键绩效指标"（Achievement-Motivated Key Performance Indicator，A-KPI），以直观地反映大学的优势和劣势，同时平衡全校教师的多方面活动。有效的机构管理需要一种组织环境和激励机制，在这种环境和机制下，所有教职员工都能平等地努力改进其教学、研究和公共服务活动。还需要了解，在这样一种环境下，教授之间以及不同学科之间在教学、研究和公共服务活动上投入的工作时间和精力存在很大差异。广岛大学旨在营造校内良好环境，让每位教师都能根据自己的优势和专长为教学和研究做出贡献，同时尊重个人的偏好和风格，满足学生的需求。为了促进形成这样一种环境，在教学和研究之间优化分配内部人力资源，成为一项至关重要的机构议程。为了实现这一组织目标，必须设定一个客观的指标，以便准确了解教职员工在教学、研究和其他基本活动中的表现。同时，可以通过散点图和数字平均法直观地了解教职员工的整体表现以及他们在学院、系或任何组织单位内的活动分布情况和"分散性"。

　　使用成就激励型关键绩效指标的目的是将每位教职员工在一段时间内承担的多方面任务形象化，以便学校在各活动领域合理分配人力资源。这些任务被转换成评分数字，其长期目标是每位教职员工获得最高的 1000 分，不同的任务有不同的分值（或权重）。成就激励型关键绩效指标由五个部分组成。按学校和系或按全职教职员工的职级，可以计算出成就激励型关键绩效指标分数的平均值。广岛大学强调，该指标体系旨在创造一个环境，让每位教师都能追求并实现自己的个人目标，同时有助于更准确地了解教职员工所开展活动的总体平衡情况。成就激励型关键绩效指标作为一个能够反映现状的工具，构建起激励教职员工朝一致认同的方向前进的系统，是学校重要的机制。①

此外，日本政府发布的《政府资助科研项目评估国家指引》，② 提供了主要研发项目类型的评估标准。

评估项目应包括三方面：从必要性的角度出发，包括科学、技术、社会和经济意义，政府资助研发的合理性等；从效率的角度出发，包括规划的合理性、实施程序、成本结构、成本效益、研发的方式方法等；从效果的角度出发，包括目标的设定和进展程度，重点是（预期）结果、（预期）成果、（预期）效果、连锁反应等。

除了在研发实施前和研发完成时进行评估，对于长期研发，还应定期或在研发进入新阶段时进行评估，根据当前的进展或环境变化等情况，检查研发是否需要改变（包括中止和取消）。

针对基础研究的评估方法。在实施研究与发展活动之前，应根据计划的内容和被评估方过去取得的成绩，对主题目标的独创性、实现这些目标所采用的技术以及创造新知识的可能性进行评估。被评估方应就最适合该主题的评估项目和标准提供自我评估结果。评估应结合自评结果进行。在完成研发工作时，应在考虑被评估方的自我评估结果的基础上进行评估，强调成果对创造新知识的贡献以及成果在国际上的科学价值。即使结果与最初计划中提出的方向不符，如果这些结果在科学上是显著的，也应通过自我评估等方式予以承认。此外，还应从跨学

---

① M. Aida and S. P. Watanabe, "Quantifying Faculty Productivity in Japan: Development and Application of the Achievement-Motivated Key Performance Indicator," https://escholarship.org/uc/item/85p9b1hd.

② "National Guidelines for Evaluating Government Funded R&D," https://www8. cao.go.jp/cstp/english/doc/2012_nationalglfor_eval_gov_funded_rd.pdf.

科和行业的角度充分审视研发工作的进一步发展前景，并进行评估，以确定是否有必要继续提供支持、修改方向等，从而将成果与今后的研发工作联系起来。

针对应用研究和开发研究的评估方法。在实施研究与开发之前，应根据政策目标是否已经实现以及国际标准，评估定量目标（争取在一定时期内实现）的适当性以及此类目标的水平。此外，还需要评估实现目标的技术、系统的有效性、实现目标的可能性，以及将成果投入实际应用的前景（当目标完成时），等等。在研发工作完成后，应进行评估，以帮助确定研发工作的未来方向。主要应根据目标和定量目标的实现程度进行评估。

对科研人员的绩效评估方法。作为科技体制改革的一部分，有必要在研究人员的待遇方面建立公平透明的人事制度，例如，在对研究人员的业绩和能力进行公平评价的基础上，积极奖励做出突出贡献的人员。特别是要积极评价年轻研究人员的潜力。为此，研发机构和大学等研发组织的负责人应根据组织目标等，制定适当、有效的评价规则，并负责任地评价研究人员的绩效。研究人员的绩效评估结果应积极反映在研究人员的待遇、研究经费的分配等方面。在进行评估时，除考虑研发成果，还应考虑研发的规划和管理、评估活动、对国际标准化的贡献以及其他相关活动。在评估大学等机构的研发活动时，应同时考虑研究和教育两个方面。此外，研究人员应进行自我评估，评估结果也应纳入考虑范围。同时，应鼓励研究人员大胆接受挑战，如充分考虑他们正在处理的课题的难度。对研究人员的成果等进行有效评估时，应适当利用这些研究人员的研发课题评估结果来申请竞争性基金，利用政府的研发课题评估结果。此外，同研究助理的合作对于促进研发工作也至关重要。需要适当评估研究助理的专业能力及其对研发工作的贡献。

（六）意大利

意大利国家法律规定，所有教师都必须同时从事研究和教学工作，每位教师每年必须提供至少 350 小时的教学服务，包括教学、教学准备、考试、论文指导等。截至 2018 年底，意大利共有 5.47 万名教授、副教授和助理教授，还拥有数量大致相同的技术和行政人员。其工资由中央一级监管，根据角色（如行政人员、技术人员或教授）、角色内的级别（如助理、副教授或正教授）和资历计算。

为了实施共同的绩效评估模式，意大利大学校长会议（意大利主要的大学联合会）发起了一个名为"校园一号"的项目，旨在制定和实施学术界绩效评估的理念与方法。1998 年，意大利设立了研究评估委员会（Committee for Research Evaluation），其目标是评估大学的研究活动并促使其得到改进。学术绩效中央评估系统由负责教学活动的全国大学系统评估委员会和负责研究活动的研究评估委员会组成。意大利评估模式依据的基本理念，已经从将收集到的信息和数据仅用于外部分析和绩效评估，逐渐转变为外部和内部混合使用。自我评估变得越来越重要，因为一所大学若能够了解其自身机制和程序的不足之处，就能采取更好的做法。另一个基本概念是绩效衡量（内部和外部）的透明度的相关性：信息流的外部和内部接收者如果掌握绩效衡量的相关信息，就会引导大学朝良性的方向发展。[1]

---

[1] N. Aversano, F. Manes-Rossi, "Tartaglia-Polcini, Performance Measurement Systems in Universities: A Critical Review of the Italian System," *System Dynamics for Performance Management* 2 (2018): 269-287.

意大利教育、大学和研究部委托国家大学和研究评估局
(University and Research Evaluation National Agency) 管理大学和
研究机构行政活动的评估系统。2015 年，国家大学和研究评估
局发布了《意大利国立大学绩效周期综合管理指南》。该文件由
三部分组成：第一部分说明了该文件的框架，第二部分阐述了绩
效周期的管理工具，第三部分指出了评价系统的参与者。国家大
学和研究评估局规定了对大学评估的最低要求，特别是教学方面
的最低要求，但没有调查每所大学内部评估系统的具体质量。各
大学大多采用定量参数，很少关注定性方面，尤其是教学方面，
学生在评估过程中的作用较小，主要是填写对教学活动满意度的
调查表。外部利益相关者（包括作为毕业生潜在雇主的私营机构
和公共组织）在确定大学目标和战略方面的作用微乎其微。国家
大学和研究评估局越来越积极地改进国家评估体系，在设计和实
施大学评估体系时引入了新的标准，使其更加符合博洛尼亚进程
和环境、社会与治理（Environmental, Social and Governance,
ESC）的原则，即强调质量方面的内容。①

意大利全职教授和研究人员的年工作量（研究、学习、教
学）为 1500 小时，而定期合同教授的年工作量为 750 小时。教
授应根据各大学规定的标准开展教学活动，包括指导、辅导和
评估。全职教授每年至少授课 350 小时，而定期合同教授每年
至少授课 250 小时。只有通过评选程序并获得国家科学资格，
才能从一个类别晋升到另一个类别。研究人员开展的额外教学

---

① N. Aversano, F. Manes-Rossi, "Tartaglia-Polcini, Performance Measurement Systems in Universities: A Critical Review of the Italian System," *System Dynamics for Performance Management* 2 (2018): 269-287.

活动为每年 350 小时（全职合同）或 200 小时（定期合同）。

大学条例规定了自我评估和检查方法，以核实教授和研究人员是否有效开展了规定的教学活动。研究活动根据国家大学和研究评估局制定的标准进行核查。此外，教授和研究人员每三年要提交一份报告，汇报所开展的所有教学、研究和管理活动，同时提出晋升薪级的要求。各大学根据自己的规定评估，如果评估结果为否定，则教授和研究人员只能在一学年后提交晋升薪级申请。持有三年期不可续签合同（b 类合同）并获得国家科学资格认证的研究人员可在合同的最后一年接受特定的评估。如果评估结果良好，将晋升为副教授。①

随着国际学术越来越注重影响力、跨学科性和开放性，为更好创建"欧洲研究区"（European Research Area），进一步对欧盟的全部研究力量进行重组并协调国际研究活动，使欧盟及其成员国的研究和创新政策趋于一致，欧盟委员会于 2022 年初启动了改革进程，旨在使科研评价与国际学术发展趋势保持一致，衡量指标从论文发表数量和论文被引用次数等转向一系列更广泛的成果，以反映研究的综合影响力。

根据国外科研人才评价的主要做法经验，总结其特点如下，以资借鉴。

首先，摒弃政府部门对科研人才评价的大包大揽，广泛推行同行评议，由行业领域的专门人士对科研人才进行评价，是西方国家科研人才评价的基本导向。如美国在科研人才评价中

---

① "National Education Systems, Italy, Conditions of Service for Academic Staff Working in Higher Education," https://eurydice.eacea.ec.europa.eu/national-education-systems/italy/conditions-service-academic-staff-working-higher-education.

广泛采用同行评议模式，高度重视同行的定性评价，不以论文数量、项目数量为指标衡量科研人员的能力，而是重视人才的发展潜力和可能做出的贡献。[①] 英国聚焦科研产出、科研影响及科研环境三个维度，由科研资助机构遴选多行业成员，按照学科特点进行分类评估，并将评估结果直接运用于资源分配。

其次，成立由多学科和多领域专家共同组成的评议委员会。坚持评价的多元标准，是西方国家科研人才评价效度较高的关键。如法兰西科学院下设的"科技评价与开放科学委员会"对科研机构和高等院校的科研人才进行评价，在评价中集中实施代表作评价制度，按需拓展评价维度，尤其重视科技评价工作的透明度和公众参与度，同时还实施科技人才评价答复制度。遵循动态评价理念、实行"让最优秀的人来领导研究所"的哈纳克原则[②]。德国开展同行评价并完善专家遴选机制，设立专家回避制度，以增强同行专家评价的公平性。

再次，突出代表性成果在科研人才评价中的重要性，而非片面强调成果的数量，是西方国家科研人才评价的重要路径方向。

最后，统筹事前、事中和事后的一体化考量，实施有助于结果公平的公开答复制度，并将评价结果与资源配置相挂钩，是西方科研人才评价良性发展的重要保障。以日本为例，其评价分事前评价、执行评价和事后评价三个部分，组建由外部人员参加的评价委员会，对科研人才的项目、课题、业绩及所在

---

① 刘强：《基于引文迭代的科学家评价方法研究》，硕士学位论文，中国科学院大学（中国科学院文献情报中心），2020。

② 王金花：《德国高层次科技人才开发政策和措施》，《全球科技经济瞭望》2018 年第 7 期。

机构等做全面评价。意大利则在评价准入上鼓励各类科研人才全员参评，在评价方法上实行同行评议与文献计量相结合的方法，在评价指标上聚焦成果对经济社会发展的贡献。

四　优化中国科研人才评价的建议

2014 年 9 月，习近平总书记在与北京师范大学师生代表座谈时强调，当今世界的综合国力竞争，说到底是人才竞争，人才越来越成为推动经济社会发展的战略性资源，教育的基础性、先导性、全局性地位和作用更加凸显。[①] "两个一百年"奋斗目标的实现、中华民族伟大复兴中国梦的实现，归根到底靠人才、靠教育。

（一）在评价的理念转向上，集中解决好五个维度的问题

党的二十大报告突出强调要加强基础研究、突出原创、鼓励自由探索，做出战略部署，要求切实落实到位。[②] 一是倡导积极的价值贡献和价值创造，准确解决"为什么评"的问题；二是探索建立科学的分类评价体系，集中解决"评什么"的问题；三是持续培育多元的科研人才评价主体，优化解决"谁来评"的问题；四是统筹构建科研人才的多维评价方式，系统解决"怎么评"的问题；五是明确树立积极向上的人才评价导向，聚焦"矢志爱国奉献、勇于创新创造"的理念，确立评价"指挥棒"。

（二）在评价的操作路线上，集中解决好四个层次的问题

"加强基础研究，是实现高水平科技自立自强的迫切要求，

---

① 《创造活力竞相迸发 聪明才智充分涌流》，《人民日报》2022 年 9 月 19 日。

② 习近平：《加强基础研究 实现高水平科技自立自强》，中华人民共和国中央人民政府，2023 年 7 月 31 日，https://www.gov.cn/yaowen/liebiao/202307/content_6895642.htm。

是建设世界科技强国的必由之路。"[1] 以前，中国基础研究存在题目从国外学术期刊上找、仪器设备从国外进口、取得成果后再花钱到国外期刊和平台上发表的"两头在外"的问题。近年来，中国着力打造世界一流科技期刊，建成一批大国重器，基础研究支撑平台建设取得长足进步，但是从根本上破解"两头在外"问题还任重道远。[2] 因此，本研究建议如下。一是构建具有中国特色的科研人才评价标准，充分体现中国特色、中国风格、中国气派，坚持继承性与本土性。不再将西方标准、全球化标准、SSCI、SCI、诺贝尔奖等视为通用标准。二是加大对本土知识的评价力度，注重评价科研人才服务国家重大战略需求、解决中国问题、总结中国经验的能力和贡献。三是探索交叉学科科研人才评价制度体系，可行思路之一是探索开放同行评议。具体包括开放评议专家身份、开放评议意见以及开放评议过程等。四是尊重人才成长的客观规律，尤其应尊重科研人才的人格特征、成长阶段、发展需求、地域流动等成长发展规律，以综合评价纠正单纯依赖量化指标的化约主义。[3]

要明确"破四唯"后怎么"立"的评价方式和标准，完善基础研究人才差异化评价和长周期支持机制，赋予科技领军人才更大的人财物支配权和技术路线选择权，构建符合基础研究

---

① 习近平：《加强基础研究 实现高水平科技自立自强》，中华人民共和国中央人民政府，2023 年 7 月 31 日，https://www.gov.cn/yaowen/liebiao/202307/content_6895642.htm。

② 习近平：《加强基础研究 实现高水平科技自立自强》，中华人民共和国中央人民政府，2023 年 7 月 31 日，https://www.gov.cn/yaowen/liebiao/202307/content_6895642.htm。

③ 杨佳乐、高耀：《知识转型与评价转向：高校科研人才评价困境及重构》，《中国高教研究》2022 年第 2 期。

规律和人才成长规律的评价体系。要加强科研学风作风建设，坚持科学监督与诚信教育相结合，纵深推进科研作风学风治理，引导科技人员摒弃浮夸、祛除浮躁，坐住坐稳"冷板凳"。[①] 为了更好地对科研人才开展评价，应从以下三个方面进行调整。一是开展适当有效的评价，帮助创造优秀的研发成果，不断将这些成果与进一步的研发联系起来，并将成果更快地转化。二是开展实用高效的评价，鼓励科研人才积极大胆开展研发工作，并逐步减少各类评价任务。三是加大国内科技成果的国际推广和宣传力度，结合国际视角开展人才评价，以提高国际竞争力。

（三）在评价的具体实践上，集中解决好三个方面的问题

高校和科研机构是科研评价的主体单位，要继续扎根关键领域、对准科技前沿，深入开展重点学科、重点实验室、重大项目、创新基地等建设实践。同时促进高校和科研机构所在地区各层次各领域的产学研深度融合，深化高质量地方合作，发挥高水平科研人才作用，培养高素质人才，搭建高层次创新平台。以科研人才评价机制建设为支点，促进高质量、全方位、多层次的产学研融合，一体构建教师发展综合体系，探索形成多渠道引进、多元化培养、多层次评价的高校教师队伍建设的路径，结合当地重点产业和特色产业，培养一批专业知识丰富、研究能力强、涉及学科领域广泛的高水平科研人才团队。[②]

在评价的具体实践上，应集中解决好三个方面的问题。一

---

① 习近平：《加强基础研究 实现高水平科技自立自强》，中华人民共和国中央人民政府，2023 年 7 月 31 日，https://www.gov.cn/yaowen/liebiao/202307/content_6895642.htm。

② 丁叙文：《政产学研用协同赋能一流大学建设》，《新华日报》2024 年 2 月 6 日。

是评价的方法问题，关键在于依据科研人员的知识生产方式差异，进一步落实分类评价，细化评价对象、评价内容、评价方法、评价周期等，力争让不同赛道的科研人才均能脱颖而出。二是被评人员的分类问题，可考虑将人文社会科学人才分为基础研究、应用研究和决策咨询研究三个系列，将自然科学人才分为基础研究、应用研究、技术开发与推广、科技咨询与科技管理服务四个系列。[①] 三是不同评价要素的侧重点问题。品德评价应强调德才兼备、以德为先，对学术不端行为实行"一票否决制"。知识、能力、业绩和贡献评价应依据人才类别而有所侧重：越偏向基础理论研究，越需重视同行评价，有条件的研究领域还可探索实行国际同行评价；越偏向应用对策研究，越需注重市场评价和社会评价。

第二节　拔尖创新人才的自主培养

一　拔尖创新人才的发展历程

"高校立身之本在于立德树人。只有培养出一流人才的高校，才能够成为世界一流大学。"[②] 在人才培养方面，高校等科研机构要围绕立德树人和学生的全面发展，大胆创新，重视思政教育、基础知识和专业技能传授相结合的教学模式，开设实践创新课程，拓展技能研究渠道，勇破学科边界，力促学科渗

---

① 杨佳乐、高耀：《知识转型与评价转向：高校科研人才评价困境及重构》，《中国高教研究》2022 年第 2 期。

② 赵婀娜、吴丹、吴月：《扎根中国大地办大学》，《人民日报》2024 年 5月 4 日。

透，打造一批创新实用、生动有趣的产学研用课程，将产学研融合理念贯穿人才培养全过程，满足人才多样化、差异化和个性化发展需要，不断激发人才培养内生动力。

我们要建设的教育强国，是中国特色社会主义教育强国，必须以坚持党对教育事业的全面领导为根本保证，以立德树人为根本任务，以为党育人、为国育才为根本目标，以服务中华民族伟大复兴为重要使命，以教育理念、体系、制度、内容、方法、治理现代化为基本路径，以支撑引领中国式现代化为核心功能，最终目标是办好人民满意的教育。培养什么人、怎样培养人、为谁培养人是教育的根本问题，也是建设教育强国的核心课题。育人的根本在于立德。教育带给学生的不仅是知识，更重要的是塑造其价值观、锻炼其能力、塑造其人格。培养合格的社会主义建设者和接班人，是功在当代、利在千秋的德政工程，对中国特色社会主义现代化事业长远发展具有决定性意义。推进教育现代化、建设教育强国，必须落实好党的教育方针，把立德树人融入思想道德教育、文化知识教育、专业知识教育、社会实践教育等各环节，贯穿基础教育、职业教育、高等教育各领域，引导青少年树立坚定理想信念、厚植爱国主义情怀、培育高尚的道德情操、锻造坚忍不拔的奋斗精神，使青少年成为担当民族复兴大任的时代新人。[①]

2005 年，时任国务院总理温家宝在看望钱学森时，钱老感慨地说：“这么多年培养的学生，还没有哪一个的学术成就，能够跟民国时期培养的大师相比。”钱老又发问：“为什么我们的学校总是培养不出杰出的人才？”“钱学森之问”成

---

① 《立柱强基方致远》，《人民日报》2023 年 9 月 20 日。

了中国教育事业发展的一道艰深命题。① 时任总理温家宝曾指出，"钱学森之问对我们是个很大的刺痛，也是很大的鞭策。钱学森先生对我讲过两点意见，我觉得对同学们会有用，一是要让学生去想去做那些前人没有想过和做过的事情，没有创新，就不会成为杰出人才；二是学文科的要懂一些理工知识，学理工的要学一点文史知识"。大学改革要为学生创造独立思考、勇于创新的环境。大学还是应该由懂教育的人来办。教育家办教育不是干一阵子，而是干一辈子。大学还应该逐步去除行政化，按照教育规律办学。大学应该以教学为中心，使学生德智体美全面发展。学生作为学校的主体，在教育改革中处于重要地位。②

党的十八大以来，一系列相关政策文件相继出台。2019 年，《中国教育现代化 2035》重点部署了面向教育现代化的十大战略任务，其中之一就是提升一流人才培养与创新能力。2020 年，中共中央、国务院印发《深化新时代教育评价改革总体方案》，吹响新时代教育评价改革的攻坚号角，对引导全党全社会树立科学的教育发展观、人才成长观、选人用人观具有重大意义。2021 年 4 月，习近平总书记在清华大学考察时强调，党和国家事业发展对高等教育的需要，对科学知识和优秀人才的需要，比以往任何时候都更为迫切。我们要建设的世界一流大学是中国特色社会主义的一流大学，我国社会主义教育就是要培养德

---

① 《秦亚青回应"钱学森之问"：真正的大师敬畏学问》，人民网，2014 年 7 月 29 日，http://edu.people.com.cn/n/2014/0729/c1006-25364264.html。

② 温家宝：《钱学森之问对我是很大刺痛》，央视网，2010 年 5 月 5 日，https://news.cntv.cn/china/20100505/101693.shtml。

智体美劳全面发展的社会主义建设者和接班人。[1]

探索拔尖创新人才培养之法是中国长期重视的一项教育工作。继 2009 年启动"基础学科拔尖学生培养试验计划"（简称"珠峰计划"）以来，《中国教育现代化 2035》提出"加强创新人才特别是拔尖创新人才的培养"；教育部又陆续推出实施卓越工程师教育培养计划 2.0、卓越医生教育培养计划 2.0、卓越农林人才教育培养计划 2.0、卓越教师教育培养计划 2.0、卓越法治人才教育培养计划 2.0、卓越新闻传播人才教育培养计划 2.0、基础学科拔尖学生培养计划 2.0。此外，近年来国内陆续涌现举办"丘成桐少年班""钱学森班"等探路之举。

在社会层面，按照国家发展战略需求，许多高校依托自身优势学科专业，陆续创设了多个不同类型、不同模式的特色班、实验班、创新班、精英班，探索出多种拔尖创新人才培养新机制。为培养信息科技领域拔尖创新人才，北京邮电大学未来学院集聚学校最具优势的特色专业，开设了本硕博贯通培养实验班。北京理工大学打造了数学基础学科拔尖班、国际组织和全球治理特色班、医工融合实验班、联合学位班等 8 类特色班。北京科技大学新增材料科学与工程试验班（高精尖本博贯通班）和理科试验班（纳米科学与工程本博贯通班）两个精英人才培养项目，均采用本博八年制贯通培养方式，面向考生直接招收录取。华中师范大学物理科学与技术学院实施"国际化拔尖创新人才培养计划"，引进剑桥大学 Enrico Pajer 教授"宇宙的诞生——天文学中的地外行星与生命探索"以及卡内基梅隆大学 Shlomo Ta'asan 教授"编程与算法在 Python 中的应用"课程，旨

---

[1]　黄加文：《办好人民满意的高等教育》，《人民日报》2022 年 3 月 23 日。

在拓宽学生知识视野，提供更多进行深入学术探究的机会，促进学校卓越物理师范生的成长。①

2023 年 3 月，在教育部举办的介绍 2022 年全国教育事业发展基本情况的新闻发布会上，教育部高等教育司副司长武世兴表示，教育部依托 77 所高水平大学，累计建设 288 个基础学科拔尖学生培养基地，共吸引 3 万余名优秀学生投身基础学科。② 要坚持走基础研究人才自主培养之路，深入实施"中学生英才计划""强基计划""基础学科拔尖学生培养计划"，优化基础学科教育体系，发挥高校特别是"双一流"高校基础研究人才培养主力军作用，加强国家急需高层次人才培养，源源不断地造就规模宏大的基础研究后备力量。③

习近平总书记在主持中央政治局第五次集体学习时强调，以教育之力厚植人民幸福之本，以教育之强夯实国家富强之基，为全面推进中华民族伟大复兴提供有力支撑。④ 培养创新型人才是国家、民族长远发展的大计。当今世界的竞争说到底是人才竞争、教育竞争。要更加重视人才自主培养，更加重视科学精神、创新能力、批判性思维的培养培育。要更加重视青年人才培养，努力造就一批具有世界影响力的顶尖科技人才，稳定支

① 《"国际化拔尖创新人才培养计划" 2023 年秋季课程实施工作圆满收官!》，中国物联网，2024 年 3 月 4 日，http://iot. china. com. cn/content/2024－03/04/content_42712931. html。

② 《教育部举行 2022 年全国教育事业发展基本情况新闻发布会》，中华人民共和国国务院新闻办公室，2023 年 3 月 23 日，http://www. scio. gov. cn/xwfb/bwxwfb/gbwfbh/jyb/202305/t20230517_713935. html。

③ 习近平：《加强基础研究 实现高水平科技自立自强》，中华人民共和国中央人民政府，2023 年 7 月 31 日，https://www. gov. cn/yaowen/liebiao/202307/content_6895642. htm。

④ 冷兴邦：《以教育之力厚植人民幸福之本》，《学习时报》2023 年 6 月 28 日。

持一批创新团队，培养更多高素质技术技能人才、能工巧匠、大国工匠。①

二　拔尖创新人才自主培养的现状评析

中国已建成世界上规模最大的教育体系，教育现代化发展总体水平跨入世界中上国家行列。坚持独立自主，是党和国家事业不断取得成功的一条基本经验，也是我们这样一个发展中大国培养人才的主要途径。中国对人才数量、质量、结构的需求都是全方位的，满足这样庞大的人才需求必须主要依靠自己培养，提高人才供给自主可控能力。中国高等教育体系规模居世界前列，有可供各项事业发展的广阔舞台，完全能够培养造就出更多大师、战略科学家、一流科技领军人才和创新团队、青年科技人才、卓越工程师、大国工匠、高技能人才。②

教育、科技、人才是全面建设社会主义现代化国家的基础性和战略性支撑，三者之间具有内在一致性和相互支撑性，要把三者有机结合起来。从长远和深层次看，全面提高人才自主培养质量，着力培养拔尖创新人才是强国建设重要而紧迫的任务。虽然中国在普通人才培养方面有丰富的经验和明显的优势，但在培养拔尖创新人才这一领域，成效相对有限。这是中国现有教育体系的一大短板，而教育评价问题始终是制约拔尖创新人才培养的关键因素。结合中共中央、国务院印发的《深化新时代教育评价改革总体方案》精神，下面首先对拔尖创新人才

---

① 习近平：《加快建设科技强国　实现高水平科技自立自强》，中华人民共和国中央人民政府，2022 年 4 月 30 日，https://www.gov.cn/xinwen/2022-04/30/content_5688265.htm。

② 《立柱强基方致远》，《人民日报》2023 年 9 月 20 日。

自主培养的现状进行评析，而后分析制约拔尖创新人才自主培养的评价问题以及内在原因，最后提出深化教育评价改革以助力中国拔尖创新人才自主培养的建议。

（一）对基础教育拔尖创新人才培养的重要性认识不足

在教育强国、科技强国、人才强国三大战略背景下提出的拔尖创新人才自主培养，并非传统意义上的人才培养目标和方向，而是更多指向从 0 到 1 的基础学科发展和原始创新领域，是指培养可堪强国建设大用的科学家。人才成长有其规律，培养需要过程，需要各教育阶段持之以恒关注和接续培养，而且各阶段有不同的侧重点。拔尖创新人才培养，不能等到一个人进入大学再开始。必须在中学甚至更早的时候加以引导，也要营造拔尖创新人才早期培养的良好氛围，促进基础教育和高等教育有效衔接。应探索拔尖创新人才早期培养的新机制新方法，推进普通高中育人方式变革。培养创新人才，需要创新思维。[1]

建设教育强国、科技强国、人才强国具有内在一致性和相互支撑性，要把三者有机结合起来、一体统筹推进，形成推动高质量发展的倍增效应。[2] 社会舆论和教育政策在多数情况下将拔尖创新人才的培养定位于高等教育领域，这种狭隘的认识不仅导致了基础教育阶段在拔尖创新人才培养中的重要性被大大低估，而且使一大批具有高度潜力的年轻学生在关键的发展阶

---

[1] 《答好新时代"钱学森之问"，拔尖创新人才培育路在何方?》，新华报业网，2024 年 2 月 6 日，https://www.xhby.net/content/s65c22b55e4b0cb6e600e7767.html。

[2] 《习近平主持中央政治局第五次集体学习并发表重要讲话》，中华人民共和国中央人民政府，2023 年 5 月 29 日，https://www.gov.cn/yaowen/liebiao/202305/content_6883632.htm。

段错失重要的培养机会，从而影响他们未来在学术和职业领域的表现。实际上，基础教育阶段是激发学生对科学和技术、人文和社会科学综合兴趣的最佳时机，是拔尖创新人才成长的关键时期和奠基阶段。在这一阶段，学生的创新意识、创新精神和创新人格得到初步培育，这些都是他们将来在接受高等教育阶段和职业生涯中展示创新能力的基础。要切实推进科教融合，在教育"双减"中做好科学教育加法，播撒科学种子，激发青少年好奇心、想象力、探求欲，培育具备科学家潜质、愿意献身科学研究事业的青少年群体。[①]

（二）拔尖创新人才评价内容不全面

教育部副部长吴岩多次强调，要培养拔尖创新人才，要从小问题切入，也就是做好核心课程、核心教材、核心实践、核心团队等方面的创新。一是有组织地培养拔尖创新人才；二是有组织地推进科技创新；三是围绕国家重大战略需求和区域主导产业先导产业，有组织地服务国家和区域经济社会发展。[②] 要把加快建设中国特色、世界一流的大学和优势学科作为重中之重，大力加强基础学科、新兴学科、交叉学科建设，瞄准世界科技前沿和国家重大战略需求，推进科研创新，不断增强原始创新能力，提升人才培养质量。[③] 拔尖创新人才评价涉及多方面

---

① 习近平：《加强基础研究 实现高水平科技自立自强》，中华人民共和国中央人民政府，2023 年 7 月 31 日，https://www.gov.cn/yaowen/liebiao/202307/content_6895642.htm。

② 《教育部副部长吴岩：我们的主要目标就是创新》，《中国青年报》2023 年 7 月 6 日。

③ 《习近平主持中央政治局第五次集体学习并发表重要讲话》，中华人民共和国中央人民政府，2023 年 5 月 29 日，https://www.gov.cn/yaowen/liebiao/202305/content_6883632.htm。

内容，拔尖创新人才必须德才兼备，但目前评价维度还比较单一，主要表现为过度重视学术成绩。由此至少产生两个重要危害。第一，单一的评价维度可能导致对拔尖创新人才的识别不全面、不准确，由此引发一系列教育和社会问题，如资源错配、人才流失和社会价值观扭曲等。第二，现有的人才评价方式常常忽视诸如创新思维、团队精神、诚信、毅力和责任感等个性品质与关键特质。这些非学术性因素不仅会强化个体在社会和职场环境中的适应性，也能够强化个体的道德感和伦理责任，在实际的工作和创新领域发挥着至关重要的作用。

（三）拔尖创新人才评价机制不完善

拔尖创新人才的培养模式不是争着培养热门专业人才，也不是做"大锅饭"式的笼统人才培养。多位高校教育者提出，要因地制宜，发挥地区经济产业特色，为区域性产业发展提供可储备的创新人才力量。[1] 在人才识别、培养、评价三项拔尖创新人才的试验环节中，业界公认难度最大且最重要的一环是人才识别——识别对了，才能为后续培养确立有效方向。在国内外，如何成功识别具备拔尖潜质的人才，是共性难题。当前人才识别难度高的原因，在于"难挤水分"。[2] 首先，真正有潜质的人才数量稀少；其次，有些情形易于混淆，例如，缺乏科学有效的方式对"超常"和"超前"两种状况加以辨别。表面上，虽然两种状况下都能获取优异的成绩，但取得成绩的方式

---

[1] 《拔尖创新人才培养要敢于直面哪些真问题》，《中国青年报》2023 年 4 月 24 日。

[2] 《答好新时代"钱学森之问"，拔尖创新人才培育路在何方？》，新华报业网，2024 年 2 月 6 日，https://www.xhby.net/content/s65c22b55e4b0cb6e600e7767.html。

不同，背后反映出的潜质也不同。仅从成绩这一维度，显然无法精准识别真正的人才。学校和家长希望孩子考得好，只能机械式训练，训练的结果就是失去创造能力。要彻底改变人们的看法，把创造力看得比考试重要。如果学生创造力很强，考得好不好不是太重要。①

深化新时代教育评价改革，扭转不科学的教育评价导向，从根本上处理好教育评价"指挥棒"问题。深化办学体制和教育管理改革，着眼于"教好""学好""管好"，推进改革，切实提高教育水平和质量。②

首先，在学生评价方面，现有的教育体制普遍依赖以终结性考试为评价标准。这一做法过于强调记忆和程序性技能，而相对轻视创新能力和批判性思维的重要性，并迫使学生为僵化的应试策略和技巧投入大量时间，导致其创新潜能难以充分得到发掘。其次，基础教育的教师评价体系也存在不小的缺陷。目前的评价机制更多关注教学过程和学生的考试表现，却忽视了教师在激发学生创新和批判性思维方面的贡献，导致教师过度依赖标准化教学和应试教育，阻碍了基础教育阶段对潜在创新人才的培养。

此外，在高等教育领域，教师评价机制同样有相似的问题。应发挥高等教育的龙头作用，深化高等教育综合改革，推动高校在全面提高人才自主培养质量、造就拔尖创新人才上先行先试，在服务区域经济社会发展、优化结构布局上先行先试，在

---

① 《答好新时代"钱学森之问"，拔尖创新人才培育路在何方？》，新华报业网，2024 年 2 月 6 日，https://www.xhby.net/content/s65c22b55e4b0cb6e600e7767.html。

② 冷兴邦：《以教育之力厚植人民幸福之本》，《学习时报》2023 年 6 月 28 日。

不同"赛道"上办出特色、办出水平。[①]

尽管一些高校专门设立了拔尖创新实验班，但评价体系依旧过分重视科研成果和资金获取，而忽视教学质量。同时，该做法让许多拥有高学术水平和丰富科研经验的教师难以全心投入对拔尖创新人才的教育和培养。另外，现有的高校拔尖创新人才培养计划的效果评估体系较为单一。除了统计发表论文数量和参与竞赛情况，主要依赖追踪毕业生后续教育或职业发展的数据。这些评估方式缺乏针对拔尖创新人才培养项目整体效果的深入分析，无法全面反映教育投入与人才培养成效之间的复杂关系。

三 制约拔尖创新人才自主培养的原因和教育评价问题

（一）对拔尖创新人才成长的规律认识不足

华东师范大学柯政教授等对创新人才培养的观点有一定的参考价值。其认为拔尖创新人才培养应该是一场为适应现行社会、着眼未来社会的系统性改革，其重点不在于筛选出一小部分学生单独培养，而应该面向绝大部分学生，改变整体教育模式，建立有利于各类学生"冒出来"的多样化评价制度。[②] 拔尖创新人才培养主要存在以下几点问题。一是潜在的创新人才识别比较困难。以往的创新人才培养实践，以"单独式"培养为主，其前提是能提前在学生中识别出潜在的创新人才。二是创

---

① 怀进鹏：《以教育之强夯实国家富强之基》，《人民日报》2023 年 8 月 31 日。

② 柯政、李恬：《拔尖创新人才培养的重点与方向》，《全球教育展望》2023 年第 4 期。

新人才培养的环境需要进一步改善。虽然我们无法具体知道某个人是否能够成为拔尖创新人才，但有利于创新人才成长的环境还是有迹可循的。只要为足够多的学生提供这种学习环境和氛围，发挥我们人口基数的优势，一小部分创新人才是一定会脱颖而出的。三是现行教育理念需要升级。教育为社会培养人才，每个时代有不同的人才需求。在创新主导的新时代，创新人才成为国家的战略支撑。国家对拔尖创新人才培养的迫切需求是推动教育理念改革的重要动力。相比人才本身，建立一套更有利于人才源源不断产出的教育体制机制更重要。

应把每位评价对象视为完整的整体和独特的个体，全方位、精细化评价其各方面表现并予以统筹考虑、交叉验证。拔尖创新人才的核心素养是多维度的，对其进行早期识别与呵护，必须强调多维才能和素质，而非单一智力或创造力。[1]

具备自主学习知识的能力、主动参与科技创新的能力、主动融入社会的能力，是当前科技发展和社会需求对拔尖创新人才提出的核心要求。拔尖和创新是描述人才特质的两个维度。"拔尖"更多的是一种结果导向，指向人才所发挥的作用；"创新"更多指向一种素质和能力结构，这里面既有先天的遗传，也有后天的培养。所以，从严格意义上说，尤其是从教育的角度来看，对拔尖创新人才的培养属于一种早期培养，或者是对一部分很有可能成为拔尖创新人才的苗子的培养。从我们在实践中的观察来看，把拔尖和创新两个维度结合起来看，拔尖创新人才苗子比较显著的特征至少有 4 个：好奇心、意志力、价

---

[1]　万圆：《深化教育评价改革　培养拔尖创新人才》，《光明日报》2024 年 2月 2 日。

值感、行动力。①

（二）包容人才个性化成长的环境不足

党的十八大以来推进的基础教育制度改革强调"基础"，尊重学生自主选择的权利，重在培养学生的核心素养。我们要根据时代发展和社会需要，努力培养出更多更好能够满足党、国家、人民、时代需要的人才。中小学是一个人打底子的阶段。"基础不牢，地动山摇"，底子打好了，一个人的未来才有无限发展的可能。中小学是一个人习惯养成、道德涵养、精神发育、心灵成长的关键时期。"十三五"以来，创新驱动成为国家重要的发展战略，创新更是居五大新发展理念之首。中国虽已成为世界第二大经济体，但实现各方面均衡发展仍有很长的路要走；中国教育事业虽取得长足进步，但杰出人才的培养仍是中华民族发展需补强之处。习近平总书记对基础教育的重要论述，为新形势下办好基础教育指明了方向，提供了思想保障。能攀登上社会和谐文明进步和财富增长阶梯的民族一定是能攀登上科学高峰的民族，只有杰出人才的出现成为普遍现象，国家的教育才真正迈向正轨，我们才能更快速地向实现中华民族伟大复兴的中国梦一步步靠近。②

创新本质上是对传统观念和做法的突破。因此，拔尖创新人才的成长不仅需要多元化和个性化的教育环境，还需要在思维、心理和制度层面为其提供广阔的发展空间。但在中国的教育体系中，不论是基础教育还是高等教育，长期以来在应试教

---

① 《"三位一体"，自主培养拔尖创新人才》，新华报业网，2024 年 1 月 25 日，https：//www.xhby.net/content/s65b1b26ce4b09c470781e03a.html。

② 《从基础教育到高等教育 习近平厚植强国富民之本》，青年之声，2016 年 9 月 13 日，https：//qnzs.youth.cn/tsxq/201609/t20160913_8652461.htm。

育推动下比较注重整体性思维、标准化答案，常常将标新立异视为"脱轨"行为。学生在课堂中很少有自由发言的机会，教师也往往期望学生给出标准答案，对异质性观点持谨慎甚至不欢迎的态度。这种教育环境对拔尖创新人才的培养和发展产生了不容忽视的负面影响，制约了学生思维的多元化发展和创新潜能的充分发掘。

人人都有创新的潜质，教育要释放它们、支持它们和强化它们，应在学校营造浓厚的鼓励创新创造的氛围。培养国家需要的大量拔尖创新人才，重点在于对教学模式进行改革，从过去的"教与学"转变成"学思辨创用协"。更重要的是，现在的科技创新必须突破"单打独斗"模式，协同进行，在合作中相互支持，将每个人的特长、知识融在一起，组成一个拔尖创新的群体。[1]

（三）对教育评价的功能认识有偏差

教育评价的初衷是为拔尖创新人才提供一个能够证明其卓越特性和使其脱颖而出的"尺子"。不过，人们对这个重要功能的认识往往会出现偏差，容易造成如"家长定向突击""高校重选拔轻培育""学生标签化"等与人才培养背道而驰的现象。高校在拔尖创新人才培养过程中非常重视选拔，部分家长投其所好定向突击"刷经验"，以使孩子在选拔环节表现优异。在拔尖创新人才的培养过程中，虽然高校出台了各种模式和方法，如成立英才学院、实行三段式培养尖子人才方法，设置交叉复合类、就业创业类专业，与相关的科研院所、企业等

---

[1] 《"三位一体"，自主培养拔尖创新人才》，新华报业网，2024 年 1 月 25 日，https://www.xhby.net/content/s65b1b26ce4b09c470781e03a.html。

合作办学，实施教师主导的科创计划，改革实验课教学方法，但总体来看，形式大于内容，筛选功能捆绑了更为本质的培育功能。另外，"拔尖人才培养计划"呈现标签化的趋势，更多成为学生身份的象征，而并未发挥储备真正优秀人才的作用，这方面也需要警惕。

从人才成长规律的角度看，发掘类型多元的拔尖创新人才，并促进其实现长足发展，应充分发挥教育评价的引导推动作用，坚持科学有效的评价方法，改进结果评价，强化过程评价，探索增值评价，健全综合评价。把每位评价对象视为完整的整体和独特的个体，全方位、精细化评价其各方面表现并进行统筹考虑、交叉验证。①

如果评价强调同一标准，或者过分依赖考试分数、竞赛成绩等量化指标，很容易遗漏那些非典型的"苗子"。只有秉持"因材施评"的评价思维，切实运用标准化测验、学习成绩、竞赛表现、创新行为检查表、档案袋评价等多种量化标准和质性手段，才能发现和培养更多拔尖创新人才。②

四 加快拔尖创新人才自主培养的建议

要重点抓好完善评价制度等基础改革，坚持以质量、绩效、贡献为核心的评价导向，全面准确反映成果创新水平、转化应用绩效和对经济社会发展的实际贡献。在项目评价上，要建立健全符合科研活动规律的评价制度，完善自由探索型和任务导

---

① 万圆：《深化教育评价改革 培养拔尖创新人才》，《光明日报》2024 年 2 月 2 日。

② 万圆：《深化教育评价改革 培养拔尖创新人才》，《光明日报》2024 年 2 月 2 日。

向型科技项目分类评价制度，建立非共识科技项目的评价机制。在人才评价上，要"破四唯"和"立新标"并举，加快建立以创新价值、能力、贡献为导向的科技人才评价体系。要支持科研事业单位探索试行更灵活的薪酬制度，稳定并强化从事基础性、前沿性、公益性研究的科研人员队伍，为其安心科研提供保障。[①]

（一）解码拔尖创新人才特质与成长规律

应对拔尖创新人才自主培养特质进行深入研究。具体而言，以国内外代表性拔尖创新人才为对象，运用定量分析与定性研究相结合的方法，分析拔尖创新型人才区别于一般创新人才和普通学生的多种典型特质，以获得对拔尖创新人才知识、能力及价值观的基本认识。[②] 从成长环境的角度，探讨拔尖创新人才的突出特点。人才是环境的产物，因此，研究拔尖创新人才，可以从人才成长阶段、发展阶段、成熟与成才阶段的纵向视角，确定人才成长的关键期和各阶段的核心要素，对影响拔尖创新人才的地理环境、家庭环境、教育背景、专业领域以及人文环境等进行综合分析，由此总结出拔尖创新人才成长不同阶段的相关因素与拔尖创新人才素质结构的对应关系。[③]

拔尖创新人才的成长规律也不容忽视。影响人才成长的因素既有内源性因素，也有外源性因素。内源性因素主要涉及学

[①] 习近平：《加快建设科技强国 实现高水平科技自立自强》，中华人民共和国中央人民政府，2022 年 4 月 30 日，https://www.gov.cn/xinwen/2022-04/30/content_5688265.htm？eqid=930d2a840000c9b30000000364813e9d。

[②] 薛永武：《拔尖创新人才成长规律与培养模式研究》，《山东高等教育》2014 年第 9 期。

[③] 薛永武：《拔尖创新人才成长规律与培养模式研究》，《山东高等教育》2014 年第 9 期。

生的学习动机、目标设定、持续和浓厚的学科兴趣，以及信息处理和团队合作的能力。这些因素构成学生个体差异的基础，是教育个性化和因材施教的前提。外源性因素则更多体现在教育环境、学校文化、评价机制和教育资源等方面，它们共同构成了影响学生能力和兴趣发展的外部条件。在这一复杂的背景下，尤其那些明显表现出超常潜能或特定才艺的学生，他们可能展示出非典型的性格特质、社交模式或者独特的思维方式。对这一特殊群体，重点应放在理解他们个性化的学习需求、独特的经历以及与外部环境的复杂互动上。这样的理解不仅有助于揭示所谓"奇才"或"特才"的成长机制，而且能为教育实践提供更为精细化的指导原则。允许学生在知识结构和能力结构上存在"短板"有时是必要的，因为这既可能是他们个体性的体现，也可能是他们创新和突破的起点。

（二）完善拔尖创新人才评价体系

合理评价拔尖创新人才，是促进教育个性化、优化资源配置与培养拔尖创新人才的重要前提和基础。这一评价机制不仅关系到对拔尖创新人才的社会承认和科学培养，还影响着教育激励机制的有效性，进而塑造社会对人才群体价值观的认知，是影响个体发展的关键外源性因素。因此，深入研究并构建针对学校环境中的拔尖创新学生的评价体系，具有重要的教育指导意义和社会价值。

首先，明晰拔尖创新学生评价的基本理论。评价拔尖创新学生的理论基础不仅需嵌入心理测量学、教育心理学和人力资源管理等多学科的观点，还需综合考虑个体与环境、潜力与实际表现等多维度的相互作用。评价体系应是动态的，以适应学生不断变化的需求和潜力。其中，主观评价和客观评价的结合，以及形式评价与内容评价的协同，都是理论构建的重要方面。

其次，多维度设计拔尖创新人才的评价内容。尽管当前中国教育系统在培养目标上具有多元性，实际操作中的选拔和评价机制却往往表现出单一化的趋势，体现在过分侧重学术成绩上。为了更准确地识别和培养拔尖创新人才群体，评价内容可扩展至跨学科能力、批判性思维和创新精神、情感态度和团队协作等方面。全面的评价内容不仅能够反映拔尖创新人才的复杂性和多维性，而且能为教育资源的有效配置提供更丰富的数据。因此，评价内容的设计和评价的实施应当基于实证研究，以确保其能准确捕捉到学生的个体差异和潜在能力。

最后，完善拔尖创新人才的评价机制。拔尖创新人才评价机制可以理解为人才评价的内在结构及工作方式，主要涵盖评价主体、评价目的、评价内容、评价时间和评价方法等。针对评价主体，应该建立多元化的评价主体结构。鉴于拔尖创新人才具有多维度的特质和能力，评价主体不应局限于教育机构内部。建议构建一个跨学科、跨行业的专家评价团队，同时引入第三方独立评价机构。这样的多元化评价主体能更全面、更客观地进行人才评价。在评价时间方面，建议实施动态、周期性的评价机制。这意味着评价不应局限于某一特定时间点或阶段，而应覆盖拔尖创新人才整个成长周期。具体来说，可以设定短期、中期和长期的评价节点，以便更准确地捕捉和反映人才的发展变化情况。关于评价方法，应注重量化与定性相结合的多维度评价体系。量化指标，如学术成果、项目经验等，能提供直观、可比较的数据；而定性评价，如创新思维、团队协作能力等，能揭示人才更为微妙和复杂的品质。因此，建议采用混合方法，包括自评、同行评审、第三方评价等，以实现对拔尖创新人才全面而深入的了解。

（三）实施拔尖创新人才多元化培养方案

基于前期"拔尖创新人才特征和成长规律"的研究，识别个体需求是实施多元化、定制化培养方案的关键一步。通过精准识别并综合考虑人才在认知、情感和社会层面的多维特性，我们能够更有针对性地设计培养方案，从而最大化发掘人才的成长和发展潜能。

在技术手段方面，可以创新性地引入教育信息技术（如人工智能和大数据分析技术），以持续跟踪培养效果，及时调整培养策略。具体来说，人工智能可以用于自动化地分析学生的学习行为和成绩，以识别他们在哪些方面表现出色，哪些方面需要进一步提升。同时，大数据分析可以用于收集和整合来自不同方面（如课堂表现、在线测试和社交互动等）的数据，以提供更全面和深入的个体画像。

进行周期性的评估和修订是确保培养方案具备持续有效性和适应性的关键环节。在一个快速变化的社会环境和技术背景下，拔尖创新人才的需求和潜能也会随之变化。因此，培养方案需要具有足够的灵活性，以适应这些变化。具体而言，周期性评估应包括对培养目标、内容和方法的全面审查，以及对培养效果的量化和定性分析，同时需要收集多方面的数据，如学术成绩、项目参与度、创新能力和社会影响等。基于这些数据，政府和学校可以有针对性地制定措施，如更新课程内容、引入新的教学方法或调整激励机制。

（四）厚植培养拔尖创新人才的"土壤"

实行"大中小学贯通一体化"拔尖创新人才培养模式。过去，小学、初中、高中、大学的教学模式较为独立。拔尖创新人才科学素养和创新素养的培养并非一日之功，要从娃娃抓起。通过贯通大中小学各学段，将优质科技资源、创新资源尽早融入青少年学习过程，让他们在耳濡目染中感受、体会、领悟科技创新的魅力，让有兴趣、有想法、有能力的孩子尽早进入拔尖创新人才培养体系，使他们尽快成长成才。[①]

根据国外经验，拔尖创新人才是选不出来的，至少选拔精确度很差。拔尖创新人才是自己"冒出来"的，其中的关键是要提供适合人才成长的环境。有了合适的成长环境，各种各样的人才就会自然涌现。因此，有必要厚植培养拔尖创新人才的"土壤"。中国于2020年启动的"强基"计划为此提供了良好的契机。然而，该计划目前仅在北京大学、清华大学等39所高校实施。有必要将其扩展至所有"双一流"高校，使更多的潜在人才拥有进入优秀学校和研究机构的机会，进而成长为拔尖创新人才。

此外，此举有助于带动整个人才培养链质量的提升。如果高等教育阶段的拔尖创新人才培养质量提升不上去，基础教育阶段的拔尖创新人才培养不大可能有质的提升。只有真正培养一批做出重大创新成果的本科生和研究生，我们才可以真正知道国家需要什么样的基础教育。因此，扩大"强基"计划覆盖范围，让更多的拔尖创新人才在各类教育环境中得到有效培养，不仅能促进高等教育阶段的教育质量提升，还将进一步明确基础教育阶段所需的教育理念、目标和方法，从而形成正向反馈机制，带动整个人才培养链的质量提升。

---

① 《"三位一体"，自主培养拔尖创新人才》，新华报业网，2024年1月25日，https://www.xhby.net/content/s65b1b26ce4b09c470781e03a.html。

第三章

建设世界人才中心的评估
体系与体制改革

　　城市的高质量发展与人才资源的培育是相互促进、相互成就的关系。一方面，高素质的人才资源为城市的高质量发展提供内生动力，在相当程度上主导城市经济、产业、科技的转型升级；另一方面，城市为人才提供良好的发展平台以及生存空间，从而使其自身的价值实现最大化发挥。在新时代人才强国战略背景之下，人才工作取得巨大进步，人才的规模和质量都有了大幅提升，为建设创新型国家提供了强有力的支撑。习近平总书记在庆祝中国共产党成立 95 周年大会上的讲话中指出："功以才成，业由才广。"① 强调了人才在家国大业建设中的重要性和必要性。事实上，人才培养与城市建设始终是互利共

---

① 习近平：《在庆祝中国共产党成立 95 周年大会上的讲话》，人民出版社，2016，第 19 页。

生的，城市为人才提供了基本的就业环境与资源保障，而人才
又反哺了城市建设与区域发展。与其说是城市资源吸引了人才，
毋宁说是人才会集推动了城市建设"更上一层楼"，人才培养与
吸引和城市建设之间有着密不可分的联系。

随着社会经济的不断进步，对人才的贡献需求也在不断发
展变化，而影响人才贡献的因素也变得日益复杂。人才发展与
城市经济、环境、社会系统相互依存、互利共生。因此，人才
经济贡献指数评价体系也必然涵盖多维度综合指标。本章第一
部分对国内外公开发布的人才发展评价成果进行了细致深入的
分析和解构，梳理出影响先进城区人才发展的关键共性因素和
评价指标，为构建系统、科学的人才经济贡献评价指标体系提
供了有益的参考和借鉴。第二部分结合中国人才发展的实际情
况，探索构建了以"人才+城市"为特征的才城融合评价指标体
系，全方位、多层次、动态化地反映中国人才经济贡献的发展
情况。

第一节　人才贡献评价研究基础

一　国际人才评价成果

目前，国际上已公开的、权威性人才发展评价成果主要包
括全球人才竞争力指数（GTCI）、全球人才指数（GTI）、世界
人才排行（WTR）、IMD 世界人才报告等，本研究在以上人才发
展评价成果的基础上，重点解构了全球人才竞争力指数和 IMD
世界人才报告的核心成果。

（一）全球人才竞争力指数

全球人才竞争力指数主要是由欧洲商学院、新加坡人力资

本领导能力研究院，以及德科人力资源集团联合发布，构建了包括人才赋能、人才吸引、人才培养、人才留存、职业与技术技能、全球知识技能6个一级指标和14个二级指标在内的评价体系来衡量全球主要国家的人才竞争力（见图3-1），还构建了包括人才赋能、人才吸引、人才培养、人才留存、全球化5个一级指标和15个二级指标在内的评价体系来衡量全球重点城市的人才竞争力（见图3-2）。

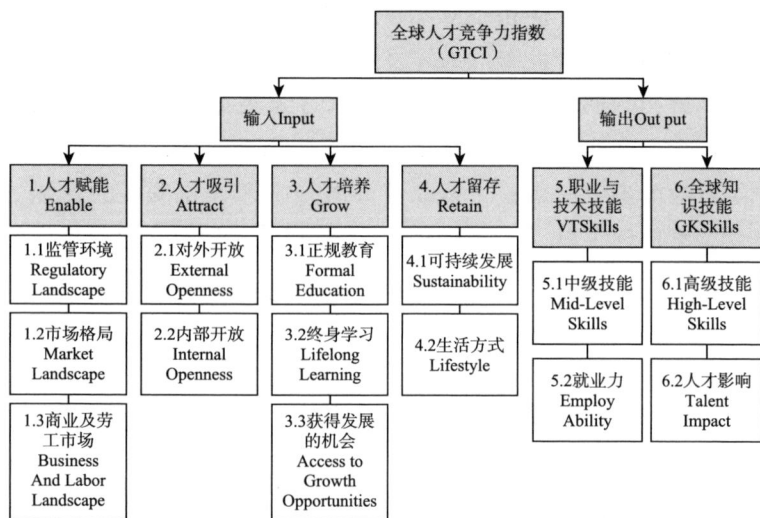

图 3-1　全球人才竞争力指数（GTCI）国家指数模型

从评价指标体系可以看出，城市人才竞争力主要由以下这些因素推动。

一是人才和城市的创新融合，主要表现为研发的支出和福布斯全球2000强公司数量等，诸多创新产业及创新企业的质量与数量无疑对人才吸引及培养起到一定的作用。二是人才和城市的经济融合，主要表现为城市经济发展水平即人均GDP等指

全球城市人才竞争力指数
（GCTCI）

| 1.人才赋能
Enable | 2.人才吸引
Attract | 3.人才培养
Grow | 4.人才留存
Retain | 5.全球化
Be Global |

1.1研发总支出
R&D Expenditure

1.2ICT接驳服务
（家庭有互联网接
入的家庭百分比）
ICT Access
（Households with
Internet）

1.3福布斯全球
2000强公司数量
Number of Forbes
Global 20000
Companies

2.1人均GDP
GDP per Capita

2.2生活质量
Quality of Life

2.3环境质量
Environmental
Quality

3.1重点高校数量
Major Universities

3.2高等教育入学率
Tertiary Enrollment

3.3社交网络中的个
体数量
Individuals in
Social Networks

4.1个人安全
Personal Safety

4.2医生密度
Physician Density

5.1受过高等教育
的劳动力数量
Workforce with
Tertiary
Education

5.2受过高等教
育的人口数量
Population with
Tertiary
Education

5.3机场连通
情况
Airport
Connectivity

5.4政府间组织
存在数量
Presence of
ICOs

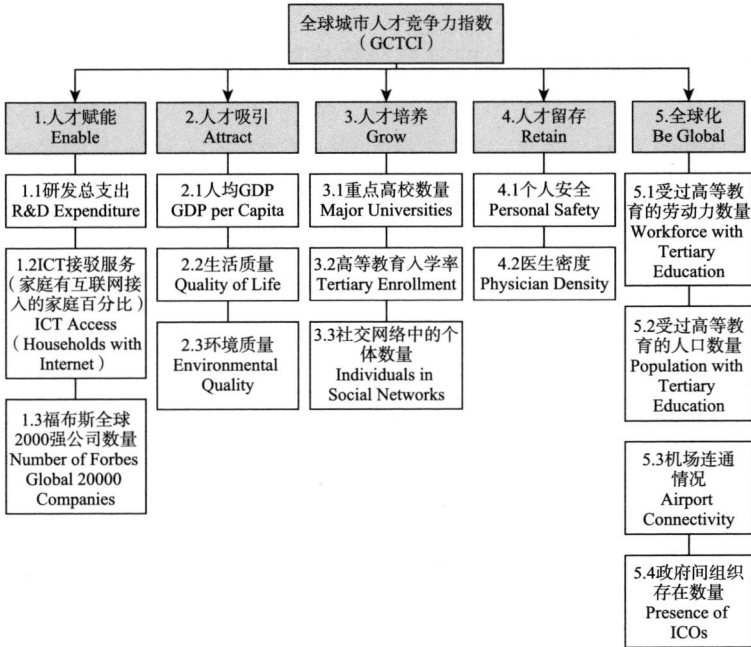

图 3-2 全球人才竞争力指数（GTCI）城市指数模型

标，城市经济发展水平体现在人均收入等综合指标上，是城市
吸引人才的主要竞争力之一。三是人才和城市的成长融合，主
要体现为人才获得培养的可得性和便利性，主要衡量指标包括
重点高校数量和高等教育入学率等。四是人才和城市的共生融
合，体现的是人才愿意继续留在这个城市居住和工作，继续贡
献价值的意愿。人才黏性主要源于人才在城市获得的安全保障、
医疗卫生服务的易得性和由薪酬水平决定的支付能力。从医疗
保障到基础设施建设，城市吸引人才的因素并非局限于收入、
就业等核心要义方面，同样也体现在安全保障、医疗卫生等维
度。五是人才和城市的制度融合，包括能够提供更多服务的政

府间组织机构的数量等，这反映的是城市对人才发展可持续的重视程度。城市对人才的重视及有效利用可以充分调动人才的积极性，同时也是推动城市与人才融合达成良性循环的有效环节。总的来说，人才成长与城市成长始终是互利并生的关系，城市为人才发展提供了机会与环境，而人才又为城市的进一步发展提供了支撑。

站在强国建设、民族复兴的新起点，我们要深刻认识把握"着眼国家战略需求培养高素质人才"的重大意义、根本遵循和实践路径，牢记嘱托、感恩奋进。高素质人才培养的关键是着眼国家战略的需求，落实到城市人才竞争力的推动因素中，则需要将对人才的吸引及培养与国家战略的实际需求相对应。各级党政机关需要深刻认识到提高城市人才竞争力是为了强国建设、民族复兴，需要时刻强调城市人才竞争力在国家战略体系中的重大意义，将城市人才培养的需求上升到国家建设的高度。与此同时，注意得天下英才而育之，聚天下英才而用之，努力形成人才国际竞争的比较优势。将提高城市人才竞争力的视野投放至国际竞争力的层面，从真正意义上完成对各地人才、海外人才的吸引与利用，实现人才与城市的高度融合，彰显中国的大国气度与国际形象。

（二）IMD 世界人才报告

《IMD 世界人才报告（2020）》由瑞士洛桑国际惯例发展学院（IMD）研究发布，构建了包括人才投资与发展、人才吸引力、人才准备度 3 个一级指标 30 个二级指标在内的评价体系，旨在评价国家发展、吸引和留住人才以创造长期价值的能力。指标既包括由统计公布的客观数据，如公共教育支出、中小学生师生比等，也包括调查获取的主观评价指标，如管理教育情

况、高级主管的胜任程度等。从评价结果来看，中国在《IMD
世界人才报告（2020）》中综合排名为第 40，在"人才投资与
发展"单项中排名第 42，在"人才吸引力"单项中排名第 56，
在"人才准备度"单项中排名第 26。

对 2016~2020 年中国人才排名进行对比分析可知（见图
3-3），中国的综合排名已经从 2016 年的第 42 上升到第 40，除
2019 年较 2018 年稍降 3 位外，整体发展处于上升趋势。在三个
分项因素中，人才准备度排名相对较为靠前，且上升趋势明显，
由 2016 年的第 36 上升到第 26；其次是人才投资与发展因素，
由第 45 上升到第 42；人才吸引力一项表现相对较差，由原来的
第 55 下降到第 56。可见，增强人才吸引力是今后中国人才工作
应关注的重点。"学习贯彻习近平总书记重要讲话精神，必须充
分发挥科技是第一生产力、人才是第一资源、创新是第一动力
重要结合点作用，全方位、全链条优化基础研究人才培养体

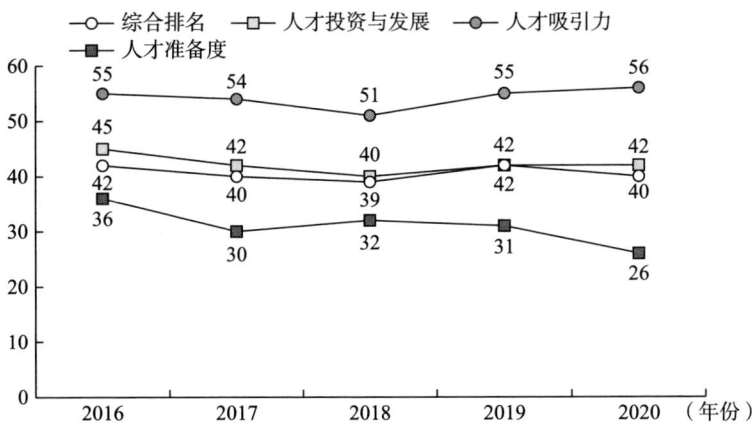

图 3-3　2016~2020 年中国人才排名发展变化

系。"① 增强人才吸引力的重点需要与科技生产力、人才资源、创新动力等因素结合，人才吸引力从来都不是一个生硬片面的概念，它需要联系中国人才培养体系与人才市场的实际环境，还需要以多维度、全方位的视野考虑现实指标。

IMD 世界人才报告评价指标体系共有 3 项一级指标和 30 项二级指标，如表 3-1 所示。

表 3-1　IMD 世界人才报告评价指标体系

评分单项	评价指标	指标解释
人才投资与发展	公共教育支出总额占 GDP 比重	
	中学学生人均公共教育支出占 GDP 比重	
	小学师生比	
	中学师生比	
	学徒制实施情况	
	员工培训	公司的重视程度
	女性劳动力在总劳动力中的占比	
	卫生基础设施	对社会需求的满足程度
人才吸引力	生活成本指数	主要城市的商品和服务指数，包括住房
	吸引和留住人才	在企业中执行的优先级
	员工激励	企业重视程度
	人才流失	受过良好教育和有技能的人才的流失对经济竞争力的阻碍程度
	生活质量	
	国外高技术人才数量	

---

① 马小洁：《坚持走基础研究人才自主培养之路》，《红旗文稿》2023 年第 6 期。

续表

评分单项	评价指标	指标解释
人才吸引力	服务业薪酬	年度总收入，包括奖金
	管理人员薪酬	基本工资加奖金加长期奖励
	个人所得税的有效比率	个人收入与人均 GDP 的比率
	人身安全和私有财产权	得到保护的程度
	劳动力增长率	
人才准备度	技术工人数	
	财务技能	充足程度
	国际经验	充足程度
	高级主管	胜任程度
	教育系统	对竞争性经济的适应程度
	学校的科学	重视程度
	大学教育	对竞争性经济的适应程度
	管理教育	对商业界的适应程度
	语言技能	对企业需求的满足程度
	学生流入	1000 名居民中的国外大学生数量
	教育评估-PISA	PISA 对 15 岁少年的调查结果

资料来源：国际管理发展研究所（IMD）的 2023 年度"世界人才报告"信息。

二 国内人才评价成果

习近平总书记强调，要着力破除束缚人才发展的思想观念，推进体制机制改革和政策创新。[①] "用好用活人才，建立更为灵活的人才管理机制，消除人才流动、使用、发挥作用的体制机

---

① 《习近平总书记对人才工作重要指示精神系列解读之三：解放思想 推进体制机制改革和政策创新》，《中国组织人事报》2014 年 7 月 25 日。

制障碍","继续完善凝聚人才、发挥人才作用的体制机制,进一步调动优秀人才创新创业的积极性","开创人人皆可成才、人人尽展其才的生动局面"。① 这些重要论述抓住了制约人才发展的关键,要求我们敢于攻坚克难,向顽瘴痼疾开刀,扫除体制壁垒和身份障碍,最大限度调动人才创新创业积极性,让一切创造社会财富的源泉充分涌流。② 因此,针对人才发展评价体系的研究工作就显得尤为重要。目前,国内市场上公开的对人才发展评价的研究成果较多,不仅有面向全国主要城市的人才综合评价,如中国创新人才指数、中国城市人才竞争力指数报告,也有针对某一特定区域或某一人才群体的评价,如江苏省人才竞争力报告、西安海归人才竞争力报告等。本研究重点梳理了《中国创新人才指数报告 2021》和《中国城市人才生态指数报告》两大报告。

(一)中国创新人才指数

《中国创新人才指数报告 2021》是由清华大学技术创新研究中心联合深圳市人才集团有限公司发布,该报告旨在对中国创新人才现状进行全方位、多层次、动态化的评价研究,构建了包含人才规模、人才结构、人才效能、人才环境 4 个一级指标和 10 个二级指标、49 个三级指标在内的创新人才评价体系,并对中国 54 个城市创新人才发展情况进行了综合评价(见表 3-2、表 3-3)。

---

① 孙学玉:《让人才事业兴旺起来——学习贯彻习近平总书记关于人才工作的重要论述》,《求是》2014 年第 11 期。
② 孙学玉:《让人才事业兴旺起来——学习贯彻习近平总书记关于人才工作的重要论述》,《求是》2014 年第 11 期。

表 3-2 中国创新人才指数 2021（城市）综合得分

城市	所属省份	得分	城市	所属省份	得分
北京	北京	97.65	大连	辽宁	65.94
上海	上海	82.77	太原	山西	65.85
深圳	广东	82.07	温州	浙江	65.51
广州	广东	74.96	长春	吉林	65.27
苏州	江苏	73.97	昆明	云南	65.21
杭州	浙江	73.82	沈阳	辽宁	64.97
南京	江苏	72.45	金华	浙江	64.68
武汉	湖北	71.37	台州	浙江	64.58
天津	天津	70.11	中山	广东	64.57
宁波	浙江	69.32	兰州	甘肃	64.55
成都	四川	69.07	南通	江苏	64.52
无锡	江苏	68.99	贵阳	贵州	64.51
东莞	广东	68.66	哈尔滨	黑龙江	64.21
西安	陕西	68.47	南昌	江西	64.19
长沙	湖南	68.20	石家庄	河北	63.84
珠海	广东	67.98	泉州	福建	63.62
厦门	福建	67.86	惠州	广东	63.40
郑州	河南	67.79	呼和浩特	内蒙古	63.39
佛山	广东	67.31	烟台	山东	63.22
青岛	山东	67.18	海口	海南	63.16
合肥	安徽	67.15	乌鲁木齐	新疆	62.88
重庆	重庆	66.98	南宁	广西	62.64
济南	山东	66.94	徐州	江苏	62.58
常州	江苏	66.77	廊坊	河北	62.53
嘉兴	浙江	66.14	银川	宁夏	62.52
绍兴	浙江	66.06	西宁	青海	61.93
福州	福建	66.05	保定	河北	61.83

资料来源：清华大学技术创新研究中心联合深圳市人才集团有限公司发布的《中国创新人才指数报告 2021》。

表 3-3　中国创新人才指数 2021（城市）各项得分（部分）

城市	所属省份	人才规模	人才结构	人才效能	人才环境
北京	北京	98.92	95.19	98.61	96.76
上海	上海	84.18	80.98	81.89	83.75
深圳	广东	70.70	88.62	83.11	79.02
广州	广东	75.32	74.50	72.65	78.35
苏州	江苏	71.61	81.11	72.67	72.32
杭州	浙江	70.06	75.98	71.76	80.39
南京	江苏	70.64	77.88	68.64	75.44
武汉	湖北	70.74	72.96	69.43	73.65
天津	天津	71.42	72.16	66.33	72
宁波	浙江	67.75	75.83	66.41	69.52
成都	四川	69.28	62.30	67.53	72
无锡	江苏	66.23	75.91	66.65	69.73
东莞	广东	69.28	75.36	66.90	63.65
西安	陕西	68.21	71.59	65.27	70.53
长沙	湖南	67.07	72.39	65.30	70.05
珠海	广东	63.37	80.22	64.11	68.45
厦门	福建	65.22	77.99	64.32	67.01
郑州	河南	67.04	69.30	65.21	71
佛山	广东	66.78	71.61	66.81	64.56
青岛	山东	65.89	68.55	65.73	69.92
合肥	安徽	65.87	70.93	65.51	67.76
重庆	重庆	67.31	64.44	64.83	72.25

　　资料来源：清华大学技术创新研究中心联合深圳市人才集团有限公司发布的《中国创新人才指数报告 2021》。

从评价结果来看，中国不同城市之间创新人才发展水平存在显著差异。北京综合得分第一，领跑全国，上海、深圳位列第二、第三名，三大城市位居第一梯队，第二梯队广州、苏州、杭州、南京、武汉、天津等城市与之存在明显差距，与第三梯队宁波、成都、无锡、东莞、西安、长沙、珠海、厦门、郑州、佛山、青岛、合肥、重庆等城市更是拉开了较大的差距。从单项得分来看，人才规模方面，北京得分遥遥领先，第二名的上海与之存在较大的差距；深圳、广州分别位居第三、第四，其余进入前十的城市包括苏州、天津、武汉、南京、杭州和成都。人才结构方面的排名与人才规模排名存在较大差异。北京位列榜首，其次是深圳；苏州、上海、珠海得分位于全国前列，其次进入前十的城市分别有厦门、南京、杭州、无锡和宁波。人才效能方面，依旧是北京位居榜首，深圳、上海位居第二、第三名，其次进入前十的城市有苏州、广州、杭州、武汉、南京、成都、东莞，但整体与领先城市存在较大差距。

体制机制完善，则人才聚、事业兴。改革开放以来，围绕更好发挥人才作用释放创新创业活力，我们打破人才单一管理模式，建立人才分类管理制度，市场配置人才资源的基础性作用不断增强，专业人才市场和网上人才市场发展迅速；人才创新创业政策环境不断优化，出台金融支持、财税优惠、股权激励、签证居留等一大批政策措施。[①] 这些政策均成为中国人才发展评价研究的重要组成部分。从指标体系（见表3-4）来看，人才规模包括 R&D 人员数、研究人员数和不同学历、不同职业的人

----

① 孙学玉：《让人才事业兴旺起来——学习贯彻习近平总书记关于人才工作的重要论述》，《求是》2014 年第 11 期。

才数，是综合反映中国人才发展质量最直接的数据。

表3-4　中国创新人才指数评价指标体系

一级指标	二级指标	三级指标
人才规模	基础规模	R&D 人员数
		研究人员数
		本科学历就业人员数
		研究生学历就业人员数
		院士数
		具有正高级职称的专家数
		科学家和工程师人数
		企业家人数
	人才引进与流动	海外高层次人才数
		人才流动量
人才结构	学历结构	本科及以上学历人员占比
		研究生学历人员占比
	技能结构	正高级职称的专家占比
		科学家及工程师占比
		每万人拥有 R&D 人员数
		每万人拥有研究人员数
人才效能	科技效益	专利授权量
		发明专利授权数
		每亿元主营业务收入发明专利授权数
		每万人发明专利拥有量
		国家级奖励
		权威期刊发表论文数

续表

一级指标	二级指标	三级指标
人才效能	产业发展	高技术产业增加值
		高技术产业增加值占地区生产总值比重
		数字经济产业增加值
		战略性新兴产业增加值
		战略性新兴产业增加值占工业增加值比重
	经济效益	劳动生产率
		新产品销售收入占主营业务收入比重
		中国科创板企业数
		世界 500 强企业数
		中国 500 强企业数
		中国创新创业 100 强企业数
人才环境	人才吸引	平均劳动者报酬
		房价收入比
		每万人拥有执业医师数
		人均一般公共服务支出
	人才培养	普通高等学校专任教师数
		高等学校教育经费支出
		高等学校教育经费支出占地区生产总值比重
		人均教育经费支出
	创新支持	科技企业孵化器数量
		高新技术企业数
		国家大学科技园固定资产净值
		风险投资金额
		R&D 经费内部支出

一级指标	二级指标	三级指标
人才环境	创新支持	独角兽企业估值
		专精特新企业数
		中国民营企业 500 强企业数

资料来源：清华大学技术创新研究中心联合深圳市人才集团有限公司发布的《中国创新人才指数报告 2021》。

人才结构包括技能结构和学历结构，这两方面是人才质量最主要的体现。习近平总书记指出，"发展的中国需要更多海外人才，开放的中国欢迎来自世界各地的英才"；要"择天下英才而用之"，"千方百计创造条件，使留学人员回到祖国有用武之地，留在国外有报国之门"。[1] 这就要求我们广开进贤之路、广纳天下英才，高度重视聚集创新人才，积极参与国际人才竞争，充分开发利用国内国际人才资源，敞开大门招四方之才。[2] 人才效能则包括科技效益、产业发展和经济效益三大二级指标，主要通过科技、产业和经济发展方面的成果来反映人才的效能，其中科技效益主要体现在专利、发明专利授权量等方面，产业发展主要体现的是高新技术产业和战略性新兴产业的发展情况，经济效益主要体现为市场主体发展的活跃情况。从国内发展角度看，经济发展新常态对加快建设人才强国提出新的更高要求。

---

[1] 习近平：《习近平在欧美同学会成立 100 周年庆祝大会上的讲话》，中央政府门户网站，2013 年 10 月 21 日，https://www.gov.cn/ldhd/2013 - 10/21/content_2511441.htm。

[2] 孙学玉：《让人才事业兴旺起来——学习贯彻习近平总书记关于人才工作的重要论述》，《求是》2014 年第 11 期。

随着人口和劳动力结构的逐步变化，人口红利和要素驱动力减弱，传统产业供给能力大幅超出需求，中国经济结构亟须调整优化，向中高端方向迈进。^① 这对人才效能提出更高的要求。人才环境是与创新人才发展密切相关的各种外部因素的总和，包括对人才的吸引力、对人才的培养和对创新的支持。人才的吸引力集中体现为人才收入以及获得医疗卫生等公共服务的便捷性；对人才的培养体现为社会教育支出的情况；创新支持方面主要体现为研发经费的投入、创新平台的建设，以及优质市场主体的发展。实践证明，人才竞争的核心是制度设计，关键是环境营造。我们要不遗余力地推进人才制度创新，营造敬才重才的社会环境、识才用才的工作环境、引才聚才的政策环境、优才留才的生活环境。^②

整体而言，中国创新人才指数报告主要围绕人才创新发展的主要影响因素，针对相应评价内容的发展内涵，选取了多个代表性指标对国内主要城市人才的创新发展水平进行了综合评价，指标体系较为全面、典型。

（二）中国城市人才生态指数报告

《中国城市人才生态指数报告2020》是基于城市间人才竞争态势加剧，各城市开始重视人才生态建设的背景，由微链联合浙江大学全球浙商研究院、猎聘网共同研究发布。中国城市人才生态指数报告虽然不是针对人才本身的发展情况进行的评价，

---

① 尹蔚民：《大力实施人才强国战略——深入学习习近平总书记关于人才工作的重要论述》，《求是》2015年第3期。

② 孙学玉：《让人才事业兴旺起来——学习贯彻习近平总书记关于人才工作的重要论述》，《求是》2014年第11期。

但在完善城市人才生态并使之成为增强人才吸引力和促进人才能力发挥重要途径的今天，其针对与人才发展密切相关的内容而构建的多维评价指标具有重要的实践参考价值。

中国城市人才生态指数报告构建了包括城市经济生态、科创生态、生活生态、社会文化生态和自然生态 5 个主要维度在内的共 24 个二级指标、46 个三级指标的体系，如表 3-5 所示。

表 3-5　城市人才生态指数评价指标体系

一级指标	二级指标	三级指标
经济生态	发展质量	人均地区生产总值
		万元地区生产总值创造财政收入
		人均财政收入
		城乡居民收入比
	经济活力	每万人拥有国内上市公司数
		中国民营企业 500 强数量
		单项冠军企业数量
	产业吸引力	城市数字经济指数
	经济开放度	进出口总额与地区生产总值比值
		营商环境
	实际利用外资与地区生产总值比值	营商环境指数
科创生态	科创投入	科技财政支出比重
		R&D 支出占地区生产总值比重
	科创人才	每万人拥有研发人员数
		中高端人才薪酬

续表

一级指标	二级指标	三级指标
科创生态	科创平台	国家级企业技术中心数量
		国家级高新区人均利税
	科创活力	每万人专利申请量
	科创绩效	每万人专利授权量
		每万人发明专利拥有量
生活生态	交通	交通健康指数
		高峰拥堵延时指数
	通信	每万人邮电业务收入
		人均快递业务量
	居住	房价收入比
		新建商品住宅价格年度涨幅
	购物	城镇居民人均可支配收入
		城镇居民人均消费支出
	品质	最具幸福感城市
		数字生活指数
社会文化生态	人口特征	常住人口增长率
		常住人口净迁入率
	教育投入	人均财政教育支出
		财政教育支出占财政支出比重
	历史文化	历史文化名城
		人均藏书量
	社会保障	养老保险覆盖率
		医疗保险覆盖率
		失业保险覆盖率

一级指标	二级指标	三级指标
社会文化生态	社会治理	全国文明城市批次
		城镇登记失业率
		数字政府指数
自然生态	空气质量	PM2.5 平均浓度
	水环境质量	地表水优良率
	环境绿化	建成区绿化覆盖率
	循环经济	一般工业固体废弃物综合利用率

资料来源:《中国城市人才生态指数报告 2020》。

经济生态方面,在考虑传统经济发展实力、经济活力和营商环境等发展条件外,结合当前国内经济发展的现实,创新性地提出将数字经济指数作为产业吸引力的评价指标。科创生态方面,共划分为科创投入、科创人才、科创平台、科创活力和科创绩效 5 个二级指标,具体评价包括 R&D 支出占地区生产总值比重、每万人拥有研发人员数等典型指标。生活生态方面,创新性地提出交通和品质 2 个二级指标,其中以交通健康指数、高峰拥堵延时指数来评价交通方面的建设情况,以数字生活指数等指标来评价生活品质。社会文化生态方面,包含了人口特征、教育投入、历史文化、社会保障和社会治理 5 个二级指标。其中社会治理充分结合当前数字化转型工作特点,加入了数字政府指数的评价指标,十分契合国内人才发展工作趋势。自然生态方面,除了基本的空气质量、水环境质量和环境绿化 3 项传统评价内容外,也结合当前环境建设工作重点,提出循环经济的评价内容。

国家的强盛，归根到底必须依靠人才；我们比历史上任何时期都更接近实现中华民族伟大复兴的宏伟目标，我们也比历史上任何时期都更加渴求人才。[①] 这需要我们将人才培养上升到实现中华民族伟大复兴宏伟目标的高度，更需要我们从多维度、综合视野出发，对人才发展的评价指标体系进行系统梳理，以更好地进行人才培养与国家强盛、民族复兴之间的关系研究和成果分析。整体而言，中国城市人才生态指数报告评价指标体系囊括了人才发展的方方面面，并且能结合当前国内人才工作的特点提出代表性的指标，具有一定创新性。

三　国内外人才评价特点

国内外被广泛认可的人才评价研究为人才经济贡献指数评价奠定了良好的基础，但也有不足之处。从研究主题来看，国内外现存的具有较大影响力的人才评价主要关注人才的竞争力评价，在实践层面尚未形成"人才经济贡献指数"的影响力、专业性、权威性的评价研究。因此，我们需要摆脱单一的人才竞争力评价，同时立足"人才经济贡献指数"，形成更具影响力和权威性的人才评价研究。从指标体系来看，现有部分研究涉及的人才贡献评价考量，多是以经济、产业产出指标进行直接反映，未能综合考虑社会经济、城市建设、自然生态等综合因素对人才贡献的影响。笔者在统筹经济、产业产出指标的同时，亦将社会经济、城市建设、自然生态、文化体系、教育教学等

---

① 《聚天下英才而用之——党的十八大以来我国人才事业创新发展综述》，新华网，9 月 27 日，https://baijiahao.baidu.com/s?id=1712074846156762669&wfr=spider&for=pc。

多维度的视野纳入人才贡献评价的考量工作。

鉴于此，本研究在借鉴国内外相关人才评价研究的基础上，结合中国人才发展的实际情况，探索构建具有中国特色的人才经济贡献指数，以全方位、多层次、动态化地反映中国人才经济贡献的发展变化情况。加强和改进党对人才工作的领导，健全党管人才领导体制和工作运行机制，把各方面优秀人才集聚到党和国家事业中来，持续不断地激发各类人才的创新活力和创造热情，让浩浩荡荡的人才大军为实现中华民族伟大复兴的恢宏大业贡献才智、奋力前行！①

第二节 "人才+城市"才城融合
评价指标体系

一 指标选取特色

习近平总书记指出，"发展文化产业，首先是文化本身发展的必然要求，当代文化竞争在很大程度上取决于文化产业的竞争，软实力、文化力必然要通过文化产业的竞争力来加以体现。同时，这也具有促进经济结构调整和增长方式转变的意义"②。这无疑为"人才+城市"才城融合评价指标体系的构建带来重要启示，从经济结构方面将文化软实力、人才培养与城市建设相联系，将城市人才培养体系提升到更为广阔的文化产业竞争

---

① 孙学玉：《让人才事业兴旺起来——学习贯彻习近平总书记关于人才工作的重要论述》，《求是》2014年第11期。

② 习近平：《干在实处走在前列——推进浙江新发展的思考与实践》，中共中央党校出版社，2016，第331页。

维度。

党的十八大以来，习近平总书记站在实现"两个一百年"奋斗目标和中华民族伟大复兴中国梦的历史高度，将"文化自信"同"道路自信、理论自信、制度自信"并列提出，对"文化自信"做出一系列重要论述，发表一系列重要讲话，明确指出"文化自信"是"更基础、更广泛、更深厚的自信"①。人才的培养是为了文化自信、民族复兴、国家繁荣，"人才＋城市"才城融合的评价指标体系的构建立足于文化自信的基本诉求，扎根于中国特色文化体系。

第一，彰显中国特色社会主义人才观。评价指标是衡量人才对城市经济贡献水平的重要依据和标准，不仅从侧面反映出当前国内人才工作的理念和特色，而且反映出人才与经济、城市之间的关系。此次评价指标体系的构建，坚持以人才为本的原则，摒弃将人才作为推动城市经济发展工具这一机械化、缺乏人情关怀的思想观念，将人才和城市、经济视为相互依存、互利共生的合作系统，并充分体现尊重人才、服务人才、关怀人才，让人才与经济发展彼此成就，共同成长的理念。党的十八大以来，习近平总书记对人才工作做出一系列重要指示，强调要坚持党管人才原则，在全社会大兴识才、爱才、敬才、用才之风，让人才事业兴旺起来，等等。② 这些重要论述涉及人才的培养、引进与使用、激励等各个方面，极大地丰富了中国特色社会主义人才理论内涵，揭示了人才对民族振兴、国家富强

---

① 习近平：《在庆祝中国共产党成立 95 周年大会上的讲话》，人民出版社，2016，第 13 页。

② 《习近平总书记对人才工作重要指示精神系列解读之一：实行更加开放政策择天下英才而用之》，《中国组织人事报》2014 年 7 月 21 日。

的重大意义，体现了党中央对各级各类人才的关心重视，彰显了当下中国广纳英才的博大胸怀。学习好、领会好、贯彻好习近平总书记关于人才工作的一系列重要论述，对更好实施人才强国战略，造就一支宏大的高素质人才队伍，具有十分重要的意义。① 只有不断践行中国特色社会主义人才观，从人才吸引、基本生活保障、敬才风气等方面综合建设，才能将"人才"与"城市"缝合，使人才和城市、经济形成相互依存、互利共生的合作系统。

第二，体现坚持绿色发展的生态文明理念。绿色发展是中国当前发展的重要目标取向，也是当前城市环境建设的重要理念。城市生态环境建设对人才发展的贡献主要体现为通过增加高品质的生态环境产品供给，增强对人才的吸引力和凝聚力。环顾纽约、东京、伦敦等重要人才集聚地，无一不拥有优质的生态环境，其以此为依托建设高品质人才生活环境。因此在此次"才城融合"指标体系的构建过程中，本研究创新性地将反映城市生态环境品质及相关建设投入的"空气质量优良天数""建成区绿化覆盖率"两大指标纳入评价体系，以凸显中国在人才生活环境建设方面的绿色生态理念。同时，此次"才城融合"指标体系的构建还充分学习了习近平生态文明思想，此指标体系的建立立足于习近平生态文明思想，彰显中国文化特色。习近平生态文明思想是在深刻认识与把握人类文明进步规律、社会主义发展规律和共产党治国理政规律的基础上，结合当下世情国情党情并针对中国生态环境保护现状而阐发的战略思想，体现了中国

---

① 孙学玉：《让人才事业兴旺起来——学习贯彻习近平总书记关于人才工作的重要论述》，《求是》2014 年第 11 期。

共产党对于生态文明的高度自觉，开创了生态文明思想认识与实践的新境界，展现了马克思主义生态文明观的最新理论成果，开启了社会主义生态文明建设的新时代。① 深入研究习近平生态文明思想，对中国生态环境的治理有着重要的指导意义，也对"才城融合"坚持绿色发展的生态文明理念提供了理论支撑。

　　第三，凸显提升人民幸福感和获得感的社会主义核心价值观。习近平总书记指出，"牢固的核心价值观，都有其固有的根本"②。社会主义核心价值观，无疑成为"才城融合"体系构建的根本。习近平总书记还提出要将能否提高人民群众的获得感、幸福感和安全感作为衡量改革发展成败得失的基本指标。③ 国内人才工作也始终贯彻落实习近平总书记重要指示精神，将提高人才获得感、幸福感和安全感作为人才工作的导向和重点。着眼于人才成长的全生命周期，密切关注人才生活需求、发展需求和成长需求，努力打造兼容并蓄的人才发展友好环境，让人才拥有更多获得感。人才友好环境的建设主要体现在"城市包容度""社会保险密度"等指标上。习近平总书记多次强调社会主义核心价值观与青少年成长成才的关系，明确提出要从一开始就扣好人生的扣子，要从学校、从娃娃抓起等具体要求，指出青少年应"记住要求、心有榜样、从小做起、接受帮助"④。青少年是人才的主要来源，因此强调社会主义核心价值观与青

---

① 胡长生、胡宇喆：《习近平新时代生态文明观的理论贡献》，《求实》2018
　　年第 6 期。
② 《习近平谈治国理政》，外文出版社，2014，第 164 页。
③ 《使改革能够让人民群众有更多获得感、幸福感、安全感》，《人民日报》
　　2024 年 7 月 1 日。
④ 《习近平谈治国理政》，外文出版社，2014，第 164 页。

少年成长成才的关系同样也是提升人民幸福感和获得感的"才城融合"践行社会主义核心价值观的体现,这些"人才储备军"需要政府部门予以重视。

第四,体现打造"全生命周期"人才发展服务体系的目标追求。世界城市是国际化大都市的高端形态,而人才队伍状况,既是判断世界城市的主要标志,也是建设世界城市的基本保证。[①] 在追求经济高质量发展的时代背景下,国内各城市人才工作不再局限于人才规模扩大的短期红利,而是更注重人才长远发展之利。人才创造环境,环境也成就人才。所以,在大力引进紧缺型人才的同时,各地均更注重人才事业发展环境的建设,为人才提供更多的工作平台和发展机会,让人才真正融入城市,使其发展如鱼得水。从而使城市享受人才发展的红利,也使城市的发展持续地回馈人才的成长。我们要将创新人才体制机制纳入国家治理体系和治理能力建设范畴,遵循社会主义市场经济规律和人才成长规律,围绕社会反映强烈的突出问题推进改革创新,加强重点政策集中攻关、试点探索、协同创新、统筹落实。积极创新人才培养发掘、选拔任用、流动配置、激励保障机制,努力破解束缚人才脱颖而出和充分发挥作用的体制机制障碍;依托人才管理改革试验区,鼓励大胆探索、先行先试,建立更加灵活、更加开放、更加有效的人才发展体制机制;加快推进人才工作法治建设研究,制定人才工作条例,通过立法形式,把实践成果固化。[②] 人才评价是数据众多且过程繁杂的工

---

① 宋丰景:《集聚全球英才 建设世界城市》,《红旗文稿》2011 年第 4 期。

② 孙学玉:《让人才事业兴旺起来——学习贯彻习近平总书记关于人才工作的重要论述》,《求是》2014 年第 11 期。

作，涉及人才体制机制的各个方面，因此此次评价分析在选取
了影响人才体系构建的基础要素之外，还选取了"世界500强
企业数量""高新技术企业数"等指标，以反映人才在城市成长
环境建设方面的情况。

二　指标选取原则

评价指标是衡量才城融合程度的重要依据和标准，不仅从侧
面反映出当前国内人才工作的理念和特色，而且反映出人才与经
济、城市之间的关系。指标的选取体现了以下四个原则。

第一，选取的指标体现了科学性原则。评价指标要体现出
一定的科学性，因此其必须有明确的定义，能够清楚精确地折
射出人才与城市相辅相成的发展特点，另外也要注意不同级别
指标之间的从属关系，以保证评价结果的科学性和说服力。科
学性的原则也是所选取指标客观性、真实性的显现：其一，人
才的选取指标是否客观、公正、科学，例如对人才结构、受教
育程度以及福利待遇等方面的概括总结；其二，经济指标的广
泛性与聚焦性，这需要与人才环境及工作关系进行关联研究，
突出二者之间交互融合又互相影响的特点；其三，从城市发展
的视野对人才与经济的相应指标进行综合判断，例如人才的吸
引与利用是否对产业升级有利，又是否推动了城市的经济与文
化建设，经济水平的提升与人才之间的反哺关系以及其对城市
建设的影响力等。选取指标的科学性原则无疑是衡量才城融合
程度的重要依据原则之一。

第二，选取的指标体现了代表性原则。对于"人才""城
市"两者融合的评价是全面的、全方位的，为了避免指标繁多，
因此需要尽可能选取那些影响力较大的、具有足够代表性的综

合指标和专业指标，以尽可能简洁的指标体系表达应涵盖的内容。代表性原则要求指标的选取需要具备典型性，一方面，它需要在最大程度上显现"人才""城市"两者融合评价的普遍性，将较为全面的指标纳入自身评价体系，如此才能具备全方位的代表性和专业性。另一方面，又需要对所选取指标进行二度选拔，在过多过杂的指标中选取最具专业性、综合性和代表性的指标，将原本繁杂的指标体系转化为简洁易懂的表达。这能在很大程度上避开冗余指标影响，以更具典型性和代表性的指标去衡量才城融合，毕竟，只有具有代表性的指标才能在最广泛的程度上显现这一评价体系的客观性、公正性与科学性。

第三，选取的指标体现了比对性原则。为了确保评价结果能够在不同城市之间进行横向对比，因此选取那些具有普适性以及具有共性的综合性指标，并且所选取的指标拥有被普遍认同的统计口径和计算方式，以便保证指标的可比性。比对性原则可以在最大程度上展现评价结果的差异性，并在此基础上对不同地域的才城融合程度进行比对分析，找寻具备普遍性与差异性的指标，根据差异性结果和比对研究的指标总结出影响才城融合程度的典型性因素。事实上，才城融合的指标选取原则是共通的，比对性原则本身便在某种程度上增强了相应指标的科学性与代表性，而科学性与代表性原则又为比对性原则提供了良好的指标判断标准。比对性的原则不仅有助于在横向的城市统计中凸显更具普适性与普遍性的综合性指标，更有利于在纵向的延伸中选取代表性口径与典型的计算方式，在一定程度上保证了各项指标的科学性与代表性。

第四，指标的选取体现了可行性原则。考虑到数据资料的可获得性、定量指标的计算方法以及定性指标的赋值标准，所选取的指标均可以进行指标数据的规范化处理。由于数据选择的繁杂性，在进行指标选取的时候结合数据资料的真实性、数据库的广泛性、数据来源的可获得性等进行综合考虑。文章定量指标的计算方法及定性指标的赋值标准在另一维度上要求指标数据规范化，如若存在细微的偏差，则会对最终的数据呈现产生影响，甚至影响评价指标的客观性、精准性。可行性原则不仅要求数据的精准性，更对获取数据的途径和方式的可行性提出要求，因此在选择数据资料的时候不能把容易获取的"眼前资料"放至首位，而是应当考虑这一数据资料是否具备可行性和代表性，数据获取渠道合理规范且有效等，如果仅仅为"获取"而"获取"，则忽略了指标选择的可行性原则。

三　指标体系

在上述指标选取原则的基础之上，融合指标体系将从才城经济融合、才城创新融合、才城共生融合、才城成长融合、才城制度融合等 5 个维度来评估各个城市人才与城市融合发展的水平。其评价指标体系中共包含 5 项一级指标、10 项二级指标和 38 项三级指标，具体指标及构成如表 3-6 所示。

表 3-6　"才城融合"指标体系及构成

一级指标	二级指标	三级指标	单位
才城经济融合	城市经济发展	地区生产总值	亿元
		地区生产总值年均增速	%
		人均地区生产总值	元
	人才经济收入	人均可支配收入	元
		人均工资年均涨幅	%

一级指标	二级指标	三级指标	单位
才城创新融合	城市科创环境建设	R&D 人员密度	%
		R&D 经费投入强度	%
		科研机构数量	人
		独角兽企业数量	家
		企业技术中心数量	个
	人才创新效益	万人拥有专利申请量	个
		万人技术市场成交额	元
		新产品销售收入占比	%
才城共生融合	城市宜居环境建设	空气质量优良天数	天
		建成区绿化覆盖率	%
		万元地区生产总值能耗	吨
		万人拥有医生数量	个
		万人拥有中小学数量	个
		万人拥有公共图书馆数量	个
		万人安居保障房数量	套
		城市平均通勤耗时	分钟
	人才情感依恋	城市包容度	%
		社会保险密度	元/人
才城成长融合	城市成长环境建设	人均受教育年限	年
		高学历人才占比	%
		教育投入强度	%
		高等教育学校密度	%
		世界 500 强企业数量	家
		高新技术企业数	家

续表

一级指标	二级指标	三级指标	单位
才城成长融合	人才成长活力	人才年轻化率	%
		企业创设数量	家
		获得风险投资金额	亿元
		战略性产业地区生产总值占比	%
才城制度融合	城市制度建设	人才政策热度	—
		营商环境指数	—
		政务服务效能	—
	人才权益保障	劳动人事争议调解成功率	%
		劳动人事仲裁结案率	%

资料来源:《全国十城才城融合指数研究报告 (2021)》。

(一) 才城经济融合

才城经济融合不仅反映了城市的经济发展基础、经济发展活力,还体现了个人的富裕程度以及与城市发展的协调程度,主要从城市经济发展以及人才经济收入两项二级指标来体现。城市经济发展又包括地区生产总值(以亿元为单位)、地区生产总值年均增速和人均地区生产总值三项指标,从三个维度综合性地判断地区城市经济发展的状况。人才经济收入则包括人均可支配收入和人均工资年均涨幅,他们在某种程度上体现着城市对人才的重视程度,亦将人才活力纳入对城市经济发展的统计判断。才城经济融合要求"从经济视野出发,完善人才流动机制,打破地域、所有制、身份等制度性障碍;完善激励保障机制推动工资收入分配制度改革,推动知识、技术、管理、技能等生产要素按贡献参与分配,完善人才评选表彰制度;完善各类人才创新创业扶持政策，改善基层人才工作、生活条件，拓展职业发展空间"①。城市只有对人才的经济收入进行重视，才能从基础上改善人才的生活并扩大发展空间。而经济视野下的才城融合不仅要考虑到人才的人均工资年均涨幅，更需要从人才流动机制、工资收入分配制度、按贡献参与的工资分配、人才评选表彰奖励等综合维度进行统计和总结。经济收入不是一个片面的工资符号，其反映出城市对人才机制的把握和利用情况，彰显才城经济融合的真正意义。

（二）才城创新融合

才城创新融合反映了城市现在以及未来的创新发展能力，只有个人能够在城市发挥自身的创新价值，城市能够给予人才足够的创新效益，城市才得以留住人才，实现良性循环，这主要由城市科创环境建设和人才创新效益两项二级指标来体现。城市科创环境建设指标下又包括 R&D 人员密度、R&D 经费投入强度、科研机构数量、独角兽企业数量、企业技术中心数量等三级指标；人才创新效益指标下则包括万人拥有专利申请量、万人技术市场成交额、新产品销售收入占比等三级指标。对于城市建设而言，城市与人才的创新融合需要正确看待城市创新的吸引力（包括产业结构和企业技术中心数量等）以及人才创新能力的现实效益（例如人才专利申请量和新产品销售收入）。对于城市而言，肥沃的科学土壤、良好的学术环境是吸引人才的重要条件。而就人才创新的定义而言，创新能力离不开智力活动，但创新能力绝不仅仅是一种智力特征，更是一种人格特

---

① 尹蔚民：《大力实施人才强国战略——深入学习习近平总书记关于人才工作的重要论述》，《求是》2015 年第 3 期。

征、一种追求创新的意识、一种积极探究问题的心理取向、一种积极改变自己并改变环境的应变能力，是智力因素和非智力因素的综合体。[①] 才城创新融合站在个人发展与城市创新的双重维度，本质诉求是实现人才与城市在创新发展方面的良性循环，这也是才城融合指标体系的切入点之一。

（三）才城共生融合

才城共生融合反映的是城市对人才的吸附力，体现了人才对城市的情感依恋。最直接体现就是人才倾向于在这个城市就业，或者愿意继续留在这个城市安居乐业。因此，才城共生融合包括城市宜居环境建设和人才情感依恋两项二级指标。城市宜居环境建设又包括空气质量优良天数、建成区绿化覆盖率、万元地区生产总值能耗、万人拥有医生数量、万人拥有中小学数量、万人拥有公共图书馆数量、万人安居保障房数量、城市平均通勤耗时；人才情感依恋则包括城市包容度、社会保险密度等。城市宜居环境建设的第一个维度便是生态文明建设，从基础的空气质量，再到城市绿化面积等，无疑体现了城市生态环境在人才吸附力中所占据的重要地位，只有实现绿色文明环保的城市建设，才能在更大程度上吸引人才定居。而医生数量、中小学数量、公共图书馆数量、安居保障房数量等则属于城市基础设施建设的发散。提升城市对人才的吸附力不仅需要从基础的生态文明着手，更要涉及现实的基础建设，因为这与人才的生活条件及住房需求、能获取的教育资源等息息相关，因此这亦是不可忽略的切入点之一。人才情感依恋源于人才对当下所居住城市的基本情感态度，在生活的过程中是否得到应有的尊重、其自身社会地位是否得到认可、

---

① 蔡克勇：《转变教育观念 培养创新人才》，《求是》1999 年第 22 期。

社会权益是否得到保障等，都是影响人才情感依恋的要素。城市宜居环境建设与人才情感依恋共同搭建了才城共生融合的架构，同样构成了人才与城市相互促进、彼此影响的互利共生关系。

（四）才城成长融合

才城成长融合反映了城市未来的发展动向，体现了城市未来发展的基础条件。因此，才城成长融合包括城市成长环境建设和人才成长活力两项二级指标。城市成长环境建设包括人均受教育年限、高学历人才占比、教育投入强度、高等教育学校密度、世界500强企业数量、高新技术企业数；人才成长活力则包括人才年轻化率、企业创设数量、获得风险投资金额、战略性产业地区生产总值占比等要素。才城成长融合的核心是"成长"，它既强调人才于城市环境中成长、进步，进而凸显人才对城市建设的重要意义；又强调城市建设对人才成长的重要性，进而从区域发展的视野将"人"与"城"相连接。城市成长环境建设的重点是在"影响人才成长"的整体场域中概括人才教育现状、企业成长能力、高新技术产业发展等核心要素；人才成长活力建设的重点则是在"城市成长要素"的整体场域中概括高新技术产业或企业中的年轻人才比例、人才参与下的产业投资及地区生产总值占比等核心要素。城市与人才的成长关系是交互融合的，它一方面体现为人才是城市建设的主力军，越发成为城市发展的"基底"之一；另一方面又体现为城市为人才提供了良好的就业环境与吸引力，为人才的生活起居及自我成长提供了保障。因此才城成长融合具有重要而不可替代的意义。

（五）才城制度融合

才城制度融合不仅能够反映城市人才政策的吸引力，还反映了城市对人才服务的效率以及对人才权益的保障和重视。因

此，才城制度融合包括城市制度建设和人才权益保障两项二级
指标。城市制度建设包括人才政策热度、营商环境指数、政务
服务效能，人才权益保障则包括劳动人事争议调解成功率、劳
动人事仲裁结案率等。当前制约人才发展和发挥作用的体制机
制障碍尚未消除，人才公共服务体系还不健全。[①] 因此，才城制
度融合的重要性便凸显出来，它不仅从制度政策的角度强调了
人才吸引对本地城市建设的关键意义，更给人才以积极的社会
服务及保障，例如城市人才热线、城市人才公寓等。除此之外，
人才公共服务体系的进步如人才劳动争议和劳动人事仲裁办事
效率的提升等还在最大程度上增强了城市对人才的吸附力，从
基本政策保障的角度给人才以城市归属感及安心感。才城制度
融合的重点是城市制度建设，需要城市在制定人才吸引政策的
时候，将人才的权益保障、本质诉求放在关键位置。只有在最
大程度上建设人才的公共服务体系，在经济、政务、劳动、教
育等各个维度对人才进行保障，才能推动城市的发展建设，这
也是才城制度融合的重要意义。

四　评价方法

本研究选取熵值法来确定各个指标的权重，从而进行评价，
以克服主观赋权法无法避免的随机性、臆断性问题，消除多指
标变量间信息的重叠和指标权重计算时人为因素造成的不利影
响。模型构建及测算步骤如下。

第一步，建立原始指标数据矩阵。

---

① 尹蔚民：《大力实施人才强国战略——深入学习习近平总书记关于人才工作
的重要论述》，《求是》2015 年第 3 期。

$$X = (x_{ij})_{m \times n}, \ 0 \leqslant i \leqslant m, \ 0 \leqslant j \leqslant n$$

其中, x_{ij} 是表示第 i 年第 j 项指标的指标值。

第二步, 数据标准化处理。

正向指标采用极大值标准化: $X'_{ij} = \dfrac{x_j - x_{\min}}{x_{\max} - x_{\min}}$

逆向指标采用极小值标准化: $X'_{ij} = \dfrac{x_{\max} - x_j}{x_{\max} - x_{\min}}$

其中, x_j 为第 j 项指标值, $x_{\max}$ 为第 j 项指标最大值, $x_{\min}$ 为第 j 项指标最小值。

第三步, 计算第 i 个年份第 j 个指标值的比重: $P_{ij} = \dfrac{X''_{ij}}{\sum X''_{ij}}$。

第四步, 计算熵值 e_j、差异系数 g_j、权重 w_j。

$$e_j = -K \sum P_{ij} \ln P_{ij}, \ g_j = 1 - e_j, \ w_j = \dfrac{g_j}{\sum g_j}$$

其中, $K = \dfrac{1}{\ln m}$ 是一个常数。

第五步, 计算评价结果: $s_{ij} = \sum w_j \times X''_{ij}$。

权重计算结果如表 3-7 所示。

表 3-7 "才城融合"指标体系及权重

一级指标	一级指标权重（%）	二级指标	二级指标权重（%）	三级指标	三级指标权重（%）
才城经济融合	18.37	城市经济发展	9.79	地区生产总值（亿元）	4.58
				地区生产总值年均增速（%）	2.30
				人均地区生产总值（元）	2.91

一级指标	一级指标权重（%）	二级指标	二级指标权重（%）	三级指标	三级指标权重（%）
才城经济融合	18.37	人才经济收入	8.58	人均可支配收入（元）	4.93
				人均工资年均涨幅（%）	3.65
才城创新融合	22.33	城市科创环境建设	14.86	R&D人员密度（%）	2.87
				R&D经费投入强度（%）	1.94
				科研机构数量（个）	2.38
				独角兽企业数量（家）	3.74
				企业技术中心数量（个）	3.93
		人才创新效益	7.47	万人拥有专利申请量（个）	1.69
				万人技术市场成交额（元）	1.86
				新产品销售收入占比（%）	3.92
才城共生融合	22.02	城市宜居环境建设	17.94	空气质量优良天数（天）	2.21
				建成区绿化覆盖率（%）	1.08
				万元地区生产总值能耗（吨）	1.46
				万人拥有医生数量（个）	2.70
				万人拥有中小学数量（个）	2.90
				万人拥有公共图书馆数量（个）	1.78
				万人安居保障房数量（套）	3.81
				城市平均通勤耗时（分钟）	2.00
		人才情感依恋	4.08	城市包容度（%）	2.03
				社会保险密度（元/人）	2.05
才城成长融合	23.99	城市成长环境建设	13.44	人均受教育年限（年）	2.07
				高学历人才占比（%）	1.86
				教育投入强度（%）	1.49

一级指标	一级指标权重（%）	二级指标	二级指标权重（%）	三级指标	三级指标权重（%）
才城成长融合	23.99	城市成长环境建设	13.44	高等教育学校密度（%）	3.06
				世界500强企业数量（家）	3.32
				高新技术企业数（家）	1.64
		人才成长活力	10.55	人才年轻化率（%）	1.88
				企业创设数量（家）	3.03
				获得风险投资金额（亿元）	3.71
				战略性产业地区生产总值占比(%)	1.93
才城制度融合	13.28	城市制度建设	9.76	人才政策热度	3.88
				营商环境指数	3.74
				政务服务效能	2.14
		人才权益保障	3.52	劳动人事争议调解成功率（%）	1.38
				劳动人事仲裁结案率（%）	2.14

五　评价对象

考虑到一线城市的人才管理服务更为全面，人才工作的目标方向也具有一定的代表性，因此选择了北京、上海、广州、深圳四个一线城市。北京作为中国首都，是中国的政治中心，其人才的政策制定、吸附力呈现均对中国其他城市的人才工作建设具有重要的启示意义。上海作为中国经济发展的领头羊，其在人才薪酬制定、海外人才吸引方面的工作建设为本评价提供了重要的参考信息。广州和深圳作为中国一线城市，在近年的"粤港澳大湾区"人才建设中占据了重要的地位。在新时代新征程中，必须深化对建成国际一流湾区重大意义的认识，准确把握粤港澳大湾区重要地位和独特优势，高水平谋划推进粤港澳大湾区建设。① 大湾区的建设无疑推动了广州、深圳等一线城市的人才吸引政策的制定，对一线城市的人才管理服务提供了丰富的参考数据。事实上，大湾区建设是国家借助港澳国际窗口构建开放型经济新体制的重要探索，是建设"一带一路"倡议枢纽、构建"走出去""引进来"双向平台的重要区域支点，同时也是激发港澳经济长远发展动力，成功实践"一国两制"、实现港澳长远繁荣稳定和凝聚港澳向心力的重要措施。② 它既是区域城市内在发展的需要，也是国家区域发展策略的重要支撑点。因此，广州和深圳等城市具备城市人才建设的典型性与代表性。北京、上海、广州、深圳作为中国极具典型意义的四个一线城市，其人才工作目标方向等维度的代表性使其成为本研究的重要参考对象。

为了体现国内不同区域的才城融合建设的差异，本研究还从近几年人才流入热度较高、城市发展比较迅猛的新一线城市中，分别选取东部区域的杭州、南京，西部区域的西安、成都、重庆，中部区域的武汉。一共选取了 10 个城市作为研究对象。其中杭州市作为浙江省最具典型性的城市，在外来人才吸引、本地人才保障和服务等方面均取得不俗的成绩，如发放城市人才交通卡、给予城市人才住房补贴等，这些制度、措施使其具有一定的参考意义。南京市作为江苏省极具代表性的城市，拥

---

① 李慧敏：《高质量高标准加快建成国际一流湾区》，《红旗文稿》2023年第 8 期。

② 蔡赤萌：《粤港澳大湾区城市群建设的战略意义和现实挑战》，《广东社会科学》2017 年第 4 期。

有较为丰富的高校资源，毕业大学生留居南京的相关数据较为亮眼，因此南京亦具备一定的参考意义。西安市作为陕西省的代表城市，具备深厚的文化及历史底蕴，作为中部新一线城市之一，它如何应对东部沿海地区的人才吸引力，又如何提升自身的人才吸附力，这些议题均为本研究提供了较为丰富的研究数据。与西安相近的是成都、重庆、武汉三地，三个城市作为中西部城市发展的翘楚，如何面对东部沿海地区在人才薪酬方面的竞争是其亟须面对的议题。相较于成都和武汉，重庆的高校资源相对稀缺，截至 2024 年初，重庆市的双一流建设高校仅有两所，这与成都市具有八所双一流建设高校、武汉市具有七所双一流建设高校相比明显不占据优势。在高校资源相对稀缺的环境之下，如何在最大程度上吸引外来人才、如何推动高校优秀人才留居等议题均为本议题提供了相应的参考。因此本研究在选取北京、上海、广州、深圳之外又选取了杭州、南京、西安、成都、重庆、武汉 6 个新一线城市，尽可能地较为广泛地吸纳全国各地城市建设的数据，以更好地为本研究作参考。

第三节 中国主要城市才城融合综合评价分析

一 综合评分结果分析

由图 3-4 可以看出，北京领衔人才发展，东部城市优于中西部城市。东部沿海地区的人才发展占据了地理、经济方面的优势，其在地区生产总值、地区生产总值年均增速和人均地区生产总值、人均可支配收入和人均工资年均涨幅等维度占据了较大的优势，基本薪酬的吸引力使其吸纳了大批年轻人才。而经济影响下的城市基础设施建设亦相应具备一定优势，例如万元地区生产总值能耗、万人拥有医生数量、万人拥有中小学数量、万人拥有公共图书馆数量、万人安居保障房数量、城市平均通勤耗时等，在这些方面东部城市均相对西部城市更具备竞争力。整体而言，东部城市的人才建设水平要高于西部城市，而东部城市以北京市为代表，领衔人才建设与发展工作。

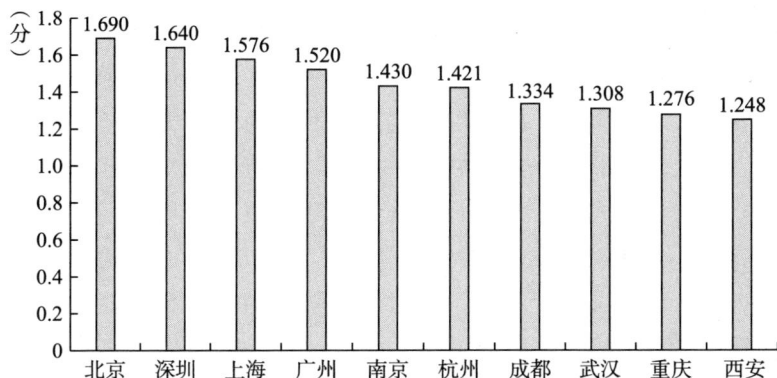

图 3-4　2021 年全国主要城市才城融合指数综合评价结果

综合来看，北京以综合得分 1.690 分，领跑全国，深圳、上海分别以 1.640 和 1.576 分位列第二、第三名，综合得分均超过 1.550 分。广州、南京、杭州三大城市综合得分位于第二梯队，分值分别为 1.520、1.430、1.421，三地的平均得分为 1.457，相对于第一梯队有一定差距。成都、武汉、重庆、西安的综合得分均不超过 1.400，其中成都为 1.334 分、武汉为 1.308 分、重庆为 1.276 分、西安为 1.248 分，平均得分约为 1.292 分。从区域分布来看，北京、深圳、上海、广州四个一线城市才城融合发展位居全国前列，且第一、第二梯队城市中除北京外均为东部沿海城市，中西部城市均处于第三梯队。这无疑体现了东部沿海地区相对西部地区的人才竞争优势，无论是城市科创环境建设、人才创新效益、城市宜居环境建设，还是城市成长环境建设和人才权益保障等方面，东部沿海地区都相对占据了优势。东西部地区的人才建设差距应随着时间的推移逐渐缩小，西部城市应该积极学习和借鉴东部沿海城市的人才吸引政策及社会保障制度，东部沿海城市亦应当对西部地区的城市进行相应的帮助。事实上，东部沿海城市与西部城市之间从来都不是割裂的关系，而是紧密的一体，它们均属于中国的重要城市建设体系，应该以"连接""沟通"的方式联系在一起。以城市群形式重构区域发展蓝图，是近年来国家区域发展战略的重要形式，是消除行政区划障碍、突破区域进一步融合发展瓶颈的有效方式。① 因此，应当以"城市群"的视野对中国城市的人才建设进行统筹，区域与区域间的相互推动及促进恰也推动了中国的人才建设工作，应以"统一的整体"之思维对城市人才进行建设，切勿产生"本地城市"优先于"他地城市"的优越感。只有如此，才能从真正意义上推动中国的人才建设工作，以城市群架构整体人才环境，相互推动、相互进步，改变各城市仅是一个个孤立、散落的城市节点的状况。例如在高校建设中，常见东部沿海高校对西部高校予以战略支持，这些先例均为跨区域的城市人才建设工作提供借鉴。而实际上，高校建设本身便是区域城市增加人才储备的重要方式。切实将

---

① 蔡赤萌：《粤港澳大湾区城市群建设的战略意义和现实挑战》，《广东社会科学》2017 年第 4 期。

习近平总书记重要回信精神①转化为一流大学建设的生动实践，为以教育强国建设支撑引领中国式现代化储备高素质的国家战略人才力量。上文提及重庆市的高校资源相对匮乏，整个直辖市内只有两所双一流建设高校，因此重庆市的人才工作建设的重点应当是如何将这些优秀的高校人才留在本地，使之成为区域城市人才库的重要储备力量。而针对面对的问题，如本地人才流失问题等，可从科研经费投入强度、科研机构数量、独角兽企业数量、企业技术中心数量等维度着手解决。下文将针对各项数据进行详细的研究和比对。

二　分维度比较分析

为直观展示不同维度各城市的评分数值，本研究将各维度的评分按照该维度的最高分值进行标准化处理并绘制雷达图。从图 3-5、图 3-6、图 3-7 可见，各个城市在五个发展维度上的表现差异非常明显。这尤其体现在才城创新融合、才城经济融合、才城成长融合等维度上，最大差距甚至达到近 0.2。

北京在才城经济融合、才城共生融合、才城成长融合、才城制度融合四个维度上表现优异，都处于最高水平，在才城创新融合维度也拥有较好的表现。在才城创新融合的维度上，其排名第二位，高于上海市但是低于深圳市，不过相对差距并不大。综合排名第二的深圳在五个维度上也拥有较为均衡的表现，但与北京相比仍稍显不足。深圳在才城经济融合、才城成长融合方面稍逊色于北京，但仍处于领先水平，在其余三个维度也拥有较出色的表现，没有明显的发展短板。综合排名第三的上

---

① 刘颖：《领悟回信精神 培育忠诚卫士》，《红旗文稿》2023 年第 19 期。

海在各维度表现与深圳存在一定差异，在才城创新融合、才城共生融合、才城成长融合等方面表现均逊色于深圳，但在才城经济融合维度的表现要优于深圳。

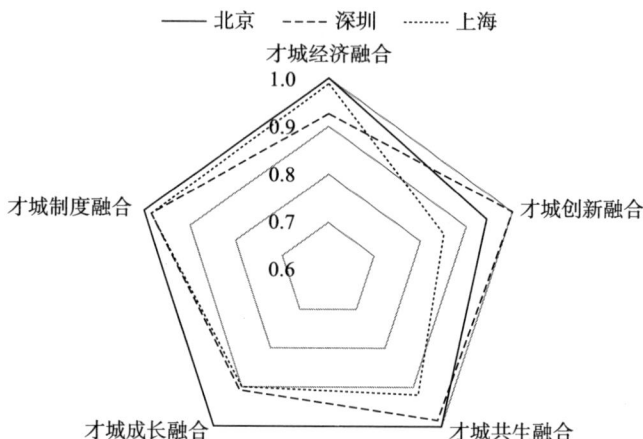

图 3-5 2021 年全国主要城市才城融合指数综合
评价结果（第一梯队）

综合排名位于第二梯队的城市，各维度发展得分稍低于第一梯队。从五个维度的发展表现来看，广州整体发展较为均衡，各维度得分均优于南京、杭州两大城市。南京和杭州在才城经济融合、才城共生融合两个维度具有较为突出的表现，在才城创新融合、才城成长融合、才城制度融合方面虽表现良好，但与广州相比仍存在一定差距（见图 3-6）。

综合评分位列第三梯队的城市，在五个维度上的表现均反映了其不同的发展模式。成都在才城创新融合维度表现较差。武汉、重庆在才城创新融合维度的评分较低。西安在才城经济融合、才城制度融合两个维度的评分较低（见图 3-7）。

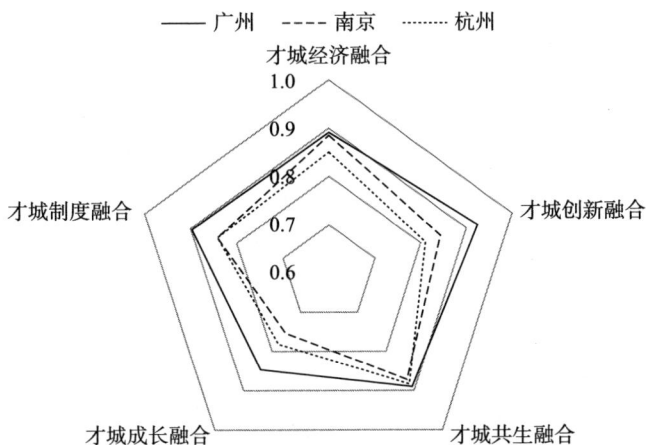

图 3-6 2021 年全国主要城市才城融合指数综合
评价结果（第二梯队）

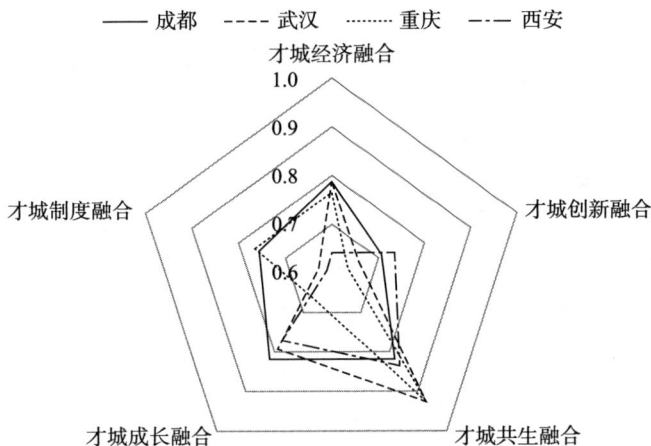

图 3-7 2021 年全国主要城市才城融合指数综合
评价结果（第三梯队）

　　基于上述的分析比较，可以将 10 个城市根据五个发展维度，大致划分为五类不同的发展模式。

　　第一类是综合发展型城市，如北京。北京不仅综合发展评分高，而且在各个维度上表现均衡，在各维度上的评分均高于平均值且处于领先水平，没有明显的发展短板。整体上呈综合性发展态势，在城市人才工作建设中并无太大的短板。它的建设标准及其对人才制度的建设等，均可以对其他城市的人才工作建设提供借鉴，例如才人政策的制定、高新技术产业的数量、人才服务效率、人才权益保障等维度的建设。当然，这些要素亦与城市本地的建设和经济发展水平息息相关。北京作为中国最典型的一线城市，无论是高校资源、高新技术产业，还是人才吸引策略等均处于领先地位，作为各方面相对无短板的全方位综合发展型城市，其发展态势值得我们关注。

　　第二类是创新融合型城市，包括深圳和广州。其五个维度上的得分均较为均衡，而在才城创新融合维度的表现较为突出，评分均高于其他四个维度。相对于北京，深圳的人才建设工作在才城创新融合维度明显更占据优势，因此可以总结出，以深圳为代表的创新融合型城市一般在未来创新发展能力方面占据优势，城市能够给予人才足够的创新效益，人才又能反哺城市建设，在最大程度上实现了创新融合的良性循环。而具体指标，例如城市科创环境建设和人才创新效益体现在 R&D 人员密度、R&D 经费投入强度、万人拥有专利申请量、万人技术市场成交额、新产品销售收入占比等方面，这些因素亦成为创新融合型城市的优势。

　　第三类是经济融合型城市，包括上海和南京。其在五个维度均有不俗的表现，才城经济融合维度评分最高。才城经济融合维度的优势代表着此类城市在经济发展水平上的竞争优势，它不仅反映了城市的经济发展基础、经济发展活力，还体现了个人的富裕程度以及与城市发展的协调程度。经济融合型城市在地区生产总值、地区生产总值年均增速、人均地区生产总值、人均可支配收入、人均工资年均涨幅等维度占据了主要竞争优势。相对于西部城市，经济融合型城市的人均年薪要更高、城市的地区生产总值增速亦要明显高于其他城市，因此它具备巨大的人才吸引力和吸附力，人才流失率相对较少。而这些竞争优势一般是西部城市无法企及的。

　　第四类为共生融合型城市，主要包括杭州、成都、武汉和重庆四个城市。这类城市在才城共生融合维度的评分最高，在才城经济融合维度也有不俗的表现。其中，杭州在其他四个维度表现较好，属于优质共生融合型城市。这反映了杭州、成都、武汉和重庆四个城市中人才对城市的情感依恋程度，首先这些城市具备较好的城市宜居环境，例如空气质量优良天数、建成区绿化覆盖率等方面要相对其他类型城市更占据优势。而在此基础之上的人才情感依恋则体现在城市包容度、社会保险密度上：在城市包容度上，重庆和成都占据了一定优势；在社会保险密度上，四地均有亮眼的体现，人才在这些城市的生活的过程中得到应有的尊重，自身社会地位得到认可，社会权益亦得到保障。

　　第五类为相对滞后型城市，仅包括西安。综合评分相对落后于其他城市，缺乏表现较出色的发展维度，尤其在才城经济融合维度上与其他城市存在一定差距。西安作为相对滞后型城市，主要体现为经济竞争优势不足。由于高新技术产业和高质量企业相对欠缺，本地人才流失较为严重。西安市拥有较为丰富的高校资源，其双一流建设高校有七所，但是高校人才毕业后留在西安本地的意愿并不强，主要原因便是城市经济收入不足，进而影响人才的年薪收入。除此之外，其人才社会保障制度明显存在不足，这就导致了较大程度上的人才储备流失。不过，西安本地拥有极为深厚的历史和文化资源，因此可以借助这一优势对城市的经济和文化建设进行一定调整，进而吸引更多的人才。

三　分项评价结果

（一）才城经济融合

北京和上海是才城经济融合发展优势最为突出的两个城市，无论从城市经济发展实力还是人才经济收入来看，均遥遥领先于其他城市；位列第三的深圳与北京和上海仍存在一定差距。排名第四、第五和第六的分别是广州、杭州和南京，发展稍落后于前三个城市，但与后四个城市相比也有一定优势。才城经济融合评分最后四名为重庆、成都、武汉和西安，无论城市经济发展还是人才经济收入都与其他六个城市存在差距。图 3-8、表 3-8 和表 3-9 分别从城市经济发展和人才经济收入两个层面来反映融合发展的情况。

以图 3-8 为依据进行具体分析。其中，北京的城市经济发展达到 0.173，上海为 0.170，深圳为 0.157，广州为 0.141。南京、杭州、成都、武汉、重庆、西安分别为 0.139、0.137、0.130、0.133、0.131、0.121。西安明显低于其他城市的经济发展，相对比北京的 0.173，西安与其差距甚至达到 0.052，整体的差距较大。而人才经济收入中，北京、上海、深圳分别以 0.330、0.326、0.306 的分值位列前三，广州、南京、杭州、成都、武汉、重庆分别为 0.294、0.292、0.282、0.261、0.256、0.254，西安以 0.212 的分值垫底。无论是城市经济发展，还是人才经济收入，西安都与其他城市存在较大的差距（见表 3-8、表 3-9）。

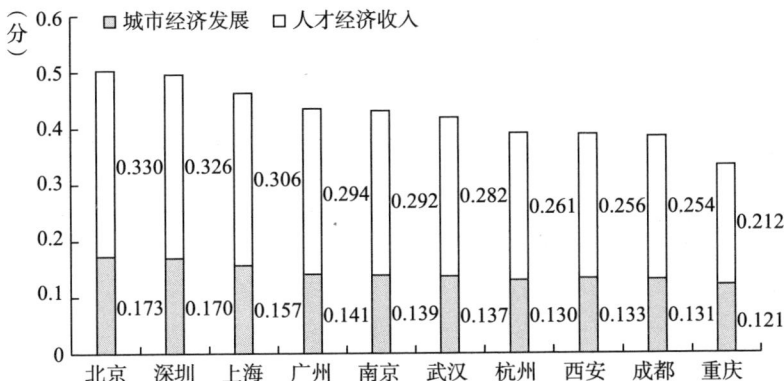

图 3-8　全国主要城市才城经济融合评价结果

资料来源：《全国十城才城融合指数研究报告（2021）》。

表 3-8　2020 年全国主要城市经济发展情况对比

城市	地区生产总值 （亿元）	人均地区生产总值 （元）	地区生产总值 年均增速（%）
深圳	27670.0	159309.0	8.2
北京	36103.0	164889.0	8.3
上海	38701.0	155800.0	7.7
武汉	15616.0	131441.0	9.0
广州	25019.0	135047.0	7.6
杭州	16106.0	136617.0	9.1
西安	10020.0	79181.0	11.2

续表

城市	地区生产总值 （亿元）	人均地区生产总值 （元）	地区生产总值 年均增速（%）
南京	14818.0	159322.0	8.6
成都	17717.0	85679.0	10.4
重庆	25003.0	78173.0	9.1

资料来源：《全国十城才城融合指数研究报告（2021）》。

表3-9　全国主要城市人才经济收入发展情况对比

单位：元，%

城市	人均可支配收入	人均工资年均涨幅
深圳	64877.7	7.8
北京	75602.0	7.4
上海	72232.0	7.7
武汉	50362.0	6.7
广州	68304.0	7.9
杭州	61879.0	7.7
西安	35783.0	5.1
南京	67553.0	7.9
成都	48593.0	7.7
重庆	30824.0	8.9

资料来源：《全国十城才城融合指数研究报告（2021）》。

（二）才城创新融合

总体上，深圳、北京和广州处于第一梯队，三个城市的评分较为接近。随后是上海、南京和杭州，处于第二梯队。最后是西安、成都、武汉和重庆，属于第三梯队。图3-9和图3-10

分别从城市科创环境建设和人才创新效益两个方面来反映其融合发展情况。

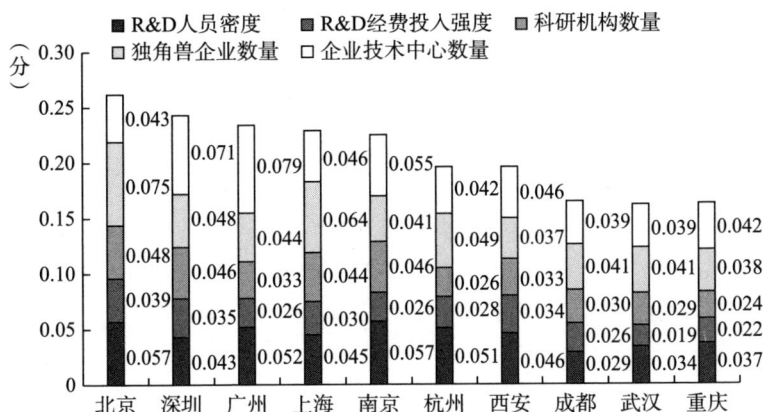

图 3-9　全国主要城市城市科创环境建设评价结果

资料来源：《全国十城才城融合指数研究报告（2021）》。

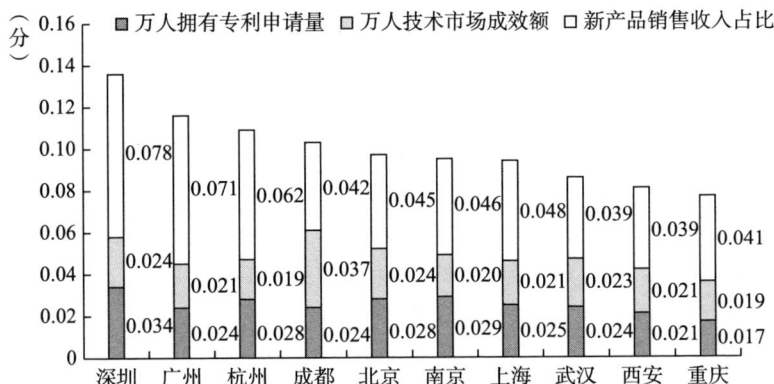

图 3-10　全国主要城市人才创新效益评价结果

资料来源：《全国十城才城融合指数研究报告（2021）》。

依据图 3-11 进行具体分析。其中，深圳的城市科创环境建设分值达到 0.243，北京为 0.261，广州为 0.233。上海、南京、杭州、西安、成都、武汉、重庆分别为 0.229、0.225、0.197、0.196、0.165、0.163、0.163。成都、武汉、重庆明显要低于其他城市的科创环境建设，相比北京的 0.261，最大差距甚至达到 0.098，整体的差距较大。而人才创新效益中，深圳、广州、杭州分别以 0.136、0.117、0.110 的分值位列前三，北京、上海、南京、西安、成都、武汉分别为 0.096、0.094、0.094、0.082、0.104、0.086，重庆以 0.077 的分值垫底。无论是城市科创环境建设，还是人才创新效益，重庆都与北京、深圳等排名前列的城市存在较大的差距。

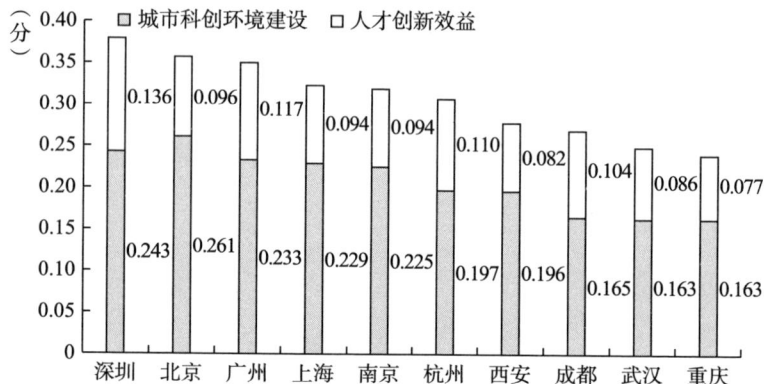

图 3-11　全国主要城市才城创新融合评价结果

资料来源：《全国十城才城融合指数研究报告（2021）》。

（三）才城共生融合

北京、深圳才城共生融合发展水平最高，其次是武汉、重庆、上海和广州，上海和广州作为一线城市，在城市文化资源建设方面较为落后，这是影响其才城共生融合发展水平较低的主要原因。最后为杭州、南京、西安和成都。图3-12和图3-13分别从城市宜居环境建设和人才情感依恋两方面来反映才城共生融合情况。

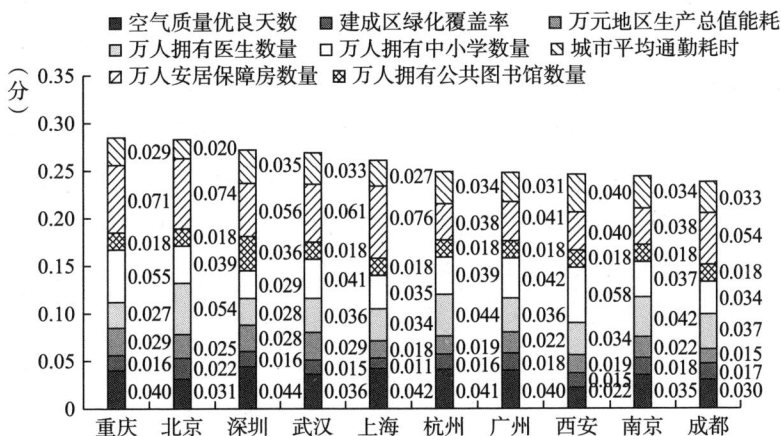

图3-12 全国主要城市宜居环境建设评价结果

资料来源：《全国十城才城融合指数研究报告（2021）》。

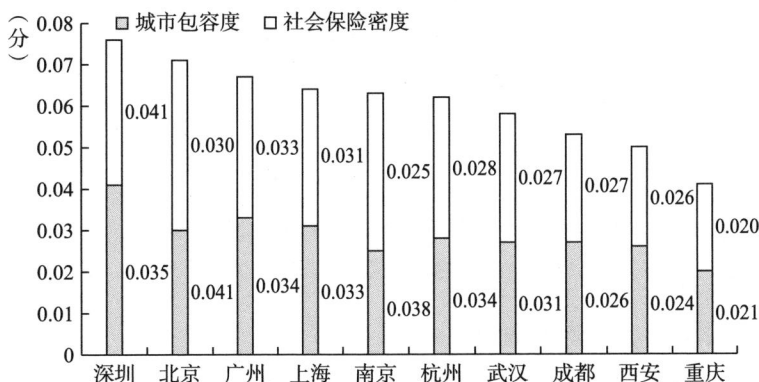

图3-13 全国主要城市人才情感依恋评价结果

资料来源：《全国十城才城融合指数研究报告（2021）》。

依据图 3-14 进行具体分析。其中，北京的城市宜居环境建设达到 0.282，深圳为 0.273，武汉为 0.271。重庆、上海、广州、杭州、南京、西安、成都分别为 0.287、0.261、0.247、0.249、0.246、0.246、0.237。广州、杭州、南京、西安、成都明显要低于其他城市的城市宜居环境建设，相对比北京的0.282，最大差距甚至达到 0.045，整体的差距较大。而人才情感依恋维度，深圳、北京、广州分别以 0.075、0.071、0.067 的分值位列前三，武汉、重庆、上海、杭州、南京、西安、成都分值分别为 0.057、0.041、0.064、0.063、0.064、0.050、0.053。无论是城市宜居环境建设，还是人才情感依恋，西安、成都等地都与北京、深圳存在较大的差距。

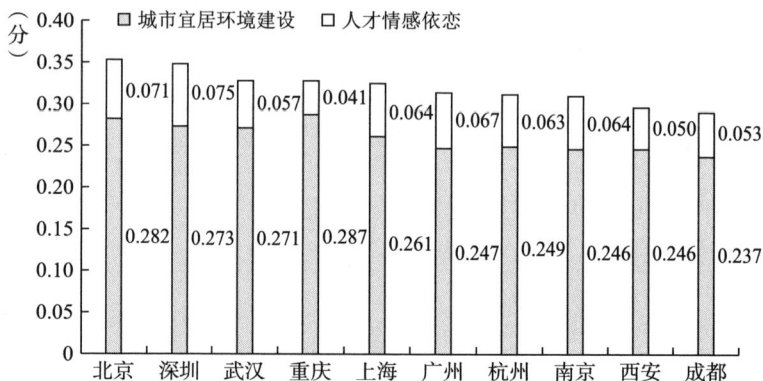

图 3-14　全国主要城市才城共生融合评价结果

资料来源：《全国十城才城融合指数研究报告（2021）》。

（四）才城成长融合

依据图 3-17，从整体发展来看，位于第一梯队的城市包括北京、深圳和上海。其中北京评分遥遥领先其他城市，位列第

二、三名的分别是深圳和上海。第二梯队城市包括广州、南京、武汉、杭州、西安和成都，各城市间的评分差距较小。第三梯队仅有重庆一个城市，无论在城市成长环境建设还是人才发展成效方面均表现不佳。才城成长融合主要从城市成长环境建设和人才成长活力两方面来衡量，如图 3-15 和图 3-16 所示。

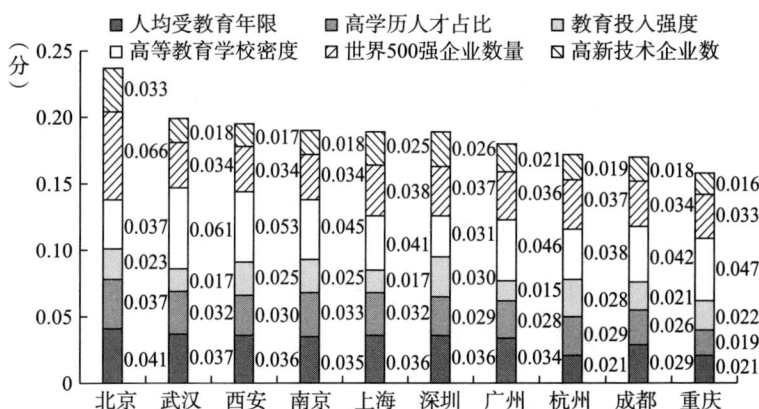

图 3-15　全国主要城市人才成长环境建设评价结果

资料来源：《全国十城才城融合指数研究报告（2021）》。

依据图 3-17 进行具体分析。其中，北京的城市成长环境建设达到 0.238，深圳为 0.189，上海为 0.189。广州、南京、武汉、杭州、西安、成都、重庆分别为 0.180、0.190、0.198、0.172、0.195、0.170、0.158。杭州、成都、重庆等地的城市成长环境建设明显不如其他城市，相对于北京的 0.238 分，最大差距甚至达到 0.08 分，整体的差距较大。而人才成长活力维度，深圳、上海、北京分别以 0.185、0.179、0.173 的分值位列前三，广州、南京、武汉、杭州、西安、成都各城市分值分别为 0.167、0.137、0.127、0.149、0.121、0.135，重庆以 0.115

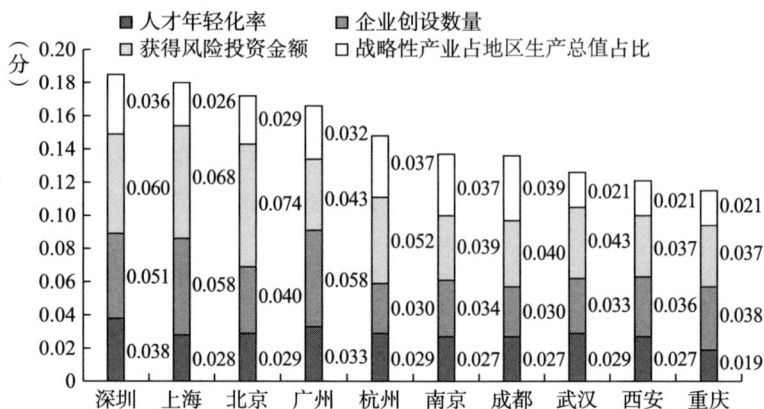

图 3-16 全国主要城市人才成长活力评价结果

资料来源:《全国十城才城融合指数研究报告（2021）》。

的分值垫底。无论是城市成长环境维度，还是人才成长活力维度，重庆与其他城市都存在较大的差距。

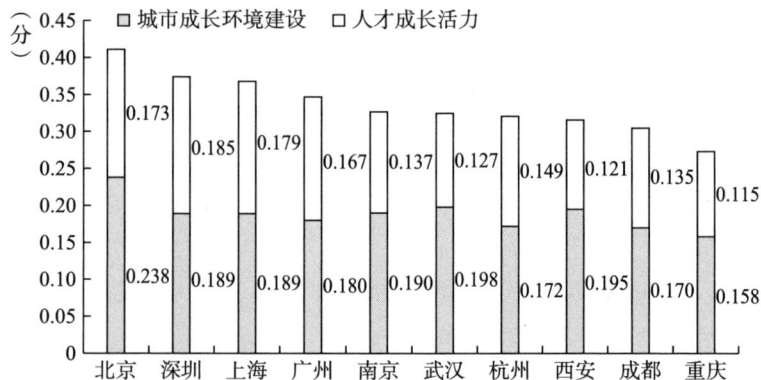

图 3-17 全国主要城市才城成长融合评价结果

资料来源:《全国十城才城融合指数研究报告（2021）》。

（五）　才城制度融合

从总体发展水平来看，北京、上海和深圳在人才发展政策、人才管理机制和人才服务体系方面均是全国人才工作的引领标杆。其次是广州、南京和杭州等沿海城市，各城市均积极塑造人才制度体系和人才治理优势，以保障人才发展活力，但与标杆城市仍存在一定差距，处于积极追赶状态。才城制度融合主要从城市制度建设和人才权益保障两方面来衡量，如图 3-18 和图 3-19 所示。

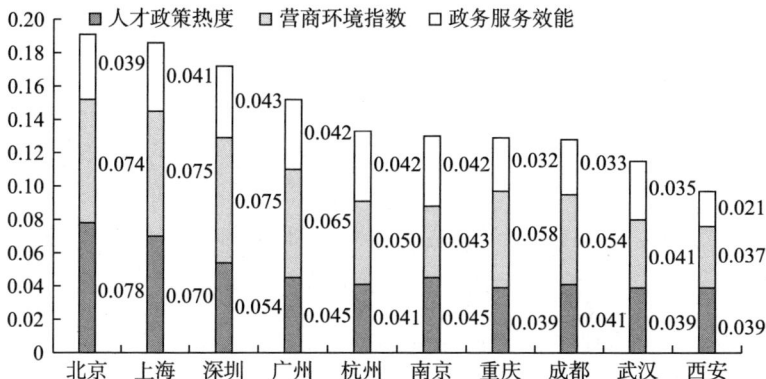

图 3-18　全国主要城市城市制度建设评价结果

资料来源：《全国十城才城融合指数研究报告（2021）》。

依据图 3-20 进行具体分析。其中，北京的城市制度建设达到 0.191，上海为 0.186，深圳为 0.172。广州、南京、杭州、重庆、成都、武汉、西安分别为 0.152、0.130、0.133、0.129、0.128、0.115、0.097。西安、武汉等地在城市制度建设维度得分明显要低于其他城市，相对比北京的 0.191，最大差距甚至达到 0.094，整体的差距较大。而人才权益保障维度，南京、杭州、深圳（广州）分别以 0.071、0.067、0.062（并列）的分

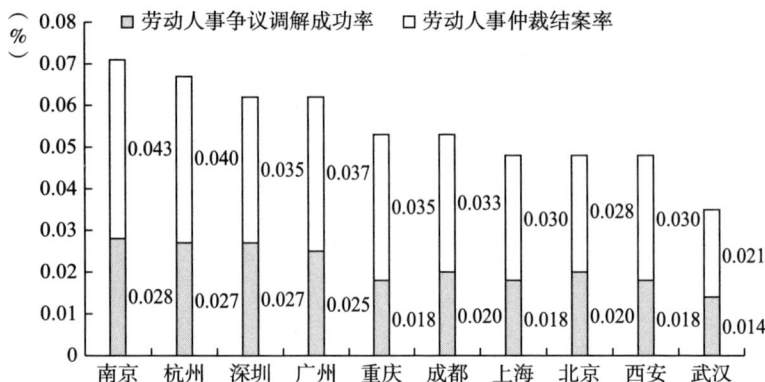

图3-19 全国主要城市人才权益保障评价结果

资料来源：《全国十城才城融合指数研究报告（2021）》。

值位列前三，北京、上海、重庆、成都、西安分别为0.048、0.048、0.053、0.053、0.048，武汉以0.035的分值垫底。无论是城市制度建设维度，还是人才权益保障维度，武汉、西安、成都、重庆等地都与其他城市存在较大的差距。

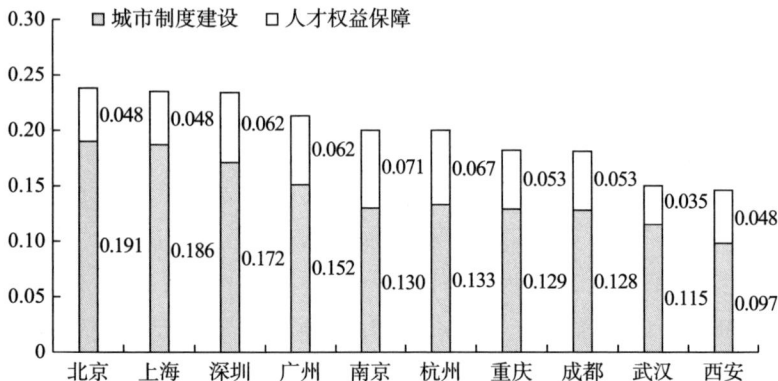

图3-20 全国主要城市才城制度融合评价结果

资料来源：《全国十城才城融合指数研究报告（2021）》。

第四节　中国各城市发展建议

综合以上分析，全国主要城市在才城融合建设方面整体呈现东部较优中西较弱的格局，各城市发展也各具特色。

一　北京

北京作为全国首都，在经济发展、科技创新、公共服务配套建设、制度环境等方面具有无可比拟的优势，但其城市空气质量、城市通勤耗时和较高的落户要求均严重影响人才在城市的获得感和幸福感。未来改善城市空气环境仍然是北京城市建设的重点，同时进一步推进京津冀一体化发展，加快非首都核心功能的纾解和转移，将有助于解决北京因资源过度集聚带来的供需匹配问题，进而提升城市宜居品质。

北京的发展优势有：具备首都优势，经济规模大；是人才、资金、科技等优质资源集聚地；高新技术企业、独角兽企业多，经济实力雄厚。北京的首都优势使其天然地聚集了大批优质企业，企业优势又吸纳了大批海内外的人才和资金，人才贡献又反哺北京本地的发展，这实际是一个良性的循环。不过，需要指出的是，对人才的吸引力并非全部来源于首都的经济优势和企业实力，也与北京本地的人才吸引政策及补贴制度息息相关。习近平总书记反复强调，要树立强烈的人才意识，寻觅人才求贤若渴，发现人才如获至宝，举荐人才不拘一格，使用人才各尽其能。要择天下英才而用之，不唯地域引进人才，不求所有开发人才，不拘一格用好人才。① 北京在人才利用和人才吸引方面贯彻了党中央的指示，这对其他城市的人才政策制定及人才利用具有重大的启示意义。北京也相对存在部分劣势，例如，空气质量有待提升，存在治理压力；职住分离较为普遍，通勤时间偏长；人才高度集聚，竞争比较激烈。这些问题与城市发展及生活环境紧密相连，是亟须解决的议题。北京本身的房价过高，所以职住分离的情况较为普遍，很多人才选择在距离北京较近的天津等地买房居住，而日常通勤会选择高铁等交通工具。除此之外，北京本身的地铁拥堵亦是通勤时间偏长的一个主要原因。北京吸引了大批的人才，但是这也导致人才高度集中，竞争较为激烈的问题。人才的更新迭代、优中选优使北京人才面临较为严峻的竞争挑战，相比于西部城市，北京人才的"躺平"思维较少，而"内卷"心理偏多。北京应充分发挥科技资源丰富、人才资源汇聚的优势，② 取长补短，积极解决城市空气质量差、城市通勤耗时长和落户要求高等问题。北京当下也面临很多的机遇，如成功举办冬奥会等大型国际活动，日益走近世界舞台的中央，国际影响力日渐提升。借助举办重大国际活动不仅可以在一定程度上扩大北京的城市影响力，树立良好的中国形象，还能在活动举办的过程中吸引大批的海内外人才，以更好地推动北京本地的发展。机遇与挑战并存，在北京的非首都功能纾解过程中，传统增长动力减弱，与此同时，全球经济发展加速也对北京发展方式转型施加了重大压力。北京

---

① 习近平：《深入实施新时代人才强国战略 加快建设世界重要人才中心和创新高地》，《求是》2021 年第 24 期。
② 马小洁：《坚持走基础研究人才自主培养之路》，《红旗文稿》2023 年第 6 期。

需要将原本的挑战压力转化为自我变革的动力，在不断的突破和进步中增强城市自我发展的动力，更好地以中国典型城市的面貌出现在国际舞台上。

二 深圳

深圳是一个年轻有活力的城市，可依托其包容、开放、创新的城市气质持续吸引人才。未来深圳应继续发挥其敢闯敢干、开拓创新的精神，通过科技创新、制度创新不断构筑人才发展的环境优势和制度优势，从而保持强大的发展活力。但由于城市成长发展时间较短，深圳在教育、医疗、文化等基础资源建设方面存在"先天性不足"，城市建设亟须补足这方面的短板。

深圳的发展优势有：城市生活环境舒适，城市包容度高；经济发展迅速，科技创新活跃；体制机制建设完善，拥有特区立法优势；城市发展结构为多中心、组团式，通勤耗时短。深圳作为沿海城市，其生态环境较好，海滨城市的空气质量也相对较高，这无疑为深圳的城市发展提供了生态方面的发展条件。除此之外，深圳的城市包容度较高，因此人才的吸附力较强，人才就业和居住意愿较高。经济方面，深圳的经济发展迅速，高新技术产业数量较多，科技创新较为活跃，因此吸引了大批的海内外人才就业。当然，深圳得天独厚的特区立法优势也成为本地城市发展的重要优势之一。多中心、组团式城市发展结构无疑从"城市群"的角度为深圳的城市发展提供了优势条件。粤港澳大湾区城市群发展规划无疑成为深圳城市发展的新方向。2017年3月5日，李克强首次在政府工作报告中提出粤港澳大湾区城市群发展规划，将湾区经济和粤港澳发展问题上升到国家层面。[①] 与以往粤港澳区域合作不同的是，正在研究制定中的粤港澳大湾区城市群规划，突出两项含义：一是强调湾区经济，二是城市群建设。要以更大的格局进行整体设计与谋划。[②] 因此，深圳借助粤港澳大湾区建设的东风，在人才吸引和城市发展中占据了一定优势，其未来发展更是一片向好。当然，深圳也面临一定的难题，比如生活成本较高，教育、医疗等基础服务资源尚待增加。相比于西部城市或其他新一线城市，深圳的基础生活成本较高，这体现在衣食住行的各个方面。除此之外，由于深圳的建立时间较短，教育、医疗等基础服务设施的资源方面也尚待完善。以上的两条劣势在另一个维度上为深圳的城市发展提供了启示，只有勇于革新，才能推动城市的长足发展。需要指出的是，深圳同时拥有一定的机遇，如粤港澳大湾区一体化发展，这可以进一步深化澳港深合作；深圳积极进行综合改革试点，有助于强化制度创新优势；举办进博会等活动也提升了深圳的城市国际影响力。挑战与机遇并存，深圳同时面临空间资源紧缺，成本压力导致人口、产业流失加剧，创新受到美国等西方国家"卡脖子"技术制约，科研生产力发展受阻等挑战。因此深圳需要积极借鉴城市群发展规划，在进行技术突破的同时稳定住本地高新技术产业，同时吸纳更多的海内外人才以更好地推动城市建设。在推进现代化建设过程中提升民生保障水平，聚焦解决大湾区群众急难愁盼问题，织密扎紧社会保障安全网，牢牢兜住民生底线，让人民幸福感更加充实、更有保障、更可持续，凝心聚力共筑大湾区

---

① 彭芳梅：《粤港澳大湾区及周边城市经济空间联系与空间结构——基于改进引力模型与社会网络分析的实证分析》，《经济地理》2017年第12期。
② 蔡赤萌：《粤港澳大湾区城市群建设的战略意义和现实挑战》，《广东社会科学》2017年第4期。

梦、共圆中国梦。①

三 上海

上海作为全国经济、金融、贸易、航运发展中心，是引领长三角城市群发展的核心引擎，应主动融入长三角区域协同发展进程，构建上海大都市圈。上海作为全国较大的国际化大都市，对外开放程度高，在国际投资、国际化人才等方面拥有较强的吸引力。同时应强化生态联合治理和能源基础设施共建等方面的建设，有效降低城市地区生产总值能耗。

上海的发展优势有：经济总量全国领先，金融业、国际贸易实力雄厚；国际化程度高；薪资水平、人均可支配收入全国领先。上海作为中国国际化程度较高的典型城市，其经济发展水平较高，尤其是金融业和国际贸易实力雄厚，这不仅反映了上海的经济发展基础、经济发展活力，还体现了个人的富裕程度以及与城市发展的协调程度。上海经济发展的优势体现在地区生产总值、地区生产总值年均增速、人均地区生产总值、人均可支配收入、人均工资年均涨幅等各个维度。这在某种程度上体现了上海对人才的重视程度，城市只有对人才的经济收入进行重视，才能从基础上改善人才的生活并扩大自身的发展空间。上海不仅考虑到人才的人均工资年均涨幅，还考虑到人才流动机制、工资收入分配制度、按贡献参与的工资分配、人才评选表彰奖励等综合维度，充分体现了充足的人才意识。党的十八大以来，习近平总书记关于做好人才工作、实施人才强国

① 李慧敏：《高质量高标准加快建成国际一流湾区》，《红旗文稿》2023 年第 8 期。

战略的一系列重要论述，[①] 体现了党中央对各级各类人才的关心和重视，突出人才工作在全局中的重要战略地位，极大地丰富了中国特色社会主义人才理论内涵。深入学习领会习近平总书记关于人才工作的重要论述，努力推进中国由人口大国向人才强国转变，是当前和今后一个时期的重要任务。[②] 上海的人才工作意识凸显了其对人才的重视。当然，上海也存在一定的劣势，例如人口年龄结构有待优化，外来人口排外较为明显，国际资源配置能力不强，与国际一线城市仍存在明显差距等。外来人口的排外感在一定程度上不利于增加城市对人才的吸引力，这需要上海本地积极践行"全国一家亲"的思维观念，树立平等接受外来人才的意识，只有这样，才能逐渐增强城市与人才之间的吸附力，以更好地推动上海本地的城市发展。上海的机遇与挑战并存。机遇方面，长三角城市群一体化程度高。挑战方面，人口老龄化增加社会治理压力，长三角城市群一体化发展加速人才外溢。在机遇与挑战并存的境遇下，上海需要充分发挥自身优势，在高新技术产业、经济总量、人才薪资水平等方面继续进步，与此同时，还应认识到自身与国际一线城市的明显差距，从人口老龄化、人才外溢、资源配置等维度进行改善，在巩固自身城市发展的基础上取得进步。

四　广州

广州作为传统一线城市，近几年城市发展活力不足，与北

---

① 李兆杰：《做好新时代人才工作的根本遵循和行动指南》，《中国纪检监察报》2024 年 6 月 13 日。

② 尹蔚民：《大力实施人才强国战略——深入学习习近平总书记关于人才工作的重要论述》，《求是》2015 年第 3 期。

京、上海、深圳之间的发展差距逐步扩大，南京、杭州等新一线城市又表现出强大的追赶之势。在"前有标兵、后有追兵"的形势下，广州要敢于打破传统观念、摆脱固化思维，在科技创新、制度建设、城市治理等方面积极探索、改革，构筑起新的发展优势，推动广州打开发展新格局。

广州的发展优势有：城市经济较发达；属于地区交通枢纽，对外交通便利；历史文化底蕴深厚；科技研发、基础教育资源丰富，发展基础扎实。广州的城市发展优势属于传统一线城市的典型优势，如若要取得较大的进步则需要积极借助城市发展的机遇，借助粤港澳大湾区加速资源要素流动的东风，努力以"城市群"的面貌进行自我革新，扩大自身的城市影响力并积极与相邻城市融合互动。站在粤港澳大湾区建设的角度去思考广州的城市发展，需要树立相关意识。第一，加强粤港澳城市间的经济空间联系。未来应当加强粤港澳大湾区及周边城市空间基础设施的建设，通过增加高铁布线密度来快速缩短城市间的经济空间距离，加强城市间的联系。第二，加强粤港澳大湾区及周边城市空间结构内部的梯度层级建设。未来应当根据划分的四个空间组织形成相应的经济区域，并在每个组织或者经济区内部培植一个或多个中心城市作为梯度增长极，推动组织内的空间结构优化，增加整个城市群的空间联系密度，促进城市群空间结构由圈层结构向复杂的网络结构特征转变。[1] 与此同时，南沙自贸区建设的形成亦有利于激发广州的经济发展活力。粤港澳大湾区建设和南沙自贸区建设，都给广州的城市发展提

---

[1]　彭芳梅：《粤港澳大湾区及周边城市经济空间联系与空间结构——基于改进引力模型与社会网络分析的实证分析》，《经济地理》2017 年第 12 期。

供了契机，这就要求广州一方面加强城市间的联系，以更完善的"城市群"建设推动自身的长足发展；另一方面，要实现城市内部的梯度层级建设，认识到城市梯度层级建设不仅要依靠周边城市的带动，更需要自身城市空间建设的推动。不过，虽然广州拥有较多的机遇，但是其劣势和挑战亦同样存在，这需要辩证看待。劣势方面：产业转型动力不足，科技创新活力降低，缺乏引领带动性强的头部企业，城乡发展不平衡问题凸显，商贸等服务业优势减弱等。挑战方面：来自周边城市如深圳、东莞在产业、人才方面的竞争加剧，省会资源优势未明显得到发挥。这就需要广州针对高新技术产业积极进行革新，逐步提升科技创新活力，争取在高新技术产业的建设过程中找寻到属于本土的头部企业以带动其他产业的长足发展。与此同时，还需要解决城乡发展不平衡的问题，从整体上改善广州的城市建设，缩小城乡差距。人才竞争方面，广州需要完善人才保障制度，同时提升自身的城市竞争力，树立人才意识，积极借鉴深圳、东莞等地的人才政策，增强城市自身对人才的吸引力。只有面对挑战，才能从根本上推动广州的城市建设和发展，也才能逐步发挥广州作为广东省会的地域优势。

五　南京、杭州

南京和杭州作为长三角城市群内两个实力强劲的新一线城市，近几年的发展呈现你追我赶的状态。在经济规模方面，两者不相上下，但从人均地区生产总值来看，南京更具优势。同时南京作为科教强市，在科技环境建设方面强于杭州；而杭州创新环境更优，在创新效益方面反超南京。从地理区位来看，杭州位于浙江中心偏北，对省内绍兴、嘉兴、金华等辐射带动作用较强，城市首位度高，且与长三角核心城市联系紧密，有利于形成协同发展的城市群。而南京则位于江苏省西北边缘，三面毗邻安徽，对发展相对发达的苏南地区带动力不强，城市首位度不高，且与上海之间隔着苏州、无锡、常州等城市，与上海经济的联系互动不紧密。未来，南京应进一步强化科技研发的基础优势，杭州应继续发挥"互联网＋"的数字经济新优势，构筑差异化的人才队伍和竞争优势。

南京的优势和机遇相辅相成，其优势主要为城市历史文化底蕴深厚，制造业基础扎实，科教基础实力雄厚。其机遇则为长三角城市群一体化发展，能够有效接受上海辐射外溢。相比于南京，杭州的数字经济和民营经济则更突出，互联网经济影响下的技术产业优势较强。整合来看，杭州的城市发展优势为数字经济发达，对新时代人才吸引力较大；民营经济活跃，创新创业氛围活跃；城市化发展水平高。而其机遇则与南京相似，亦借助于长三角城市群一体化发展，能够有效接受上海辐射外溢。除此之外，作为亚运会发展的重要窗口，杭州亦有着较大的发展潜力。劣势方面，南京的劣势主要聚焦于缺乏引领带动性强的头部企业；重工业占比大，产业转型升级任务艰巨；创新能力与当前高质量发展要求不匹配。诸多劣势条件之下，南京亦面临些许挑战：城市首位度和经济影响力有待提升，受上海经济辐射带动不足，长三角城市群一体化加剧人才、科技、资金等资源竞争。杭州的处境与南京相似，但是略有区别，其劣势主要聚焦于"一业独大"特征突出，产业结构相对单一；高等院校、科研院所等基础科研设施建设不足。目前杭州仅有浙江大学和中国美术学院两所"双一流"高校，相对其他新一线城市，高等院校数量和资源明显不足。与此同时，杭州也面临诸多挑战：人才快速集聚增加公共基础服务供给压力；长三角城市群一体化加剧了人才、科技、资金等资源竞争（此项与南京重合）。针对人才快速集聚增加公共基础服务供给压力，需要城市建立更为健全的人才公共服务体系。建立健全人才公共服务体系，强化人才公共服务是转变政府职能的基本要求，也是人才工作的本质属性。要推动政府人才管理职能向创造良好环境、提供优质服务、营造创新生态体系转变。建立健全人力资源市场服务体系，建设专业化人才服务机构，开发公共服务产品。① 只有逐步完善公共服务体系，推动公共服务供给平衡，才能充分利用人才资源，推动城市的长足发展。此外，杭州与南京需要同样重视挑战与机遇，把握住上海辐射的经济效益，借助"城市群"的影响构建本地的城市竞争优势。南京应进一步强化科技研发的基础优势，借助较为充足的高校资源吸引更多的人才驻留；杭州则应继续发挥"互联网＋"的数字经济新优势，尽量将电子营销购物等产业进行升级，对人才梯队进行革新，构筑差异化的人才队伍和竞争优势。作为新一线城市中的代表，杭州与南京的城市发展及人才策略无疑给其他新一线城市，例如青岛、苏州、天津等地以相应的启发。

六　武汉

武汉是中国中部唯一一个副省级城市，也是全国重要的交通枢纽，其区位优势不言而喻。依托新一代信息技术、汽车制造、大健康和生物技术等九大支柱产业的发展带动，武汉成为

---

① 尹蔚民：《大力实施人才强国战略——深入学习近平总书记关于人才工作的重要论述》，《求是》2015 年第 3 期。

中部地区经济发展的龙头城市。同时，凭借其高水平的科教实力，在科技创新方面也有不俗表现。就业机会多、经济收入高使武汉成为人才主要流入地，而随着人才规模的扩大，武汉在科技创新转化、人才成长活力、人才制度建设方面无法快速满足人才发展的需求，未来亟须通过环境塑造、制度创新等措施持续激发人才发展活力，增强人才吸引力。

　　武汉的城市发展优势为区位条件优越，作为综合交通枢纽城市，水陆交通便利；高等教育资源丰富，本科以上高学历人才储备量大；产业转型成效明显，人才吸引力持续增强；国企、央企等大型企业集聚。武汉的城市区位条件得天独厚，这使其在交通运输方面占据了优势，在产业转型升级过程中这一点也发挥了巨大作用，武汉也因此吸引了大批的人才驻留。相比上文提及的杭州（其本地仅有两所"双一流"建设高校），武汉拥有着相对丰富的高等教育资源（武汉本地拥有七所"双一流"建设高校），因此其本科以上的高学历人才储备量较大，这在无形中为武汉的城市发展提供了推动力。当然，武汉也存在一定的劣势，例如，经济综合实力和竞争力与发达城市仍然存在较大的差距，优势产业带动能力不强，科技成果转化效率偏低，民营经济发展活力不强等。相比北京、上海、深圳、广州，以及杭州、南京等地，武汉的经济实力并不占据优势。除此之外，武汉的产业转型虽然成效明显，但是其优势产业的带动力明显不足，缺乏龙头型产业。加之民营经济发展活力不强，科技成果转化效率偏低，因此发展存在一定的滞后性。与此同时，南京、杭州等城市的资源竞争较激烈，并且对人才吸引力更强，这无形中限制了武汉的发展。武汉的资金、人才等要素聚集能力有待提升，这亦在无形中导致了人才的流失。习近平总书记深刻指出，'致天下之治者在人才。'人才是衡量一个国家综合国力的重要指标。没有一支宏大的高素质人才队伍，全面建成小康社会的奋斗目标和中华民族伟大复兴的中国梦就难以顺利实现"。[①] 这一论述强调人才是党执政兴国的关键资源，指出人才竞争是综合国力竞争的核心。[②] 人才在城市、国家的建设中占据了重要的位置，因此武汉更应当充分利用相对丰富的高校人才资源，通过树立较强的人才意识、提升自身经济实力与人才吸附力、加快科技成果转化效率、推动优势产业的带动能力等方法留住人才、吸引人才。武汉应当积极把握当下较多的发展机遇：长江经济带发展、中部崛起等多个国家战略和"一带一路"倡议聚焦武汉；创新改革试验区、科技金融改革创新试验区的政策集中利好；"国家中心城市"建设利好，加快城市发展步伐。这都为武汉的城市发展、产业升级、人才吸引等提供了良好的契机和推动力，武汉更应当发挥"国家中心城市"的作用，加强自身的竞争优势以更好地促进自身的综合发展。

七　成都、重庆

成都和重庆作为成渝地区双城经济圈的核心城市，在经济、人才等多个方面均呈现明显的发展差异。从经济规模来看，重庆经济实力远超成都，但人均水平却不及成都，甚至低于全国平均水平。在科技创新方面，无论科创环境还是人才创新效益，重庆均落后于成都。重庆除了在宜居环境建设方面有突出表现

---

① 《习近平关于科技创新论述摘编》，中央文献出版社，2016，第112页。
② 孙学玉：《让人才事业兴旺起来——学习贯彻习近平总书记关于人才工作的重要论述》，《求是》2014年第11期。

外，在才城成长建设、才城制度建设等方面和成都多处于相近水平。整体而言，成都和重庆在才城融合发展方面水平较低，整体提升空间较大，尤其重庆还面临人才流失和人口老龄化问题，亟须在强化自身优势的同时，推进成渝地区双城经济圈加速发展，寻找发展突破口，提升双城发展能级。

比对成都与重庆的优势，可以发现成都的优势在于：城市名片特色鲜明；城市生活节奏舒适，宜居水平高；消费水平相对适中。而重庆的优势则聚焦：城市行政级别高，拥有优先享受国家战略资源的优势；地区生产总值较高，工业基础扎实，尤其汽车制造业发达；城市房价、消费水平适中，城市包容度高。相对比而言，成都的整体优势更偏向于宜居，而重庆的整体优势更偏向于战略性资源，同时两者均为旅游热度较高的城市，在文旅方面表现出色。比对劣势，可以发现成都的劣势主要为：居民经济收入水平不高，就业发展对人才吸引力不强；城市发展动力、活力不足；科技创新支撑能力不足。重庆的劣势为：人口老龄化程度持续加深，城乡发展不平衡问题突出，城市地形特征导致城市交通不便。相对比其他新一线城市，成都的经济水平和城市活力相对不足，高精尖技术产业方面亦不占优势；重庆则突出表现为人口的老龄化及城乡发展不平衡问题，此外，重庆的地理位置给居民交通出行造成一定程度的不便。机遇与挑战并存，成都面临的机遇有：长江经济带发展、西部陆海新通道建设、国家中心城市建设等多个国家开放战略和"一带一路"倡议机遇重叠；成渝经济圈发展建设，有利于推动成渝相向发展，拉动消费增长。重庆的机遇与成都有所重叠，表现为：成渝经济圈发展建设，有利于推动成渝相向发展，拉动消费增长；作为中心城市，人力资源较丰富。可见，成渝本身作为战略同盟,在经济发展、旅游产业等方面均呈相互促进、彼此交融的关系。因为地理关系紧密,所以两地所面临的挑战亦有所重叠,成都城市发展面临的主要挑战为:成渝经济圈对"成渝"发展依赖大,与周边城市未形成有效的人才、资源的相互支撑。重庆面临的挑战则为:城市郊区经济发展不平衡,人口流失问题突出,无法为经济高质量发展提供人才支撑;成渝经济圈对"成渝"发展依赖大,与周边城市未形成有效的人才、资源的相互支撑。相对比而言,重庆面临的挑战要更为严峻,除了需要解决资源的支撑问题,还需要在解决人才流失问题、促进经济发展等方面投入更多的精力。成都与重庆都需要多重动力的支撑,而不能局限于某一维度的发展。在新时代新征程中推进中国式现代化需要多重动力的支撑,中国式现代化动力的生成是多种动力因素综合作用的结果,这些动力因素涵盖了理论引领力、组织领导力、制度保障力、价值导向力、文化内驱力、目标指引力、科技创新力、改革驱动力、人才支撑力、开放合作力、国际和平力、社会和谐力等,可分为内源型、外源型。[①] 成都与重庆两地需要针对多种动力因素进行综合发展,在国家的引领下提升内源型与外源型双重动力,打造出更好的成渝经济圈以推动两地的城市建设。

八 西安

西安虽然是西北内陆第一大城市,但与东部沿海城市相比,西安经济总量较小、综合竞争力不强、创新潜能释放不足、市

---

① 邹升平等:《中国式现代化的动力来源、生成模式与优化路径》,《求实》2023 年第 4 期。

场活跃度不高，这些是制约其发展的突出短板。作为国家级科研教育和高新技术产业基地，西安要充分发挥深厚的科研积累和扎实的工业基础优势，依托"丝绸之路经济带"的重要门户和支点城市的区位条件，深度融入共建"一带一路"大格局，打造内陆改革开放高地，塑造人才发展新优势。

西安的发展优势有：作为历史文化名城，文化底蕴深厚；高等院校和科研院所资源丰富；作为国防科技工业重要基地，军工资源丰富。劣势有：经济总量小，辐射带动能力不强；科教资源优势无法有效转化为经济发展优势；对外开放水平与城市发展定位不匹配；科技创新转化效率低。所面临的机遇为：是"一带一路"倡议实施重地；作为新晋国家中心城市，城市地位提升；在"西数东算"战略下，加强了数据中心布局。所面临的挑战为：城市生态环境治理压力大；人才吸引力不足，难以满足高质量发展需求。整体而言，西安占据了地理位置的优势，也被地理位置所局限。作为历史文化名城，西安的教育资源极为丰富，拥有大批双一流建设高校，同时在国防科技工业方面也占据了重要的地位。但是由于西北地区的地理环境，西安的经济发展相对落后，对人才的吸引力不足，人才流失量较大。面对诸多挑战，西安只有积极借助国家战略的支撑，借助"一带一路"等倡议扩大经济优势，才能在最大程度上留住人才、利用人才。同时，西安需要将丰富的教育资源转化为良好的科技产业输出，补齐自身经济发展方面的短板，运用良好的人才评价机制吸纳人才。良好的科技评价和奖励制度是形成正确评价导向、激发科研人员创造活力的关键措施。要加快改革和完善人才发展机制，深化评价和奖励改革，统筹加强各方面人才队伍建设。① 城市发展需要大量的人才储备，因此只有积极进行科研评价制度的革新、激发人才的创造活力，才能在最大程度上推动本地城市的发展。西安需要积极借鉴其他城市的发展策略，对北京、上海、深圳等城市的人才培养机制及人才吸纳政策进行学习，同时对原本的人才发展机制进行创新，这样才能激活自身城市发展的新动力。从全球范围看，日趋激烈的国际竞争对加快建设人才强国提出新挑战。随着经济全球化深入发展，世界范围内创新要素加速流动，知识创造和技术创新进程不断加快，新的科技革命和产业变革呈现加速态势，正在深刻影响和改变世界经济格局。为在新一轮全球产业结构调整中抢占制高点，赢得未来发展先机，许多国家都把大力引进、培养高端人才和增强核心领域创新能力提升到国家发展战略的核心层面。② 西安作为中国西北地区的第一大城市，在中国人才战略和城市结构中占据着重要的地位。西安应积极发挥自身的地域影响力，将高端人才与核心创造能力转化为自身发展的动力，充分抓住"一带一路"倡议的机遇，在大数据中心布局的影响下提高城市地位，提升知识创造和技术创新的能力，将原本丰富的科教资源转化为经济发展的动力，以更好的姿态应对城市发展的挑战。

---

① 王志刚：《健全技术创新市场导向机制》，《求是》2013 年第 23 期。

② 尹蔚民：《大力实施人才强国战略——深入学习习近平总书记关于人才工作的重要论述》，《求是》2015 年第 3 期。

第四章

聚天下英才而用之的人才文化生态建设

　　文化软实力是衡量一个地区政治、经济、文化等方面综合实力的重要指标。粤港澳大湾区建设的重要目标是会聚全球人才，推动区域经济协同发展，建设宜居、宜业、宜游的国际一流湾区。建成"聚天下英才而用之"的人才文化生态，对于推动该区域经济发展、提升城市竞争力以及促进国际合作等方面具有重要意义。对内，它关系着人才对粤港澳大湾区的整体认同感。粤港澳大湾区的发展离不开高素质的人才支撑，而优质人才文化的建设则是吸引和留住人才的关键因素之一，只有营造良好的人才生态环境，创造更多发展机会，让人才感受到尊重、认可和关爱，才能真正实现人才的集聚。对外，它关系着其他国家和地区的行为主体对本区域的接受与认同，影响粤港澳大湾区在全国和世界政治经济链条中的地位和发展空间。当优质的人才文化真正由内而外地流溢，成为粤港澳大湾区生命力的自然挥洒，成为粤港澳大湾区经济社会发展到一定阶段时所拥有的自然辐射力时，湾区魅力便能为区域发展赢得时间、空间和持续的动力，为区域品牌、区域制造、区域科技成果赢得市场，有利于区域经济"走出去"和"请进来"，为区域经济的发展营造良好的发展环境，为天下英才在粤港澳大湾区实现理想抱负提供广阔的空间。

只有在良好的人才生态环境下，粤港澳大湾区才能够实现高质量发展和可持续发展。本章集中探讨如何通过有机整合多元文化、优化人才软环境，在粤港澳大湾区打造有吸引力和凝聚力的人才文化生态。本章第一部分透过粤港澳大湾区通过主流媒介和官方渠道打造的湾区形象，总结出粤港澳大湾区目前建设人才文化品牌的基本思路，并梳理了粤港澳大湾区人才文化软实力建设的现状与存在的问题，指出目前粤港澳大湾区人才文化建设的"痛点"。第二部分聚焦于粤港澳大湾区人文价值链，深入挖掘粤港澳大湾区文化中最核心、最基础、最有代表性、最能凝聚人才的共识，最值得宣介的湾区人文精神内核，并为下一步区域品牌和人才文化软实力建设指明"着力点"。粤港澳大湾区的人才文化生态建设是一个长期而复杂的过程，需要政府、企业和社会各方共同努力，合力推动。基于此，本章第三部分提出粤港澳大湾区人才文化生态创新发展的路径，为做好粤港澳大湾区经济社会发展的宣介工作，提高各类文化平台的辐射效能提出建设性意见。

第一节　粤港澳大湾区人才文化软实力
建设的现状与问题

　　繁荣发展文化事业和文化产业是推进文化自信自强的重要手段。广东现代文化产业体系不断完善 2021 年，广东文化及相关产业增加值为 6910.06 亿元，比上年增长 11.3%，尽管该项指数持续领跑全国，但是相较于本省其他产业发展布局而言，广东文化产业的投入呈现逐年下滑的趋势：2019 年，广东文化及相关产业增加值占全省地区生产总值的比重为 5.77%，同比回落 0.03 个百分点，2020 年占比为 5.6%，同比回落 0.17 个百分点，2021 年占比为 5.54%，同比回落 0.06 个百分点；与此同时，作为反映固定资产规模、结构和速度的综合性指标，广东统计年鉴显示，2021 年文化、体育及娱乐业固定资产投资额较上年减少 3.6%，2022 年较上年减少 10.4%，考虑到全球总体经济形势不佳的状况，资金投入较为客观地展现了该地区对相关产业的重视程度。①

　　粤港澳大湾区对人才文化软实力的建设工作高度重视。当前，粤港澳大湾区积极利用多种媒体平台和活动形式建构与传播区域文化形象，初步形成了一个立体的文化形象传播网络。本部分通过分析粤港澳大湾区的人才工作在当下多种主流和官方媒介产品中的呈现，分析当前粤港澳大湾区主动提高人才文化软实力的基本思路和宣介要点，对粤港澳大湾区人才文化软

---

　　①　《2021 年广东文化及相关产业运行简况》，广东统计信息网，2023 年 2 月 10 日，http://stats.gd.gov.cn/tjkx185/content/post_4092865.html。

实力建设的现状进行评估。

一　加快粤港澳大湾区人才立法，提高立法层级

习近平总书记在党的二十大报告中指出："要坚持教育优先发展、科技自立自强、人才引领驱动，加快建设教育强国、科技强国、人才强国，坚持为党育人、为国育才，全面提高人才自主培养质量，着力造就拔尖创新人才，聚天下英才而用之。"[1]人才是推动社会进步和文化艺术繁荣的重要因素。在当前人才强国战略的背景下，高质量文艺人才队伍的建设对粤港澳大湾区文艺事业的发展和繁荣起着关键性作用。当代中国文艺作为民族精神的火炬、人民奋进的号角，必须自觉体现和传播社会主义核心价值观，赋予精神文化产品更加丰富、更加深刻的思想内涵，推动全社会形成良好思想道德风尚和积极健康的文化氛围，激发亿万人民群众奋发向上的精神力量，建设中华民族共有精神家园，为中华民族伟大复兴提供有力文化支撑。[2]

粤港澳大湾区文化软实力的建设，得到国家级主流媒体资源的支持。2019 年 9 月 1 日，中央广播电视总台播出《大湾区之声》节目，这是中国首个面向粤港澳大湾区播出的国家级电台频率。自 2020 年 3 月起，《大湾区之声》节目在新浪微博开通官方账号，发布关于国家政策解读、独家资讯报道、新闻时政评论、本地新闻动态及学者专家专访等内容。截至本研究写作时，《大湾区之声》微博账号的粉丝数已达到 250.2 万，是关注度最高、影响力最大的官方账号。它在很大程度上塑造

---

① 《习近平著作选读》（第一卷），人民出版社，2023，第 28 页。
② 《开辟文艺大发展大繁荣的广阔空间》，《求是》2012 年第 19 期。

了粤港澳大湾区区域品牌的主体形象，增进了公众对湾区的认知。

它的主要内容可分为新闻资讯、人物故事、传统文化、活动报道四类。在新闻资讯类内容中，"人才"是一个高频词。相关节目坚持正确的立场和方向，以通俗的语言解读了粤港澳大湾区的人才政策，对各地科教、创新、创业政策的发展和最新动向进行了评论和报道。例如，2023 年 2 月 10 日，《大湾区之声》以"香港紧抓时机谋发展为题"，指出粤港澳大湾区内地城市试点实施往来港澳人才签注政策将更好地促进湾区人才、技术等要素便捷有序流动。2023 年 5 月 20 日，《大湾区之声》报道了香港特区行政长官李家超在"粤港澳科创新发展"分论坛的致辞，指出港深科创园将建设"一国两制"下位处"一河两岸"的"一区两园"，为粤港澳大湾区高水平对外开放做贡献。2023 年 9 月 19 日，《大湾区之声》刊播了"澳门青年科技村正式启动"相关的报道，指出该科创人才培养计划为学生将来更好融入国家发展大局创造有利条件，培养具备家国情怀的科创人才。由此可见，《大湾区之声》在帮助解读和普及粤港澳大湾区人才政策方面发挥了重要作用，注重强调"家国"话语，凝聚"一国两制"前提下粤港澳大湾区区域共同体的共识。

人物故事类报道对呈现粤港澳大湾区的文化精神而言最真实、最有说服力。在湾区与人才主题相关的人物报道中，"创业在湾区""湾区 Youngsters""对焦 Ta 的爱"话题下的报道最有代表性，它们注重表现在粤港澳大湾区发展政策的支持和帮助下，粤港澳大湾区青年的创新创业故事。例如，2022 年 1 月 19日，节目报道了香港设计师高少康在疫情发生后留守深圳发展事业，与香港家人通过视频连线的方式过春节的故事。2022 年

1月30日,《大湾区之声》报道了香港影视拍档励启杰和马文现如何在粤港澳大湾区内地政策的支持下,克服疫情带来的种种挑战,通过推进影视项目落地促进香港和内地人才的交流与合作。2023年10月17日,节目以"大湾区青年为什么爱创业"为主题对创业青年进行了采访,受访者指出,粤港澳大湾区多个城市的平台优势的联结,政府和社会层面对"敢闯敢试"的精神气质的倡导,国际化发展环境的包容性,以及在创业的重重困难中,政府各项扶持政策给他们带来的帮助和支持,是他们在粤港澳大湾区创业的主因。可见,《大湾区之声》注重通过对当代青年故事的挖掘,构建湾区人民在政府支持下共克时艰、同呼吸共命运、乘着祖国高速发展的东风获取更好的资源和条件发展自己事业的体系。

在传统文化类报道中,《大湾区之声》注重以传统文化(尤其是饮食文化)为载体,彰显岭南文化成风化人、浸润心灵、滋养精神的独特魅力。例如,2023年10月25日,节目播出了歌手刘惜君教外国友人与广东茶文化有关的三句粤语的情景。2023年7月19日,《大湾区之声》制作短视频,揭秘粤港澳大湾区经典名菜佛跳墙的烹饪秘诀。2023年1月30日,节目报道了惠州市博罗县罗浮山脚下横河镇的特色美食横河大笼粄的制作过程,展现了大湾区客家传统美食在一代代的传承中成为吉祥和好运的象征的过程。节目中,大笼粄的传承人讲述大笼粄在本地化中与"大本事"谐音,寓意着长辈对后辈的祝福,其圆形的造型寓意着团圆、美满,配料中的芝麻代表节节高升。这些贴近生活的介绍方式,不仅能展现粤港澳大湾区饮食文化魅力,也能唤起民众对家、年的回忆,令公众产生强烈共鸣。此外,2022年12月9日,节目以"故土难离,乡味不改"为题介绍了开平传统小吃钵仔糕,指出许多海外华侨在下南洋经商打拼的过程中,携带钵仔糕充饥,因此钵仔糕成为许多海外华侨怀念家乡的载体。通过介绍美食的方式,《大湾区之声》建构起一个跨越时间和地域的文化共同体。由此可见,《大湾区之声》注重通过传统文化,展现时代变迁,唤醒文化记忆,构建跨越时间和地区的文化共同体,凝聚粤港澳大湾区人民的传统与现代共识。

此外,《大湾区之声》还积极报道湾区举办的各种各样的文体活动,这反映出湾区人民丰富多彩的文化生活。例如,每年中秋,湾区都以"湾区升明月"为主题,举办电影音乐晚会。晚会邀请来自海峡两岸暨香港、澳门的电影人和音乐人齐聚大湾区,内容紧扣湾区意象与团圆概念。2023 年 6 月 28 日,《大湾区之声》回顾了 2021 年音乐晚会的盛况,对 2023 年的晚会进行了预告。再例如,《扬帆远航大湾区音乐会》已经成为湾区每年的保留节目。2023 年 3 月 17 日,《大湾区之声》用短视频形式报道了两岸艺人在音乐会上表演《七子之歌》《东方之珠》《我们会更好》《家园组曲》等歌曲,称这些歌曲表达了湾区儿女对家园的深情和湾区人民共建美好家园的愿望;同时,它们也流淌着浓浓的爱国情,唱响了湾区人民共赴崭新征程,共迎美好未来的坚定决心。2023 年亚运会期间,《大湾区之声》还专门报道粤港澳三地将共同承办第 15 届全运会,希望通过此机遇,让粤港澳的体育事业更上一层楼。这些节庆文体活动注重通过文化、艺术和体育塑造湾区人民的文化认同感和自豪感,强调大湾区一体化的概念,彰显湾区丰富多彩、独具特色的文化艺术资源。

二　粤港澳大湾区形象宣传片对粤港澳大湾区人才文化的建构

共建粤港澳大湾区世界级城市群，既是粤港澳区域经济社会文化自身发展的内在需要，也是国家区域发展战略的重要构成与动力支撑点，承载着辐射带动泛珠三角区域合作发展的战略功能。[①] 在目前的公开资料中，可以找到粤港澳大湾区推出的三部形象宣传片。2017 年 8 月 17 日，题为"震撼！世界第四大湾区粤港澳大湾区宣传片"的首支湾区形象宣传片出炉。该宣传片分"实力、活力、魅力"三个板块，向公众介绍了粤港澳大湾区的综合实力和美好形象。"实力"部分介绍了粤港澳大湾区的发展历程，展现了广州城、香港地、澳门街美丽的城市景观，[②] 向公众介绍粤港澳优势地缘位置、便利的交通基础设施、雄厚的经济实力和坚实的产业基础。"活力"部分指出湾区的活力在于"敢为天下先"，未来，粤港澳大湾区将建成环线城际交通网，打造"1 小时生活圈"，形成"5+2"世界级机场群，并拥有世界级港口群，粤港澳大湾区将朝着建设科技创新高地、全球金融中心、全球智能制造中心的目标砥砺前行。"魅力"部分主要展现粤港澳具备完善的医疗保障体系、优越的生态环境和优良的教学质量，是宜居湾区；拥有南沙粤港澳青年创新工场、横琴澳门青年创业谷、前海青年梦工厂等创新创业孵化设

[①]　蔡赤萌：《粤港澳大湾区城市群建设的战略意义和现实挑战》，《广东社会科学》2017 年第 4 期。

[②]　申茜：《粤港澳大湾区品牌形象构建研究》，硕士学位论文，暨南大学，2019。

施，是宜业湾区；① 拥有悠久的历史、优美的自然景观、丰富的
人文资源、现代的城市风光，中西交融、古今贯通，是宜游湾
区。该宣传片围绕"世界第四大湾区"的主题，以丰富的数据、
实例说话，展现了粤港澳大湾区的雄厚实力、经济活力和发展
前景。该片在人才文化方面的表达也是以理性诉求为主，强调
湾区为人才发展提供的优势条件，令人信服。

此后，2017 年 12 月 29 日，粤港澳大湾区首支中英文形象
宣传片发布。该宣传片由《南方日报》、"南方+"客户端、南
方英文网联合推出，由"粤港澳 地相近""粤港澳 心相连"
"粤港澳 人相亲"三个部分构成。"粤港澳 地相近"部分主要
展示粤港澳大湾区的交通建设工程如何便于经济要素的流动，
着重呈现了港珠澳大桥、深中通道、虎门二桥等。"粤港澳 心
相连"部分主要表现了粤港澳大湾区各城市的经济如何相辅相
成，共谋发展，着重呈现了深交所、港交所如何带动形成一个
现代化、系统化的经济体系。"粤港澳 人相亲"部分主要呈
现粤港澳大湾区如何凭借强有力的政策支持成为青年人的创
业热土，影片的亮点是三位香港青年在内地创业的经历，片
中，他们讲述了他们的"鱼菜共生"项目在粤港澳大湾区发
展壮大的过程。这种从具体的人的经历切入，展现湾区爱
才、惜才、助才的表现方式，充分展现了人文关怀，比大而
宽泛的政策解说更有说服力和感染力。

2021 年 12 月 20 日，粤港澳大湾区第三组宣传片发布。该
宣传片由广东广播电视台策划，聚焦粤港澳大湾区的科技创新，

---

① 申茜：《粤港澳大湾区品牌形象构建研究》，硕士学位论文，暨南大学，
2019。

分为"未来等你来"和"未来无限可能"两个部分。"未来等你来"部分采取了拟人化的叙事,从小小的沙子开始,以芯片和硬币两个极具标识性的形象,串联起粤港澳大湾区内的重要城市和科技成果,全方位地展现出粤港澳大湾区的人文底蕴、工业成就、现代化成果,以及未来无限精彩的创新基因。在影片后半部分,当带有芯片的机器人遇到那枚代表香港回归的纪念币后,普通的硬币得到升华,变成惠及每个人的数字货币。[①]影片的歌词描述了"一粒沙"价值升华的过程:"我一直默默无闻,就像世界里的一粒沙子,我应该去向何方,我在探索,当我来到这里,一切开始改变,我充满勇气与希望,开始享受新生活,我成为闪耀新星,我无所不能,我无处不在。未来已来,现在就来,我在改变世界,也在改变自己,未来已来,现在就来,没有什么能阻碍我实现梦想……"根据"未来等你来"部分的执行导演李松泽的阐释,"沙粒和芯片,比喻的是粤港澳大湾区的年轻人,他们可以在这里通过历练,最终完成自己的梦想"。该宣传片摒弃了各地特色元素"串烧"式的传统创作模式,以拟人的手法,讲述粤港澳大湾区融合创新的整体概念,沙粒和硬币价值升华的故事线,让每一个渴望成功的普通人都有深刻的代入感。

下篇"未来无限可能"部分则是由5则30秒短片构成,从乐享、穿越、创造、成长、沟通五个切入点展现粤港澳大湾区新面貌。乐享篇从一位年轻女士的视角展现了粤港澳大湾区的舒适的生活环境、优美的自然风光、发达的都市景观、丰富的

---

① 梁燕、张思毅:《展现创新基因 共享科技未来》,《南方日报》2021年12月20日。

人文艺术资源；穿越篇采取分屏形式，为男女主角设计了游历粤港澳大湾区 11 座城市的线路，把粤港澳大湾区所有的交通方式串联起来①；创造篇则以 CG 动画的形式，呈现了芯片、高精尖医疗仪器、3D 打印、汽车制造、智能驾驶、无人机、机器人等粤港澳大湾区先进产业，科技感满满；成长篇呈现了粤港澳大湾区儿童到青年的成长历程，表现出粤港澳大湾区的教育优势；沟通篇则展现了微信、微博、直播等现代沟通科技帮助粤港澳大湾区人民记录美好生活，联通每个个体，创造更多可能。这些短片将身边的粤港澳大湾区科技与粤港澳大湾区面孔相结合，以普通人的视角，展现了粤港澳大湾区人民的精神风貌和幸福生活。

三　影视作品对粤港澳大湾区人才文化的再现

在区域战略层面，打造粤港澳大湾区世界级城市群的另一层战略价值，是发挥好高端区域在国家发展中的引领带动作用，提升粤港澳大湾区在泛珠三角地区发展中的辐射带动作用，并向中南、西南延伸，形成辐射东南亚、南亚的重要经济支撑带。② 与经济支撑带相呼应的便是文化产业的发展，这需要与粤港澳大湾区经济发展相联系，例如在影视剧中刻画湾区儿女在艰苦奋斗中共同成长、实现人生蓝图的励志经历，经济腾飞下的小人物奋斗史恰与区域文化传播产生了呼应。习近平总书记在党的二十大报告中对"推进文化自信自强，铸就社会主义文

---

① 梁燕、张思毅：《展现创新基因　共享科技未来》，《南方日报》2021 年 12 月 20 日。

② 蔡赤萌：《粤港澳大湾区城市群建设的战略意义和现实挑战》，《广东社会科学》2017 年第 4 期。

化新辉煌"① 做出重要部署，要求"繁荣发展文化事业和文化产业"②，湾区的文化产业和文化事业正迈向一个新的阶段，文化领域与非文化领域在互融互通中催生出各种新的文化形式与文化空间，进而建构起文化艺术发展新业态。作为全国文化艺术产业新业态开拓和发展的重镇和标杆，2022 年广东省数字创意产业集群营业收入 5728 亿元，增加值 1442 亿元，数字出版产值超 2100 亿元，动漫产值超 600 亿元，相关发明专利累计有效量6521 件，居全国首位，游戏行业收入 2115 亿元，约占全国 4/5，电竞收入则占全国电竞收入七成以上。当然，当代文艺传播中最具影响力之一的影视作品同样在粤港澳大湾区文化事业的建设中占据了一席之地。

当前，粤港澳大湾区题材的影视作品数目不多。国家广播电视总局 2018~2022 年百部重点电视剧之一的《湾区儿女》，是第一部聚焦粤港澳大湾区题材的电视剧作品，也是目前影响力最大的一部。《湾区儿女》由中央广播电视总台、广东省委宣传部、深圳市委宣传部联合广东、澳门的影视企业出品，于 2020年在央视首播，讲述了以澳门疍民女孩麦斯钰为代表的一群年轻人与粤港澳大湾区一同改变、共同成长的励志故事。故事从1997 年香港回归、亚洲金融危机开始讲起，女主角麦斯钰考上澳门大学，畅想澳门回归后的生活可以像香港一样美好。不幸的是，亚洲金融危机席卷东亚，家中的经济受到影响。没能进入大学继续学业的麦斯钰在父亲的反对声中，毅然决然地选择离开澳门去珠海打工。此后，她凭借自己的勇敢和执着一路拼

---

① 《习近平著作选读》（第一卷），人民出版社，2023，第 35 页。
② 《习近平著作选读》（第一卷），人民出版社，2023，第 37 页。

搏，抓住与内地科研机构合作的机会与横琴地区的政策福利等，最终成为一名成功的女企业家。影片讲述的故事的时间跨度逾20年，覆盖了1999年澳门回归、2008年奥运火炬传递、党的十八大和十九大召开、"一带一路"倡议提出、粤港澳大湾区战略计划实施建设、港珠澳大桥建设与通车、2019年2月18日中共中央、国务院出台《粤港澳大湾区发展规划纲要》等一系列重要的历史事件。这些里程碑式的事件不仅影响着澳门、珠海、深圳、横琴、香港，也促进了剧中每个小人物命运的转折与改变。该剧将小人物的命运与大时代的脉搏有机地交织在一起，既借麦斯钰、黄梓健等人物的创业故事，表现了粤港澳大湾区建设、国家对该地区的扶持政策给予了当地人们改变命运、实现自我抱负的机会，又表达出祖国的发展和粤港澳大湾区的建设离不开每一个人共同努力的主题。

2022年，另一部表现湾区儿女奋斗故事的电视剧在央视开播，名为《狮子山下的故事》。这部电视剧由中央电视台、紫荆文化集团、上海腾讯企鹅影视文化传播有限公司、广东广播电视台、北京凡一文化传播有限公司联合出品。聚焦两代人、四个家庭，讲述其在中国香港围绕一间茶餐厅共同打拼、奋斗的故事，通过串联起香港回归、亚洲金融危机、非典、美国次贷危机等一系列重要事件，讲述了香港如何回归祖国、走向繁荣稳定，并最终融入大湾区再次出发的时代进程。同《湾区儿女》类似，该剧同样用小人物破题，将小人物的奋斗历程与时代发展的洪流紧密交织。香港回归祖国这段历史不仅作为故事的背景而存在，还推动了剧中人物的命运的变化，构成了人物的生活本身。更重要的是，该剧展现了内地与香港血浓于水的关系，透过茶餐厅一道道熨帖着南来北往的劳动者的"中国饭"和几代人传承的踏实、勤劳、仁善的品质传达出香港和内地同根共源、"不论香港和内地,不分你们和我们"的主题。片中,香港的茶餐厅业务被拓展到内地,预示着在粤港澳大湾区一体化发展的时代背景下,"狮子山精神"在内地会得到更广阔的发展空间,在祖国的强大支援下,香港一定会迎来更加美好的未来。

此外,粤港澳大湾区作为岭南文化聚集地、国家战略实施地和对外交流前沿地,持续吸引大批海内外杰出影视艺术创作人才,创作高质量创意文化及影视作品。人才的结构性增长将直接影响区域文化建设的可持续发展。

四 当前粤港澳大湾区人才文化软实力建设的问题

由上文分析可见,当前,中央和粤港澳大湾区内各地政府对湾区区域文化软实力提升较为重视,已经开始采取多渠道布局的方式,建构和深化粤港澳大湾区尊才、爱才、重才的人才文化,传播湾区宜居、宜业、宜游的区域形象;同时,对人才文化品牌的建构和传播正在由政策宣传的宏观视角向更有人情味、更让普通人有代入感的微观视角转变。但目前粤港澳大湾区的人才文化建设尚处于布局探索阶段,仍存在一些问题。

(一)粤港澳大湾区人才文化品牌的知名度和外部认可度不足

目前,"大湾区"一词在国内外的知名度仍然不足,仍处于"墙内开花墙内香"的阶段。当湖南卫视综艺《披荆斩棘的哥哥》首次用"大湾区哥哥"称呼陈小春等艺人时,与此相关的百度用户搜索词条里排名靠前的是"大湾区是什么梗""陈小春组为什么叫大湾区"等。这说明"大湾区"这个概念在粤港澳大湾区外部的影响力是有限的。

令人鼓舞的是,随着近几年一些流行节目和大型活动的推广,粤港澳大湾区逐渐被国内更多的人所知。但相关活动都面向华语受众，由于中外语言的障碍，国外公众认识粤港澳大湾区、了解粤港澳大湾区的人才文化生态存在不小的难度。杜明曦、侯迎忠在《外媒镜像下粤港澳大湾区对外传播路径选择探析——基于182 家外媒报道的实证研究》中证实了这一担忧，研究指出，粤港澳大湾区目前在外媒的视角下经济形象较为突出，但缺乏历史文化传播与人文关怀。① 这说明粤港澳大湾区的人才文化品牌建设工作在对外传播方面效果并不理想，既没有在国际舆论场上输出有足够影响力的湾区话语，也不能引导外媒对它进行客观、全面的报道，自然难以让国际人才对其有深刻且全面的认知。这需要粤港澳大湾区媒体积极传播其自身概念，通过更具人性化、通俗化的概念传播去逐渐扩大"大湾区"的影响力，借助影视作品、文化产品等受年轻人喜爱的文艺创作模式去实现这一诉求。这显然任重而道远。

（二）文化认同感局限在粤港澳内部，对域外人才和国际人才的吸引力和凝聚力有限

在目前的粤港澳大湾区文化建设工作中，岭南传统文化符号出现的频率极高。这是因为粤港澳大湾区内部城市同属岭南文化圈，粤港澳九市文化同源，人缘相亲，民俗相近。粤语、传统粤菜、醒狮表演、粤剧、粤绣等岭南元素，都是粤港澳大湾区极具辨识度的文化符号。以传统文化为纽带打造一体化发展的效应，能够有效地突破体制差异，凝聚粤港澳大湾区内部人才的共识，形成深入的文化认同、政治认同。然而，粤港澳

---

① 杜明曦、侯迎忠：《外媒镜像下粤港澳大湾区对外传播路径选择探析——基于 182 家外媒报道的实证研究》，《对外传播》2020 年第 4 期。

　　大湾区要吸引和会集的不仅仅是岭南文化圈的人才。除了要促进粤港澳大湾区内部的文化认同之外，粤港澳大湾区也要创新方式和方法，充分向湾区外的人才展示湾区的魅力，使他们认同并欣赏粤港澳大湾区文化。粤港澳大湾区城市群此前在对域外人才和国际人才的吸引和凝聚上，效果还不够理想。这就需要粤港澳大湾区对传统岭南文化进行创造性的转化和发展。一方面，粤港澳大湾区要充分挖掘和发展传统文化中符合时代精神，具有能跨越文化、地域隔阂的感召力的要素；另一方面，粤港澳大湾区也要立足中国文化土壤，培养更广阔的世界文化发展视野，增强与国际人才的文化交流，了解国际人才所重视的社会文化特质和要素，把粤港澳大湾区魅力用他们熟悉和认同的话语表达出来，培养他们对粤港澳大湾区的兴趣，最终形成文化认同。

　　坚持中国特色社会主义文化发展道路，就要以民族文化为主体，吸收外来有益文化，推动中华文化走向世界，参与世界文明对话，共同维护文化多样性，为人类文明做出新的更大贡献。推动中华文化走出去、增强中华文化在世界上的感召力和影响力，是坚持中国特色社会主义文化发展道路、建设社会主义文化强国的重要任务。① 粤港澳大湾区要构建文化认同，一方面要拓展本区域的文化土壤和群体认知观念，另一方面要积极与世界文化接轨，其最终诉求是以更广泛的"共性"吸纳外来人才、构建新时代粤港澳大湾区文化形象。

　　（三）人才文化建设缺乏明确的主线，各要素、维度、渠道的整合缺乏系统规划

　　从品牌形象的角度去看世界湾区，可以发现世界湾区的国

---

① 《开辟文艺大发展大繁荣的广阔空间》，《求是》2012 年第 19 期。

际形象各有特色：纽约湾区是世界政治与经济金融中心，旧金山湾区是国际科技与创新中心，东京湾区是国际级的产业与港口中心。[①] 而粤港澳大湾区当前在品牌建设方面尚没有明朗清晰的形象定位。

事实上，人文价值链是粤港澳大湾区最丰富且独特的元素。粤港澳大湾区的文化以优秀的中华传统文化为土壤，不断吸收世界其他先进文明成果，在科技发展的推动下，形成了科学文化与人才文化融汇整合的价值链条。这是粤港澳大湾区相对于纽约湾区、东京湾区、旧金山湾区的优势所在，遗憾的是，目前这一点并没有得到足够的重视。

由于缺乏明确的文化品牌形象，目前已发布的三部形象宣传片，中秋电影音乐晚会、大湾区音乐会等节庆文艺活动，以及影响力较大的电视剧作品和综艺节目等往往"各自为政"，在主题方面缺乏系统性和连贯性，难以在推广粤港澳大湾区整体的品牌形象方面形成共振的效果。来自暨南大学的一项研究还发现，粤港澳各地政府网站、博物馆等机构网站、粤港澳文化资讯网及其公众号和 App 上的信息重复度较高，没能充分发挥各媒体平台的特色。粤港澳大湾区各地的文化活动也大多雷同，在域内文化项目、景点架构方面没有充分挖掘出本地的独特性，造成了文化领域的同质化竞争。这些都表明，粤港澳大湾区的文化品牌建设工作缺乏系统性的规划，需要进一步对资源进行优化和整合。

自 2019 年《粤港澳大湾区发展规划纲要》《广东省人才发

---

① 赖泓君：《基于文化融合的粤港澳大湾区视觉形象设计研究》，硕士学位论文，广东工业大学，2022。

展条例》《深化人力资源社会保障合作推进粤港澳大湾区建设战略合作协议》等重要政策文件颁布以来，粤港澳大湾区将人才保障放在重要位置，但在协同创新机制方面，粤港澳三地尚未形成有效的政策融通机制，对促进三地文化艺术理论人才的交流与高质量队伍建设的保障尚显不足。当前中国文化艺术理论人才队伍总体不稳定，粤港澳大湾区人才流失也相对严重，区域内的人才政策同质化竞争加剧，整体政策落实不到位，优惠性政策的兑现存在延迟现象。一方面，各地在引进人才工作中忽视地方产业及发展战略的需求，未能积极利用理论人才的"智库"资源带动产业发展；另一方面，各地政府部门"打补丁"式地推出新政策以吸引人才，加剧了区域内部人才政策无序竞争，继而造成了资源内耗，未能达到将人才资源转化为高质量发展动能的成效。综上所述，整体而言，大湾区的人才文化建设缺乏明确的主线，各要素、维度、渠道的整合缺乏系统规划，这需要有关部门积极改进工作。

（四）政府之外其他文化建设主体的积极性没有被充分调动

目前大湾区的人才文化软实力的建设和传播高度依赖政府单位和官方媒体机构，缺乏多样化的文化主体的参与，没有形成有影响力的文创产品或品牌，域内文化企业的潜力还没有被充分释放。尤其是考虑到港澳拥有曾领跑全国的影视文化产业，其相关的人才资源和技术水准至今尚存，在建设和传播粤港澳大湾区人才文化品牌的过程中，其本可以运用影视这一提升软实力的重要载体，在大湾区的文化事业发展过程中使之发挥更大的作用。然而，目前其参与制作的影视作品很少。这一方面是因为粤港澳湾区现代文化产业体系还没有充分建立，各类文化市场主体还有待发展，还没能发展出创新性的特色文化产品、服务和营销推广模式；另一方面是因为粤港澳三地在传媒产制、税收制度、知识产权制度等方面存在差异，信息、人才、资金的流通并不畅通，文化企业跨三地进行融通合作存在难度。

此外，在政府之外的其他文化建设主体积极性缺失的情况之下，粤港澳大湾区人才队伍的跨区域视野亟待拓展，这需要包括政府在内的诸多文化建设主体将外在视野与内部产业相结合，站在跨区域传播的角度去构建粤港澳大湾区文化建设的人才蓝图。开放包容的跨区域视野是培养高层次人才的前提和基础，本土人才的跨区域培养以及跨区域人才队伍的必要补充都是当前粤港澳大湾区亟须补齐的人才建设短板。以文化艺术理论界的人才队伍为例，当前粤港澳大湾区文化艺术理论界中"四个一批"文化艺术英才等高层次人才相对于北京、上海等国内一线城市十分稀少，"引育留用"力度不够，且尚未形成理论人才必需的凝聚力、向心力。这需要粤港澳大湾区创造条件，鼓励文化理论人才积极参与跨区域交流与合作，坚持和贯彻以我为主为我所用的原则，借鉴和吸收其他区域的先进理论和经验，充分发挥政府之外其他文化建设主体的作用，提升区域文化软实力。

第二节　粤港澳大湾区人文价值链的内核与推介路径

上文分析指出，粤港澳大湾区人才文化品牌的建设，存在形象不清晰不明朗的问题。造成这一问题的重要原因是粤港澳大湾区内多元文化共通、差异性并存，区域品牌文化发展的原始条件本就复杂，这导致了文化定位的缺失。粤港澳大湾区人才文化品牌建设缺乏主线，本质上也反映出目前粤港澳大湾区内部文化引领不足的问题。使粤港澳三地真正实现无缝对接，是粤港澳大湾区协同化发展的重要前提。虽然各地的发展方式和价值观差异很大，但其文化底色却有共通之处。找出文化共通的关键点，就能够连接三地共同的文化基础，使三地能够融合成为一个整体，粤港澳大湾区的品牌形象才会有灵魂支撑。

《粤港澳大湾区发展规划纲要》指出，粤港澳大湾区要"共建人文湾区""塑造湾区人文精神"，对过去区域规划重硬件、轻软件的思路做出修正，这也为解决上述难题奠定了基础。在长期的历史发展和社会主义现代化建设的伟大实践中，粤港澳大湾区形成了多元文化并存发展的独特人文价值链。人文价值链正是粤港澳大湾区融合发展的关键，是推动粤港澳大湾区内各地交流合作最重要的无形力量，也是它区别于世界其他湾区的独特优势。深度挖掘和发展大湾区人文价值链，有助于进一步增强粤港澳大湾区人民的文化认同和价值认同，为粤港澳大湾区的建设提供文化上的引领。强化人文价值链还有助于提升粤港澳大湾区的文化自信，提升区域文化软实力和对国内国际人才的感召力。强化人文价值链还有助于进一步增强粤港澳大湾区的目标认同，为粤港澳大湾区的建设提供精神动力。

一 粤港澳人文价值链的构成及内核

粤港澳大湾区的文化建设需要对粤港澳人文价值链的构成和内核进行深入研究，这不仅有利于吸引更多的高层次人才，更在无形中提升了粤港澳大湾区的文化软实力，在世界舞台中书写了中国区域身份。文化软实力是区域文化建设的评价指标之一，深入分析粤港澳的区域文化格局不难发现，粤港澳大湾区的人文价值链由以下要素构成。

（一）中华民族文化与西方文化并存

从文化历史源头来看，粤港澳的文化源头同属中华民族文化，中华民族文化是粤港澳文化赖以生存和发展的土壤。传统文化中"苟日新，日日新，又日新""天行健，君子以自强不息"等思想养分，孕育了粤港澳大湾区文化求真务实、发奋图强、敢为天下先等优秀品格。近代以来，随着西方列强的入侵，西方文化开始在香港、澳门等地传播，并一度成为当地的主流文化。随着香港、澳门顺利回归祖国，中华优秀传统文化进一步焕发出生机和活力。[①]"一国两制"赋予港澳独有的文化个性，港澳在欧洲文化与中华文化的碰撞下凸显了求同存异、宽宏包容的态势，这在语言、文学、影视、建筑等要素中均有反映。随着改革开放的深化，粤港澳更加自信地学习和吸纳西方文化，中华优秀传统文化和西方文化在这里融合发展、和谐共生。香港发达的金融和经济产业带动了当地的消费文化，世界"购物天堂"已经成为香港的城市名片；澳门发达的博彩业带动了特色的地方经济，造就了"世界赌城"的城市文旅品牌。这些都表明港澳在中西文化的碰撞中形成独树一帜的流行风尚和城市文化内涵。

"人类在漫长的历史长河中，创造和发展了多姿多彩的文明……不论是中华文明，还是世界上存在的其他文明，都是人类文明创造的成果。"[②] 粤港澳大湾区的文化建设吸纳了西方的文化特色，同时亦保留了东方文化的底蕴，这种文化色彩的融

---

① 刘荣材：《略论粤港澳大湾区多元文化融合发展的实现路径及其重要意义》，《南方论刊》2019 年第 4 期。
② 习近平：《习近平谈治国理政》，外文出版社，2014，第 258 页。

合非但没有杂糅的错乱感，反而赋予粤港澳大湾区特有的文化底蕴。世界各民族的文化都值得尊重，并非"独属于我的"就是最好的、值得尊重的、值得推崇的，而"不属于我的"便是糟粕而需要被排斥。事实上，世界各民族的文化均具有"共性"，我们要做的是取其精华、去其糟粕，融合东西方文化的色彩，其目的是更好地为本土文化服务。在中华民族文化与西方文化并存的境遇下，粤港澳大湾区的文化建设和文化特色具有明显的优势，它在文化碰撞中形成了独特的文化产业结构和流行风尚，向全国人民展示了不同于其他区域的城市名片，因此具备典型性与代表性。

（二）岭南传统文化与现代城市文化交相辉映

粤港澳三地在地理概念上同属岭南地区。岭南地区拥有密集的河流网络，当地人自古以来就从事漆器、丝绸、陶器和青铜等商品贸易，人员、产品、思想、文化高度流动，这塑造了岭南文化开放、多元、流动、包容的特质。在漫长的历史长河中，粤港澳地区形成了独具特色的岭南传统文化。共同的语言、共同的习俗、共同的工艺、共同的生活方式和节庆民俗，是岭南人民共同的文化基因。[1]

近代以来，粤港澳人民在反对外来侵略的伟大斗争中，积极寻求民族解放和民族振兴的道路。在这一过程中，岭南文化学习、借鉴和吸收了不少西方现代优秀文明的成果，增添了许多现代化的积极元素。20世纪80年代以来，广东成为中国改革开放的前沿阵地，是现代化建设的排头兵。它受到传统岭南文

---

[1] 刘荣材：《略论粤港澳大湾区多元文化融合发展的实现路径及其重要意义》，《南方论刊》2019年第4期。

化的浸润，在传承中增强自身生命力，形成现代的城市文化和精神风貌。以敢闯敢干的改革精神、奋发有为的创业精神、自立自强的拼搏精神、团结友爱的互助精神为代表的新型城市精神构成了现代岭南文化的底色。它与广东开放多元、兼容并蓄的传统文化精神相得益彰，成为推动粤港澳大湾区不断快速发展的强大精神动力。

需要强调的是，紧密凝聚同根同源的人文精神，才能构筑粤港澳大湾区互鉴共荣的精神家园。岭南的文化传统无疑给粤港澳大湾区人才以归属感和文化认同感，实际上，归属感、共同目标、身份认同是文化共同体建设的三大要素，粤港澳大湾区同根同源的文化优势是文化共同体得以发展和生存的前提。在高层次人才引领驱动的时代要求下，牢牢把握粤港澳大湾区文化本质内涵，将岭南传统文化与现代城市文化相融合，重视和强调本地文化传统，同时将这种文化传统诉诸现代城市理念，为粤港澳大湾区人文建设提供思想支撑。粤港澳大湾区存在多元的地方文化差异，但是整体又呈"求同存异"的态势，这种文化态势塑造了粤港澳大湾区全域的情感认同纽带。粤港澳大湾区常见"山水兼备、兼收并蓄"的岭南精神，其作为沟通多元文化的桥梁有其独特的属性，激活了饮食、语言、服饰、风俗习惯等文化元素。粤港澳大湾区创作了大批戏曲、音乐、绘画、舞蹈等兼具艺术性与思想性的文化作品，在现代化背景下进行了开放性拓展，消除了认知隔阂。政府部门还牵头发表《粤港澳大湾区文化产业发展蓝皮书》等科学统计和产业总量分析报告，厘清了文化产业边界和分类等问题，为岭南传统文化与现代城市文化的融合提供了保障。粤港澳大湾区还加强传统文化与当代文化的融合，引领不同区域共同体身份的建构与认同。在文化属性的影响下，湾区各个城市开辟了供高层次人才聚会、交流的固定空间；由各级政府牵头，行业协会组织，定期举办了供不同领域的高层次人才开展跨界合作，进行文化交流、生活探讨、政策咨询的活动。粤港澳大湾区以传统文化为依托，加强了区域间的共识和认同，打造了粤港澳大湾区的现代精神家园，为高层次人才提供了广阔的文化空间。

（三）科技文化与人才文化相得益彰

大湾区的现代文化体现了科技文化与人才文化的深度融合。在科技创新方面，广州、深圳领跑全国创新型城市，已经摆脱对外部投资的依赖，走上了科技创新驱动发展的高质量发展道路。在世界知识产权组织发布的《2020年全球创新指数报告》中，"深圳—广州—香港"科技集群居全球科技集群第2名。目前，粤港澳大湾区已经成为全球科技创新的中心地带，国际专利总数居全球第6名。它还汇集了一众科技领军企业，包括华为、腾讯、中兴、万科、大疆、格力等。互联网产业的集聚，更是把创新人才、前沿科技和优质资源连接在一起，推动"互联网+"时代的到来。云服务作为新基础设施，大数据作为新生产要素，人工智能作为新的生产力，正在进一步引发生产与生活方式革命，在粤港澳大湾区催生出依托于现代技术和数字工具的互联网文化。随着粤港澳大湾区平台搭建能力、数字经济水平的不断提升，技术、产品、信息、人才、资本正加速在粤港澳大湾区集聚，这将推动粤港澳大湾区经济和文化的持续发展。

近年来，粤港澳大湾区经济总量在全国经济总量中的占比已突破10%，粤港澳大湾区财富指数较高，科技文化较发达，人口数量规模庞大，发展前景广阔。习近平总书记在参加十三届全国人大一次会议广东代表团的审议时指出，人才是第一资源。① 十三届全国人大二次会议也明确提出，粤港澳大湾区要抓住高水平人才高地建设的重大机遇，不断增强人才发展新优势。以《国家中长期人才发展规划纲要（2010—2020 年）》部署的12 项重大人才工程为依托，组织部、人力资源和社会保障部等11 个部门在 2012 年启动实施了"国家高层次人才特殊支持计划"，将高层次人才分为了三个层次（杰出人才层次、领军人才层次、青年拔尖人才层次）和七个类别（杰出人才、科技创新领军人才、科技创业领军人才、哲学社会科学领军人才、教学名师、百千万工程领军人才、青年拔尖人才）。广东省委、省政府在此基础上，发布了《广东省委省政府贯彻〈关于进一步加强人才工作的决定〉的意见》，把高层次人才划分为国家级人才（在国家重大科技项目、重点领域和关键岗位上具有卓越成就和突出贡献的人才）、省级人才（在省级科技项目、重要领域和关键岗位上具有突出成就和贡献的人才）、市级人才（在市级科技项目、重要领域和关键岗位上具有显著成就和贡献的人才）三个层次和学术型人才（在科学研究、学术创新和高等教育教学等领域具有突出成就和影响力的人才）、创新型人才（在科技创新、技术研发和新产品开发等方面具有突出能力和贡献的人才）、创业型人才（具有创业精神和创业能力，在创新创业项目中具有成功经验和领导能力的人才）、领军型人才（在特定领域或行业中具有卓越领导力和战略决策能力的人才）四种类型。截至 2022 年 12 月，广东省已建有博士后科研平台 1239 家、博士后工作站 1083 家，在站博士后超 1.1 万人，全省专业技术高

---

① 《广东聚力建设大湾区高水平人才高地》，《人民日报》2022 年 8 月 13 日。

层次人才 87 万人，居全国前列。"深圳—广州—香港科技集群创新指数连续三年居全球第二，世界级人才湾区初步成势。2019 年，中共中央、国务院印发实施的《粤港澳大湾区发展规划纲要》提出要创造更具吸引力的引进人才的环境，实行更积极、更开放、更有效的人才引进政策，加快建设粤港澳人才合作示范区。这无疑凸显了粤港澳大湾区对科技文化和高精尖人才的重视，此番实践探索亦是粤港澳大湾区科技文化与人才文化的风貌剪影。

粤港澳大湾区各地既有共同的历史和文化基因，又存在不同的文化特质。多元文化要素求同存异、互相借鉴，给粤港澳大湾区带来了丰富的文化资源，也成为驱动粤港澳大湾区不断快速发展的内在动能。多元文化的融会整合，形成了粤港澳大湾区人文价值链的内核，它展现了文化多元性的魅力，是推动粤港澳大湾区多地进一步融合发展的精神动力。在全球化高速发展，世界文化倡导多元、包容的今天，文化的多元融合也是能够有效团结世界各地人才的有效措施。

二　粤港澳人文价值链的推介路径

梳理完粤港澳大湾区人文价值链的构成和内核后，紧接着需要讨论的问题便是如何向世界人才推介大湾区文化的"融合"特质。这需要多维度、全方位地进行归纳总结，以"由一个引领、多线并进"的方式完成粤港澳人文价值链推介路径的整合。本研究认为，推动建立以融合为核心价值的粤港澳大湾区文化品牌，提升对人才有吸引力的湾区文化软实力，应当注意以下要点。

（一）以中国特色社会主义文化为引领

粤港澳大湾区文化具有多元性、多样性，这固然为湾区发展提供了丰富的文化资源，但这样的文化格局也造成了在推介粤港澳多元融合文化的时候缺乏引领。在建构和传播粤港澳大湾区以多元融合为特质的人文品牌的时候，我们应当从中找出一种能够发挥引领和指导作用的文化，以保证多元文化融合的前进方向。

具体而言，我们应当强调中国特色社会主义文化的引领作用。习近平总书记在党的十九大报告中指出，"中国特色社会主义文化，源自于中华民族五千多年文明历史所孕育的中华优秀传统文化，熔铸于党领导人民在革命、建设、改革中创造的革命文化和社会主义先进文化，植根于中国特色社会主义伟大实践"。① 中国特色社会主义文化是当代中国文化的前进方向。只有以中国特色社会主义文化为引领，才能在推介湾区多元文化的过程中保持自己的文化特色，不迷失方向。而且，中国特色社会主义文化与港澳两地的社会制度和发展路线并不冲突，两者具有共同的中华文化基因和文化传统。这些中华优秀传统文化早已成为三地人民共同的价值遵循，这就为打造粤港澳大湾区的文化品牌提供了共同的价值取向，奠定了共同的文化基础。中国特色社会主义文化无疑对粤港澳大湾区人文价值链推介路径的理论构建及发展方向起到启示作用。在中国特色社会主义文化的引领下，粤港澳大湾区的文化建设方能实现大跨步发展。

（二）以岭南传统文化为依托

首先，粤港澳三地有岭南文化的共同根基。相通的语言、

---

① 《习近平谈治国理政》（第三卷），外文出版社，2020，第32页。

生活习惯和文化习俗，是支撑建立粤港澳独特文化品牌的最大公约数。正是这种共同的文化基因和文化血脉，为粤港澳大湾区团结三地人才、共建美好家园提供了共同语言。以岭南文化为依托，能够使粤港澳三地的人才形成高度的文化认同感，这是吸引他们参与构建粤港澳大湾区一体化发展积极有效又节约成本的重要途径。

其次，岭南文化有着不同于其他地域文化的鲜明特性，其文化表现形式丰富多样、文化气质别具特色。这些极具辨识度的地域文化特色，是岭南文化的瑰宝，能够激发外来人才对岭南优秀文化的兴趣，进而使其欣赏、喜爱、认同岭南优秀文化。

最后，除了实体的文化形式，岭南文化还有着独特的精神特质，如开放兼容的博大胸怀、求真务实的生活态度、开拓进取的奋斗精神。在广东近现代至今天的发展过程中，这些文化特质发挥了重要作用。从辛亥革命的策源地到改革开放的窗口，[1] 从小渔村到科技创新前沿地区，岭南地区无形的文化精神在一代代人身上积淀，成为推动社会变革和进步的动力源泉。即使在今天，它也与当今的文化发展价值诉求是一致的，而且在全球范围内广为人才认可和欣赏，有助于人才成长，具有高度的时代性和普遍性。依托于岭南文化要素，对其精神特质进行创造性的继承和发扬，有助于将岭南文化的精神特质转化为粤港澳大湾区建设的动力，增强粤港澳大湾区的国际竞争力。

值得一提的是，岭南文化在一定程度上需要借助区域文艺创作进行传播、推广，而这无疑对粤港澳大湾区人文价值链的

---

① 常静：《岭南文化创造性转化和创新性发展：意义、条件及路径——基于人文湾区视角》，《广东省社会主义学院学报》2021年第2期。

形成具有一定启示意义。站在文艺创作的角度去看，粤港澳大湾区走出了一条具有本土特色的文化发展道路，也为中国文艺大发展大繁荣开辟了广阔空间。沿着这条文化发展道路，广大文艺工作者坚持与时代同进步、与祖国共命运、与人民心连心，以饱满的创作激情和出色的艺术劳动，创造了大团结大繁荣大发展的生动局面。①

（三）坚持以人民为中心，重视培育公民文化

推介湾区多元融合的文化品牌还需要坚持以人民为中心。坚持以人民为中心，是党的十九大提出的新时代中国特色社会主义的基本方略之一，它要求文化发展为广大人民群众服务，而不是为个体或特定群体服务。粤港澳大湾区提高文化软实力的根本目的，是塑造有益于人才成长的文化环境。这就需要粤港澳大湾区各地满足广大人民群众多元化、多样化的文化需求，助力广大人民群众成长为粤港澳大湾区建设需要的人才。因此，粤港澳大湾区在宣传推介尊才、重才、爱才的文化形象时，不仅仅要从"吸引"人才的视角出发，强调对人才的利好条件，而且也要具备"培育"人才的视角，强调粤港澳大湾区对公民文化权利的保障和对公共文化服务的重视，强调粤港澳大湾区良好的城市风貌和公民素质。这将最大程度地凝聚域内共识，增强域内公民的文化认同，增强区域文化品牌的吸引力、感召力和竞争力。

坚持以人民为中心，一方面的重点是强调粤港澳大湾区的文化品牌为广大人民群众服务，另一方面的重点则是重视人才

---

① 中国文联党组：《开辟文艺大发展大繁荣的广阔空间》，《求是》2012 年第19 期。

在粤港澳大湾区文化品牌建设中的作用。人是科技创新最关键的因素，创新的事业呼唤创新的人才，创新驱动实质上是人才驱动。这些重要论断，进一步阐释了做好人才工作的战略思维和科学理念，是进一步做好人才工作的重要遵循。深入学习领会习近平总书记重要讲话精神，就是要把服务发展作为人才工作的方向，以强烈的人才意识，培养人才、凝聚人才、使用人才，促进经济社会可持续发展。[①] 习近平总书记要求，要用好用活人才，建立更为灵活的人才管理机制，消除人才流动、使用、发挥作用中的体制机制障碍。[②] 这就要求粤港澳大湾区在融合文化品牌的同时需要坚持以人民为中心、重视培育公民文化，充分有效地吸引、培育、利用人才，重点建设粤港澳大湾区良好的文化风貌，提升公民素质。除此之外，以人民为中心还强调人民视域下的文化共同体意识，文化共同体作为人文精神的共识，是推动区域一体化发展、滋养内生动力的必要条件，对公民文化培育起到重要作用。此般文化培育模式不仅可以推动本地公民从"居民"向"人才"的转向，还可以吸引大批次的高层次人才驻留粤港澳大湾区，而高层次人才作为经济社会发展的第一资源，其引领作用是塑造共同身份认知、统一价值目标的有力保障，这无疑反哺粤港澳大湾区的文化建设，有助于实现和谐的良性循环。

---

① 孔长起：《贯彻落实总书记重要论述精神　不断提高人才工作科学化水平》，《天津日报》2021年3月27日。

② 《习近平总书记（党的十八大以来）关于人才工作的系列重要讲话精神》，央视网，https://news.cntv.cn/special/2014rcgz/xjp/index.shtml。

第三节　粤港澳大湾区人才文化
生态的优化方案

从人才工作自身看，加快实现向人才强国转变是我们面临的重要课题。人才特别是科学家、企业家等创新型人才是实施创新驱动发展战略的主力军。这些年，中国的人才队伍日益壮大，人才体制机制改革和政策创新稳步推进，人才环境日益优化，重大人才工程引领示范作用不断增强，人才服务体系逐步健全，各项人才工作取得积极进展，但也必须清醒地看到，中国人才发展总体水平与世界先进水平相比仍有较大差距，人才队伍的整体规模、素质能力、结构分布与经济社会发展需求还不相适应。[①] 粤港澳大湾区的人才文化建设同样面临诸多挑战。基于以上分析，本研究提出以下方案，助力粤港澳大湾区优化人才文化生态，打造更有利于吸引和会集人才且更有利于人才成长的人文环境。

一　薪火相传：立足岭南文化，挖掘"湾区精神"新内涵

（一）做好物质与非物质文化遗产的保护和利用

粤港澳三地具有丰富多样的历史文化遗产。广东的非物质文化遗产，包括粤剧、粤绣、粤菜等，有着独一无二的文化特色。粤港澳大湾区的文化软实力建设需要抓好对历史文化遗产

---

① 尹蔚民：《大力实施人才强国战略——深入学习习近平总书记关于人才工作的重要论述》，《求是》2015年第3期。

的保护和创造性转化利用。首先要建立协同的文物保护管理制度，全方位、整体保护历史文物；其次要推进文物保护体系改革，推进文化遗产资源的社会共享和活化利用，加强粤港澳三地的合作和交流，调动社会力量积极参与文化保护；最后要开展多种多样的群体性文化活动，让文物走进人民生活，强化人民与传统文化的联系，增强湾区民众的文化认同感。①

需要指出的是，由于非物质文化遗产的特殊性，在保护和利用时应当积极利用媒体及影视产业。通过媒体宣传扩大非物质文化遗产的影响力，通过影视产业的转化推动非物质文化遗产的再度创新，开发虚拟化的文创产品。此外，对非物质文化遗产的保护和利用不应局限于"传承者"的视野，除人物传记式的新闻宣传和模式孵化，亦可以通过具有创意性的纪录片进行宣传保护，如影视作品《我在故宫修文物》的经验值得借鉴。

（二）对岭南文化精神进行创造性转化和创新性发展

岭南文化中的一些优秀文化理念、文化特质传承至今，如开拓进取、兼容并包、自立自强等。粤港澳大湾区应当依据时代的新要求，对岭南传统文化的内涵进行新的解读、诠释和补充，从而不断挖掘和完善"湾区精神"的含义，增强湾区文化的影响力和感召力。同时，要探索新时代湾区精神的塑造和传承机制，如探索建立"湾区精神"教育基地，将"湾区精神"融入公民教育体系等，助力粤港澳大湾区时代新人的培养。

对传统的岭南文化进行创造性转化已成为值得关注的命题。在新时代的指引下，需要对"湾区精神"进行不断的深

---

① 常静：《岭南文化创造性转化和创新性发展：意义、条件及路径——基于人文湾区视角》，《广东省社会主义学院学报》2021年第2期。

入挖掘。应从较为广泛的维度，提升岭南文化精神的影响力，如从个体观念教育、文艺产品创新、文化基地实践等视野对传统的文化精神进行非定型化的演绎，赋予岭南文化新的生机和活力。当然，湾区文化精神的创新性发展并无定式可言，尤其是在文艺创作领域，需要鼓励多种多样的文艺作品创作和阐释。广大文艺工作者应积极投身讴歌时代和人民的文艺创作活动之中，在社会生活中汲取素材、提炼主题，以充沛的情感、生动的笔触、优美的旋律，创作大量的优秀文艺作品。① 在优秀文艺作品的浸染下，岭南文化可以被赋予全新的形态、内涵，这无疑可以增强粤港澳大湾区文化的影响力和感召力。

二 文化润育：推进公共文化服务创新，提升公共文化服务水平

习近平总书记在广东考察时强调，粤港澳大湾区在全国新发展格局中具有重要战略地位，要"使粤港澳大湾区成为新发展格局的战略支点、高质量发展的示范地、中国式现代化的引领地"。② 然而，随着"地区概念"逐渐向"湾区概念"转变，粤港澳大湾区高层次人才建设中人才交流不畅、地域融合不足和区域身份含糊等问题日益凸显。为了打造利于人才成长的环境，粤港澳大湾区应该着力推进公共文化服务创新，建设"为人民服务"的高质量、可持续、具有普惠性的公共文化生态，

① 中国文联党组：《开辟文艺大发展大繁荣的广阔空间》，《求是》2012 年第 19 期。
② 《打造新发展格局战略支点、高质量发展示范地、中国式现代化的引领地 新阶段粤港澳大湾区建设纵深推进》，《南方日报》2023 年 12 月 15 日。

为公民享受文化成果、参与文化活动、进行文化创造提供便利。

（一）继续推进文化基础设施建设，打造精品工程

文化基础设施是文化艺术的载体，也是公民参加文化活动、享受文化成果的主要阵地。世界知名湾区都有标志性的文化设施，它们已经成为彰显区域形象的名片，如纽约湾区的大都会艺术博物馆、现代艺术博物馆，旧金山湾区的亚洲艺术博物馆、战争纪念歌剧厅，东京湾区的东京都立中央图书馆，等等。粤港澳大湾区也拥有一些知名的文体设施，如香港艺术馆、香港科学馆、珠海的日月贝等，深圳的"新时代十大文化设施"也在建设中。但目前，粤港澳大湾区的其他内地城市还欠缺有影响力的文化基础设施，而且粤港澳三地之间在文化基础设施上的合作还不够充分。粤港澳大湾区应继续推进文化基础设施建设，打造标志性的精品工程和文化地标，助力文化建设的腾飞。

推进文化基础设施建设不应追求量，而应追求质。粤港澳大湾区的文化基础建设应该打造具备区域典型性和代表性的精品工程，并努力将其树立为城市名片。精品之"精"在于其对文化内核的把握、对人民文化诉求的掌握、对区域文化发展方向的判断，而不是仅仅投入资金而忽略内涵。这就需要文化基础设施建设吸纳多区域的文化视野，以具有普惠性的审美和文化"共性"构建工程内涵。此外，还要扎根于本地文化传统，吸纳粤港澳大湾区人才意见。目前，粤港澳大湾区的文化基础设施还较为欠缺，具备影响力的工程亦少见，所以此项命题成为亟待解决的议题。

（二）深入推进文化惠民工程，保障湾区公民文化权利

粤港澳大湾区还应当把文化建设变成民生工程，并通过法规和条例给予充分保障，提升公共文化服务质量。当前，香港、澳门、深圳等地在保障居民精神文化产品供给上做得较好，深入社区的文化主题活动丰富多彩，如深圳能做到向市民提供"月月有主题，全年都精彩"的城市文化菜单，但粤港澳大湾区内地其他城市相较之下仍有不小的差距。在粤港澳大湾区大力发展互联网产业的今天，粤港澳大湾区各地要以互联网的发展为契机，运用数字平台、数字技术、数字资源，大力推进公共文化数字化建设，把文化惠民工程做大做强，让每一个公民都能享受到高质量的公共文化服务。

人民永远是文化建设的基础，换言之，城市的文化建设是为了人民。这就需要粤港澳大湾区的文化建设深入推进文化惠民工程，保障粤港澳大湾区公民文化权利。在公共文化服务方面，不仅需要考虑人民群众的需求，更要考虑这一服务的质量。例如，在 24 小时图书馆的建设中，书籍的陈设是否考虑到人民群众的需要、借阅系统是否便利、入馆认证的具体流程是否顺畅等。只有充分考虑人民群众的本质诉求，才能在真正意义上将粤港澳大湾区文化建设变成民生工程，满足公民的文化需求。

（三）重点打造大湾区文化品牌，提升大湾区文化竞争力

最有效提升区域文化软实力的方式就是打造区域文化品牌。目前，粤港澳大湾区举办了"湾区升明月"电影音乐晚会、"扬帆起航大湾区"音乐会、湾区春晚、粤港澳大湾区文化艺术节、文博会等多个具有品牌效应的文化活动，在很大程度上提升了粤港澳大湾区的知名度和文化竞争力，给粤港澳大湾区发展带来澎湃动力。但这些还远远不够。目前，对标全球其他湾区，粤港澳大湾区的文化品牌需要朝多样化、国际化、高端化的方向继续发力，寻求创新和突破。

增加品牌效应的影响力对粤港澳大湾区的文化传播具有积

极意义。打造独属于粤港澳大湾区的文化形象，不仅有利于本土文化的保护和传承，而且有利于向区域外的城市展现良好的粤港澳大湾区风貌。对于人才吸引而言，通过文化品牌提升本地的文化软实力，有利于海内外人才积极投身粤港澳大湾区建设并扩大区域影响力。不过需要注意的是，文化竞争力的实现不仅需要对诸多本土文化活动予以扶持，更需要在文化活动进程中融合海外视野，通过国际化的文化品牌提高粤港澳大湾区的知名度。

（四）着力生态和社区文化环境建设，提高国际化水平

粤港澳大湾区还需要在生态环境的建设上下功夫，治理环境污染，在保留独特自然生态和城市风貌的基础上，打造人与自然和谐统一、城市与自然交融发展的生态文化。在经济发展过程中，各城市需持续贯彻落实可持续发展理念，打造与国际接轨的城市文化。粤港澳大湾区城市可积极打造适合国际化人才生活的社区环境，增加城市双语标识，建设对国际人才更友好的城市基础设施，让他们更快、更好地适应湾区生活，进一步提升对国际人才的吸引力。

为保证粤港澳经济社会与环境资源的协调发展，粤港澳早在"粤港澳大湾区"概念提出前，就进行了广泛的环境方面的合作，形成了定期会议机制，取得积极的成果。[①]《2016—2020年粤港环保合作协议》《2017—2020年粤澳环保合作协议》等均是粤港澳大湾区生态和社区文化建设的成果。粤港澳大湾区拥有较为独特的自然风貌，因此对生态环境的治理尤为重要。

---

① 谢伟：《粤港澳大湾区环境行政执法协调研究》，《广东社会科学》2018 年
第 3 期。

只有在促进经济发展的同时不断建设生态文明，才能从真正意义上推动粤港澳大湾区的国际化建设，达成绿水青山与金山银山的和谐共融。

三　精准施策：创新区域品牌传播推介模式，找准符合时代的表达形式

在"双循环"新发展格局的背景下，粤港澳大湾区承担着提振内需、畅通国内大循环、联通国内国际两个市场的功能，但同时面临产业协同优势不足、科技创新质量欠缺、区域一体化制度梗阻、民生保障尚未健全、收入分配不均衡、外向型经济韧性不足等挑战。粤港澳大湾区应以上述现实挑战为导向，立足多维度进行定位，落实构建高质量产业体系、强化产业链枢纽作用、创新粤港澳合作制度、打造共享试验田、提升全球资源配置能力等发展战略，巩固在国内大循环中的枢纽地位，增强在国内国际双循环中的门户作用。① 这不仅需要粤港澳大湾区在经济发展、产业体系和资源配置方面进行积极建设和革新，更需要通过区域品牌的传播扩大粤港澳大湾区的文化影响，从真正意义上实现巩固国内枢纽地位和提升国际影响力的双向并进。区域文化品牌的推介需要找准符合时代的表达形式，主要表现在两个方面。

（一）运用新媒体平台，把大湾区文化形象带入公众视野

网络新媒体的发展在一定程度上塑造了大众的文化接受思维。在此前粤港澳大湾区的文化品牌建设和传播工作中，新媒

① 孙久文、殷赏：《"双循环"新发展格局下粤港澳大湾区高质量发展的战略构想》，《广东社会科学》2022年第4期。

介平台局限于微博、微信公众号以及功能比较简单的官方 App 等，数字媒介技术没有被充分利用，而且传播内容的互动性不强，传播范围有限。事实上，新媒体平台拥有极为广阔的传播空间和多种渠道，其实践方式亦不同于传统媒体，它在及时性、数字性、娱乐性等方面拥有较大的优势，群众黏性较高，在青少年群体中拥有较大的文化影响力。

随着媒介形态的不断变革，公众接收信息的渠道和方式不断发生变化，涌现了一批新的流行媒介平台。这就要求粤港澳大湾区有关部门在传播区域品牌相关信息时，与时俱进，充分了解和利用各种平台，把粤港澳大湾区的优秀文化资源、文化活动等带入公众视野，让人们从不同的渠道增加对粤港澳大湾区文化的认知和了解，同时增强趣味性和互动性，增进公众对粤港澳大湾区这一地域文化品牌的好感。

（二）推动传播形式创新，发展融入公众生活的表达方式

粤港澳大湾区文化推介部门也要创新表达方式，以融入公众生活的方式对粤港澳大湾区的人文环境进行推介和宣传。例如，2021 年，芒果 TV、湖南卫视联合推出综艺节目《大湾仔的夜》，由香港明星担任合伙人。该节目以大排档为情绪出口，通过沉浸式的拍摄，记录粤港澳大湾区不同城市的奋斗青年群像，探寻他们在求职创业过程中面临的问题与挑战。节目中富有年代感的老城街道、港风地砖、港片里的美食、"大湾仔"参演过的经典港片海报、随口哼唱的粤语歌曲，不仅唤醒了"老广"们的文化记忆，也唤起在港澳流行文化影响下成长起来的其他省份"80 后""90 后"的童年回忆。通过对粤港澳大湾区不同岗位的建设者、奋斗者等社会群体的观照，该节目串联起粤港澳大湾区建设的美丽图景，反映了粤港澳大湾区百姓的幸福生活，展现了粤港澳大湾区儿女勤奋进取、吃苦耐劳、敢想敢干的精神气质和粤港澳大湾区包容、开放、有温度的社会氛围。

四 携手远行：构筑文化发展高地，促进文化产业协同发展

文化产业是提高粤港澳大湾区软实力的重要支撑，更是人文湾区建设的重要引擎。人文湾区的建设，需要做好两方面的工作：首先，在粤港澳三地文化同源、产业互补、市场关联的前提下，统筹三地文化产业的战略布局，推动三地文化产业协同发展；其次，健全现代文化产业体系，配合文化事业发展和公共文化服务建设，不断发挥市场优势，创新消费模式，以优秀的文化产品和优质的服务提高粤港澳大湾区民众的精神文化生活质量。

（一）制定粤港澳三地文化产业协同发展规划

粤港澳三地文化产业各有优势。广东在电影院线、文艺演出、图书出版、报刊音像等传统文化市场方面占据优势，其创意设计、动漫制作等新兴文化业态也在高速成长。香港和澳门则长期在影视制作、文艺演出方面占据优势，而且港澳是中西方碰撞和交流的重要节点，在文化创意理念和审美风格上有不可替代性。

粤港澳大湾区应从顶层设计上制定三地文化产业协同发展规划，统筹规划粤港澳大湾区城市群之间的战略布局，实现错位竞争、优势互补，强化高效率沟通。粤港澳三地的文化产业各有优势，因此可以将各自的优势产业进行融合，以完整的产业链形态促进文化产业协同发展。广东的传统文化市场可配合

香港、澳门的影视文艺产业优势，将纸媒、院线与影视制作、文艺演出等文化市场相融合，通过完整统一的审美风格打造粤港澳大湾区的文化形象。

（二）加强文化产业立法

文化产业立法可以更好实现对文化产业的引导，为粤港澳大湾区文化领域的创新提供良好的发展环境。文化产业立法还可以规范市场主体的活动，为文化产业发展创造良好的营商环境。在大湾区一体化发展的进程中，应积极探索利用政策消除行政壁垒，建立更能适应粤港澳三地的有关文化产业跨区域发展的法律法规，或设立专门的第三方机构协调各个城市之间的文化工作，以此促进文化产业中人才、物资、信息等要素的高速流通。

协同发展是实现粤港澳大湾区人才发展由无序转向有序、由各自为政走向有效整合的必由之路。[①] 粤港澳大湾区的文化产业立法需要重视区域的协同发展意识，通过一体化的文化产业发展打造新时代粤港澳大湾区形象。

（三）积极培育新业态

虽然粤港澳大湾区发展的时间不长，但其市场经济成熟、高新技术发达、产业资本活跃，为文化产业新业态的培育创造了良好的条件。粤港澳大湾区可继续发挥这些优势，建设文创产业园区，鼓励发展文化企业，鼓励基于互联网的文创产业创新，引进世界高端创意资源，推进文化旅游高品质融合发展，让文化企业成为"讲好大湾区故事"的主力，为推介粤港澳大

---

① 周仲高、游霭琼、徐渊：《粤港澳大湾区人才协同发展的理论构建与推进策略》，《广东社会科学》2019 年第 6 期。

湾区形象提供支撑。

不过，培育文化产业的新形态需要经历长时间探索和试错的过程，新业态在初步呈现时总会伴随质疑和反对，因此需要将推广和接纳新形态的文化产业看作该命题的主要任务。

五　全球链接：推动文化走出去，打造人文湾区文化名片

文化只有在不断的交流和碰撞中，才能得到更好的发展。提升粤港澳大湾区人才文化软实力，需要有更广阔的全球视野。粤港澳大湾区是中国对外开放的重要窗口，具有天然的文化走出去优势。在"一带一路"建设不断推进的背景下，粤港澳大湾区可抓住机遇，加快文化走出去的步伐。

（一）发挥文化的窗口功能

一个国家、一个民族的强盛，总是以文化兴盛为支撑。梳理文化共同体建设中的问题和困难，凝聚区域高层次人才共同的理想目标和价值信仰，是应对外部挑战、实现经济社会高质量发展的有力保障。自 2017 年"粤港澳大湾区发展论坛"正式成立组委会以来，珠三角 9 座内地城市（广州、珠海、中山、佛山、江门、肇庆、深圳、东莞、惠州）与香港、澳门掀起了粤港澳大湾区建设的热潮，共同致力于世界级城市群建设。塑造粤港澳大湾区人文精神，共同推动文化繁荣发展，不仅是粤港澳大湾区高质量发展的题中之义，更是为党的二十大报告中强调的"以中国式现代化全面推进中华民族伟大复兴"汇聚磅礴力量。作为文化共同体交流的重要场所，优质文化空间是塑造区域特色、彰显区域文明、促进文化交流的物质文明要素。

2023 年 5 月 8 日，主题为"新定位、新机遇、新使命——共建人文湾区，推进文艺交流合作"的第二届粤港澳大湾区文艺合作峰会在广州成功举办。该峰会旨在共谋湾区文化空间的建设和文化生态的发展。但截至 2024 年，粤港澳大湾区在优化文化空间布局、规划结构重组等方面仍未出台全面细致的指导意见或政策方针，对基于空间属性的精神文明关注度不高，没有在内部形成相对统一的文化地标。此外，粤港澳大湾区各城市间尚未建成高层次人才聚集、交流的公共文化场所。粤港澳大湾区作为一种特殊的区域概念和空间形态，立足于"一国两制"和珠三角区域一体化的制度实践与治理经验，沿用了"珠三角"经济圈等区域空间框架，但受 11 座城市间地缘、文化因素不同影响，公共文化空间建设水平参差不齐，跨地区交流合作力度不大，与构建高品质人才生活圈目标尚有一定距离，因此需要积极发挥文化的窗口功能。

首先是地域文化方面。目前，粤港澳大湾区已经开始承办并积极参与一些国家级甚至世界级的文化产业活动，如文博会、高交会等。借助这些活动，许多本土文化企业成功与世界市场对接，提高了粤港澳大湾区文化产品、服务和投资的海外市场占有率。在建设人文湾区的背景下，粤港澳大湾区应不断建设、开发提升湾区文化创造力的平台和国际资源，鼓励城市群内的文化企业扩大与其他国家的交流合作，推动湾区文化品牌"走出去"。这同时需要积极挖掘区域文化内涵，加快现代文化市场体系建设步伐，充分发挥粤港澳大湾区文化的窗口功能，具体建议如下。

一是要明确城市文化发展目标，加大本土文化传承力度。粤港澳三地因发展差异，酝酿出独具魅力的广府、潮汕、客家、疍民等地方性文化特征，这些文化特征是地方社会经济与城市发展的重要内生动力。各地应加强本土文化研究的共同体建设，深度挖掘地域文化独特性与原生性，甄别个性与共性，充分利用新媒介技术对以粤剧、龙舟、武术、醒狮等为代表的悠久文化进行传承和创新。

二是要完善调节地域供需两侧平衡机制，适应全国大市场新格局。地域文化的推广离不开文化产业的供需平衡，这需要城市以数字化手段赋能文化产业服务工作，深化文化市场供给侧与需求侧改革，加强供需有效管理，形成更具弹性的权力配置。从供给侧来讲，应侧重于要素端的优化配置，引导创新人力资源和文化资源向粤港澳大湾区"两翼"城市有序倾斜；从需求侧来讲，着力于做大消费市场，监测文化市场需求基本盘，尤其在全球经济总体情况不佳时，迅速掌握文化消费需求变化，以宏观市场调控手段切实优化市场供需结构。

三是要坚持文化产业意识形态属性，消除思想壁垒。文化产业具有意识形态和商业市场的双重属性，但前者为本质属性和必然要求。粤港澳大湾区各级政府要明确文化产业的价值基础为中华文化，牢牢把握其作为提升人民群众文化自信、维护国家意识形态和文化安全的根本依据，同时，出台粤港澳大湾区文化产业相关政策，专项制定港澳财税及金融支持政策，补齐澳门文创产业短板，发掘香港影视传媒潜力。

四是要推动粤港澳大湾区文化艺术理论人才建设，促进区域文化艺术实践发展。文化艺术理论的建设同样对发挥粤港澳大湾区文化窗口功能起到重要作用。在人才强国战略引领下，文化艺术理论人才的高质量发展对推动文化艺术事业创新与繁荣具有决定性意义。当前，粤港澳大湾区文化艺术理论人才建设在人才培养、知识体系建设、学术研究水平提升、学科团队建设和国际交流等方面取得长足进展，但在高等教育专业设置结构、人才梯队建设稳定性、区域发展政策环境、国际化进程和跨区域合作视野等方面还存在不足。提升文化艺术理论人才质量，应以高等院校和科研机构为依托，以建设高水平人才高地为目标，兼顾青年理论人才的发掘与培养。这将为粤港澳大湾区文化艺术理论人才高质量发展提供强大支持，为中国文化艺术事业的繁荣与创新注入新动力。

五是要加快粤港澳大湾区文化的国际化建设，提升其国际影响力。全球化是当今世界的显著特征与根本性趋势，任何国家推进现代化都不可能置身于全球化之外，中国式现代化也不例外。中国式现代化不是关起门来封闭推进的过程，而是一个积极参与全球化发展的过程。[①] 因此，粤港澳大湾区需要将全球视野、国际格局与自身文化发展现状相结合，进行比对研究和综合分析。"走出去"本身不能只局限于产业"走出去"，应当转化为文化"走出去"，因为前者更多依靠高精尖技术和产业优势，而后者才是区域文化自信和影响力的显现。需要立足本土、采取国际视野，通过内外融合，以一种更具人类"共性"的国际化文化形态，传播粤港澳大湾区文化。只有不断加快粤港澳大湾区文化的国际化建设、不断提升粤港澳大湾区文化的国际影响力，才能从真正意义上发挥粤港澳大湾区作为国内城市枢纽的文化窗口功能。

其次是时尚文化方面。时尚文化作为对年轻群众极具吸引

---

① 邹升平、程琳：《中国式现代化的动力来源、生成模式与优化路径》，《求实》2023 年第 4 期。

力的文化分支，也在书写粤港澳大湾区形象和发挥窗口功能中占据了重要的位置。整体而言，粤港澳大湾区的时尚文化形象尚不成熟。以深圳为例，深圳缺乏一线时尚之都所应具有的绝对吸引力，缺乏诠释深圳国际化城市和现代时尚产业的标识形象，即由前卫的城市印象、多元的文化聚集、顶尖的品牌汇聚、顶尖的设计大师、前沿的设计发布、设计人才的培养和输出、设计新秀的推陈出新、狂热的消费行为组成的聚合矩阵。深圳整体打造的城市形象时尚度不高，缺乏独树一帜的城市形象和时尚文化印象，时尚活动尚未形成标志性品牌效应，未在时尚流通市场上产生重大影响。事实上，不仅是深圳，整个粤港澳大湾区时尚文化产业领域的影响力都不高，尚未与商业形成良性互动。时尚商圈分散，国际化品牌消费市场构建没有突出优势，对国际一线时尚集团的吸引力不够强，缺少针对新锐设计师和原创品牌的扶持商圈，在时尚产业领域没有形成不可取代的绝对优势，这些都在一定程度上限制了粤港澳大湾区时尚文化窗口功能的发挥。粤港澳大湾区的时尚文化构建和传播还面临其他方面的挑战：时尚类院校、与时尚产业相匹配的专业研究机构比较匮乏，缺少与国际顶尖教育机构的合作，缺少对接前沿领域顶尖人才的学术研究与合作，缺乏时尚类顶尖名校，强势专业的打造及人才输出力度不足。粤港澳大湾区（尤其是深圳）作为女装品牌产业聚集中心，早已脱离早期以生产加工为主的阶段。现阶段，深圳作为品牌运营基地，肩负了国内众多成功服装产品研发和品牌运营的重要使命。当然，当下的粤港澳大湾区时尚产业和品牌缺乏在时尚文本方面的创新能力，文本叙事和创新能力较弱，能够独当一面的品牌时尚风格尚未完全成形。最后，在新媒体时代语境下，数字化虚拟时尚等领域的发展既是挑战也是机遇，这对粤港澳大湾区的未来时尚产业发展具有一定的启示意义。整体而言，粤港澳大湾区在时尚之都建设、时尚文化推广方面，缺少具备影响力的传播路径和传播方式。

粤港澳大湾区的时尚文化建设应以顶层设计为抓手，从时尚文化出发，发挥粤港澳大湾区文化窗口功能；从城市IP、时尚活动、时尚创新品牌、跨界融合高端人才、传播平台及时尚学术高地等维度，"五位一体"整体推进粤港澳大湾区国际一流时尚之都建设。具体建议如下。

一是加强顶层布局，打造湾区城市IP。粤港澳大湾区以往敢闯敢试、敢为人先的"拓荒牛"的城市印象深入人心，但在时尚之都建设方面，这个形象并不占有优势，缺乏时尚之都的故事调性和想象空间。打造湾区城市IP，须吸纳"先行、开放、包容、多元"的时尚概念，将广东、香港、澳门的经济高速发展、高新科技智能制造、创意硅谷等优势打造成独特的城市名片。以科技带动时尚，以数字化虚拟技术、智能可穿戴时尚为突破点，加强时尚产业和科技产业的融合与创新发展，打造时尚科技创新文化高地，以己之长开辟新的赛道。大力推介粤港澳大湾区前沿的城市建设、独特的经济地位、开明的政治管理、顶尖的高新科技、蓬勃的时尚产业和庞大的服装市场。加强时尚地标建设，强化时尚商圈概念，打造国际时尚品牌流通的良性市场，充分发挥粤港澳大湾区在时尚文化方面的窗口功能。

二是打造与产业价值相匹配的时尚活动。在商业层面，粤港澳大湾区需明确深圳时装周的整体定位和商业目标，实现从文化推广到商业价值落地，从促进内循环到促进外循环。可效仿国外时尚机构，积极吸纳优秀品牌，培育孵化新锐品牌，针对时尚发布、行业动态、品牌运作等建立规范化的学术评价标准，聘请国际化的评审团队、国际化的一线从业精英进行评判，对时尚发布、时尚文化输出、时尚产业运作进行评价和考核，在业内形成具有权威性的评价标准。将本土品牌的内部展演转变为国际知名品牌的外部展演，力争成为规范化的业内顶级标准制定者，逐步树立粤港澳大湾区时尚文化的权威形象。同时，粤港澳大湾区时尚之都建设可从消费市场的整体建设入手，吸纳顶级品牌，引入知名设计师品牌，为新锐设计师提供发展平台，提供良好的环境和发展契机，在商业卖场提供专业的展示平台和销售渠道，活化市场布局，扩大国内消费需求。国际一线品牌的全面切入，能够为本土时尚品牌的规范化和产品升级提供契机。

三是助推打造百年品牌，打造粤港澳大湾区时尚创新品牌。首先可聚焦"20+8"战略性新兴产业细分领域，着力打造和助推具有国际影响力的"现代时尚产业集群"，形成具有吸引力的时尚产品流通市场。一方面，升级传统型商业品牌，深挖品牌基因；另一方面，培育和挖掘具有本土文化特色的品牌。在当今的时尚产业发展阶段，对民族文化具有自信和将民族文化发扬光大是至关重要的，应找到具有独特性的东方文化、中国元素、中国符号并进行传播，这是建立在标准化生产之上的非标准化指征之一。政府机构、行业协会可以效仿米兰、伦敦相关组织机构的做法，给予企业适当的引导和支持。现阶段，可以帮助相关企业品牌策划一个整体形象，以便其进入西方时尚之都的视野，以少数品牌提升整体形象，以打造品牌群像和品牌势力的方式进入主流市场，获取订单并拓展海外市场，将粤港澳大湾区的时尚文化窗口向国际市场敞开。

四是加强国际时尚教育合作，吸纳跨界融合高端人才。进一步拓展国际视野，积极推进国际名校与粤港澳大湾区合作办学及校际合作，大力引进跨界融合型时尚人才，提供高端的创新创业平台。政府可提供相关政策支持，如在时尚领域、数字创意领域和可穿戴新材料领域，鼓励引进国外名校名师、国际知名品牌创意总监作为深圳时尚院校校外导师，建立粤港澳大湾区"时尚大师工作坊"，开展短期研究项目并举办设计营活动。鼓励海外名校学生来粤港澳大湾区参与实际项目研究和企业前沿创意项目研究。积极引进和培养具有国际视野和高端技能的人才。在人才引进方面，侧重于引进高新产业人才、跨界人才，以及在协调模拟设备、数字序列、实验艺术、人工智能、智能制造等领域进行研究的高端人才，出台人才优惠政策，提供创业发展机会，吸纳国内外前沿科技公司落户粤港澳大湾区。

五是打造文化传播平台与时尚学术高地。运用由信息技术产生的非标准化传播方式，以新媒体路径对粤港澳大湾区时尚之都的创新概念及文化成果进行传播。创建符合年轻市场的虚拟时尚代言人、虚拟人物，将之作为粤港澳大湾区时尚之都的未来形象，在新媒体语境下进行渗透式传播。创办粤港澳大湾区时尚教育论坛，举办毕业设计时装周，建设原创设计人才的展示平台，提前对接时尚人才的输出，选拔优质高端人才。每年都会有很多来自全国上百所服装院校的服装系毕业生来到粤港澳大湾区寻求就业机会。这些内地学生专业功底扎实却苦于缺乏实践机会和经验，直至毕业才能来到粤港澳大湾区接触实践机会。同时，粤港澳大湾区优秀企业每年花大量时间进行海选并前往内地各大高校进行校招。教育产出和行业需求的不对应是主要矛盾。可以比赛、毕业设计展示等一系列活动展示各大高校育人成果，以专业运作推新人、吸引人才来到粤港澳大湾区，增强城市对专业优秀人才的吸引力，促进人才选拔和学术成果转化。可借鉴学习伦敦的先进经验，联合行业优质企业，定期举办关于行业前沿研究议题（如虚拟艺术设计、新媒体创意）的设计比赛，在国际国内营造重视原创、高新科技和跨界融合的学术氛围，改变目前在时尚商业实践层面的刻板形象，强调引进和吸纳跨领域高端综合型人才，让国内外高校和相关行业逐渐真正认可粤港澳大湾区创意创新的实力。

（二）打造湾区文化名片

得益于广东地区华人华侨的影响和香港、澳门在中西文化交流中的关键作用，岭南文化在海外具有一定的影响力。这为加快打造有国际影响力的粤港澳大湾区文化名片创造了有利条件。事实上，粤港澳大湾区文化名片的形式可以是多样的。文化名企（如腾讯、华为、大疆等）、文化名人、文化地标（如香港星光大道、维多利亚湾等）、文化活动（如"湾区升明月"中秋电影音乐晚会等）等，都可以帮助粤港澳大湾区打造有国际影响力的文化品牌。粤港澳大湾区可制定打造湾区名片的整体策略，充分调动海内外名人、名企等元素，整合文化资源，向世界"讲好湾区故事"。

与此同时，持续优化人才"引育留用"体系，有效提升政策制度比较优势，在最大程度上以粤港澳大湾区文化名片吸纳高层次人才，这也是打造粤港澳大湾区文化名片的现实意义。处在粤港澳大湾区人才资源金字塔顶端的高层次人才，承担着树立标杆的职责，对大湾区地域的文化认同也起到"领头羊"与"生力军"的作用。粤港澳大湾区文化名片的打造不能仅局限在名人名事、地标旅游等维度，更需要借助人才策的制定，将名片效应从外部吸引转化为内部动力，把握吸纳人才的内部动力，实现湾区的综合发展。那么，如何发挥粤港澳大湾区的文化名片效应，以吸引更多的高层次人才？具体建议如下。

首先，要研讨科学评价匹配机制，因地制宜完善人才储备结构。针对两种制度、三个关税区、四个核心城市及不同法律体系的独特复杂格局，建立创新资源流通共享机制，深入开展科学调研，不断优化人才结构，完善符合市场需求和岗位要求的专业化、社会化、动态化分类评价体系，营造公平公正的竞争环境，吸引和集聚与城市发展目标高度吻合的人才。譬如，出台粤港澳大湾区相对统一的高层次整体人才政策，并在此基础上制定各城市的细化人才政策，合理分配高层次人才。

其次，消除各地时空交流障碍，建设优质的信息共享平台。构建集政府主导、多方参与、多元要素融合、多维评价指标于一体的公共信息平台，运用互联网技术和大数据手段，探索创新"互联网+人才"管理服务模式，进一步理顺政府与市场间的关系，疏通流动渠道，完善人才市场管理体制与运行机制，并合理发挥市场在资源配置中的基础作用，为政府、市场和人才提供互动交流与信息共享的智能平台。同时，充分利用人才集聚优势，强化区域内生性合作，积极推进横琴、前海、南沙现代服务业合作区建设，促进三地人才的良性流动与互动，全面提升人才工作协同服务综合水平；推动完善粤港澳三地社保、教育、医疗等互认互通机制，畅通人才服务衔接渠道。

最后，要探索自主培养核心逻辑，因势利导提升粤港澳大湾区内生动力。一方面，必须坚持"为党育人、为国育才"的初心使命，引导各类人才把爱党报国、服务人民作为自觉追求；另一方面，必须坚持以创新能力为导向的培养体系，特别是在文化科技复合型人才培养方面，要促进教育链、人才链与产业链、创新链衔接，不仅要建立健全长周期、全过程的培养方案，把握以岭南文化为基础的竞争优势，树立弘扬粤港澳大湾区文化的使命意识，形成引才与按需相结合的精准培养机制，还要加大政府财政支持力度，持续深化育人方式改革，加大对传统文化匠人师傅和民俗培训机构的扶持力度，走出一条中国特色创新人才自主培养道路，打造粤港澳大湾区内生动力源泉的支撑体系，如加快建设粤港澳三地高等教育集群等，发挥港澳教育优势，辐射带动粤港澳大湾区其他地区。

只有依靠内部动力打造粤港澳大湾区的文化名片，才能在最大程度上吸引海内外的高层次人才。大湾区文化名片本身的含义不在于表层的文化名人、文化地标、文化活动，而在于深层次的文化动力、文化内核、文化吸附力。只有把握粤港澳大湾区文化建设的真正意义，才能打造出具有代表性的粤港澳大湾区文化名片。

第五章

本土人才全球竞争力的法治保障

在人才强国的时代背景下，在粤港澳大湾区人才建设过程中持续改进法治保障措施是实现区域高质量发展的必然选择。当前，粤港澳大湾区在推动中国本土人才创新实践方面取得长足的进步，但是其在国际竞争力的保有及提质上仍存在问题，尤其是在法治方面存在法律法规建设不全面、政策落实不到位、法律规范执行不严格、人才合作交流和人才发展治理体系尚待完善等问题。有鉴于此，本章通过调查研究，从人才法规体系、法治建设及人才发展治理体系完善等方面提出具体解决方案，为粤港澳大湾区世界重要人才中心和创新高地建设建言献策。

第一节　粤港澳大湾区提高本土人才国际竞争力的立法现状与不足

一　立法现状

人才是全球核心竞争力。当前，粤港澳大湾区围绕人才高地建设，制定了一系列的政策，如大湾区内 11 市颁布了一系列人才建设政策，主要涉及人才引进、人才培养与发展、人才激励、人才管理四大方面。《广东省人力资源和社会保障事业发展"十四五"规划》明确提出"建设粤港澳大湾区国际人才高地"，并拟定了若干具体任务。为了确保政策的稳定性和持续性，大湾区人才立法工作得到重视。广东省于 2018 年颁布了《广东省人才发展条例》，明确提出支持将广州南沙、深圳前海、珠海横琴作为全国人才管理改革试验区，这为大湾区人才创新提供了地方法律保障。深圳市于 2017 年以特区立法权制定并实施《深圳经济特区人才工作条例》，2019 年予以修订，明确该条例是为"国际科技、产业创新中心和现代化国际化创新型城市建设提供智力支持"。打造国际化人才高地是深圳特区的重要使命。香港地区和澳门地区通过立法，吸引高端国际化人才，如香港的"优秀人才计划""高端人才计划"，重点吸引行业优秀人才和全球高技术人才，对行业、学历及工作经验等要求较宽松；2023 年 7 月 1 日，澳门《人才引进法律制度》生效，主要吸引行业中卓越的领军人物。可见，粤港澳三地的人才立法工作走在全国前列，为大湾区提高本土人才国际竞争力营造了良好的法治环境，提供了保障。

二　存在的不足

粤港澳大湾区人才政策覆盖范围较广，为"引育留用"提供了有力的制度保障。譬如，江门市 2016 年发布《中共江门市委组织部江门市人力资源和社会保障局关于印发江门市高层次人才认定和评定办法的通知》，形成了"1+13"的人才新政体系。广州市人民政府发布的《关于印发〈广州市高层次人才认定方案〉〈广州市高层次人才服务保障方案〉和〈广州市高层次人才培养资助方案〉的通知》，以"高精尖缺"为导向，将高层次人才划分为"广州市杰出专家""广州市优秀专家""广州市青年后备人才"。但由于各类资源在粤港澳三地的分布不均衡，高层次人才集中流动于经济发达城市。各地在制定贯彻高层次人才政策时，没有做到因地制宜，缺乏灵活变通性。如肇庆市人民政府推出的文件《关于实施西江人才计划的意见》，对高层次人才的界定范围与广州、江门等城市雷同，专业要求模糊，这导致人才配置不够优化、地域竞争持续加剧，造成经济相对滞后的珠江西岸城市只能利用住房等优势挽留人才，如江门 2018 年出台《关于进一步集聚新时代人才建设人才强市的意见（征求意见稿）》，分别给顶尖人才和产业领军人才分配 150 平方米、120 平方米的住房，并在人才工作满 5 年后将其赠予个人。上述迹象表明，大湾区内部存在对高层次人才无序竞争的状况。这不但导致优秀人力资源争夺的内耗，也不利于高层次人才文化共识的凝聚，其潜在的危害应引起高度重视。

对人才资源的充分利用，离不开人才保障体系机制的完善。落实粤港澳大湾区的人才保障措施，是提升人才资源创新能力和竞争力的题中之义。当前，粤港澳大湾区围绕人才高地建设的制度体系日益完善。就政策支持方面，大湾区内 11 市颁布了一系列人才建设政策，主要涉及人才引进、人才培养与发展、人才激励、人才管理四大方面。在法律法规方面，部分城市一方面逐步颁布规章，明确要求各政府部门在人才落户、子女教育、配偶就业、医疗保健等方面为人才提供便利化服务，并落实相关待遇政策；另一方面积极寻求路径使境外人才享受与当地居民同等待遇，解决人才基本的生活保障问题。但是，当前粤港澳大湾区的人才法治保障体系仍然不够健全，协同性不足，不可避免地出现了一系列的负面效应。虽然粤港澳大湾区人才立法位于全国前列，但仍然滞后于大湾区发展需求，存在诸多不足，这制约了本土人才国际竞争力的提高。

（一）立法层次较低

行政规章和规范性文件居多，且大多属于"暂行规定""暂行办法""试行条例""通知"之类，如《深圳创新创业英才计划实施办法》《关于实施引进海外高层次人才"孔雀计划"的意见》《澳门中长期人才培养计划——五年行动方案》《香港特别行政区科技人才入境计划》等。此类型的法律规范层级较低，效力相对较低，难以给人才提供预期保障。诸多优惠政策随时调整导致高端人才因顾忌未来政策取消或调整而不愿投身大湾区建设。

与此同时，粤港澳三地的合作虽有协议框架，但缺乏执行力和约束力，合作的进展和成果很大程度上取决于三地政府的自我实现、自我监督和自我评价。① 这在很大程度上削弱了政府立法的权威性和统领性。单维度的自我实现会导致行政执法和合作效果测评的偏颇、第三方评价和公众监督的缺失。

（二）立法质量不高，国际通用性不够

当今世界正经历百年未有之大变局，中国发展的内部条件和外部环境正在发生深刻复杂变化。面对国内外的复杂形势，中国提出以高质量发展为主题，加快构建以国内大循环为主体、国内国际双循环相互促进的新发展格局，力争在危机中育先机，

---

① 谢伟：《粤港澳大湾区环境行政执法协调研究》，《广东社会科学》2018 年第 3 期。

于变局中开新局。① 在新的发展格局中，在国内外的双循环中推动本区域的高质量发展成为粤港澳大湾区的首要议题，这也给粤港澳大湾区人才立法提出全新的要求。然而，大湾区的人才政策法规还存在一定的不足，这体现在立法质量不高与国际通用性不高两个维度。

一方面，人才政策法规覆盖面不够，法规间相互配套协调程度较低，可操作性和执行效率不强。另一方面，立法缺乏国际视野，一些法规偏重"土政策"，难以适应人才国际竞争的形势。法规制定过程中没有积极借鉴国外的先进经验，特别是在域外人才引进、科研成果转化标准、科研人员权益保障等方面，在国际竞争中处于劣势。人才立法在大湾区的适配性仍存在不足，不能涵盖较为广泛的人才引进和吸附议题，更不必说面向国际的通用性表现。国际人才的引进相较于区域内的人才培育更为复杂，涉及国籍定居、跨国交流等诸多议题。

（三）人才管理立法模式阻碍了提高本土人才国际化竞争力的进程，不利于大湾区产业整体布局

粤港澳三地的立法是一种政府主导的人才管理模式，政府在人才引、育、用、留、评等多个环节居主导地位，市场用人主体的参与度普遍不高。这导致出现诸多问题，主要有以下几点。首先，引培失衡与供需失衡现象并存。一方面，重"引"轻"育"，过于重视高层次人才引进，忽略对本土人才的培养；另一方面，政府部门主导的"行政评价"与市场对人才的界定标准不一致，导致引进的人才与地方经济社会发展需求存在一

---

① 孙久文、殷赏：《"双循环"新发展格局下粤港澳大湾区高质量发展的战略构想》，《广东社会科学》2022 年第 4 期。

定偏差。各地在引进人才工作中盲目跟风，没有依托自身发展
禀赋布局人才链，未能以人才资源带动产业发展，这不利于大
湾区产业整体布局。此外，人才政策碎片化与趋同化并存。这
不仅体现为人才政策政出多门、各层级人才管理协同较弱，不
同区域"抢人"剑拔弩张，个别人才政策兑现不及时导致人才
政策不明、标准不一，还体现为"争高比低"的区域竞争，政
策时效性差，新旧政策承接性和兼容性存在问题。相关政策缺
乏中长期目标，缺乏前瞻性。同时，为了实现人才引进，地方
政府往往以资金、税收、土地为杠杆，凭借高额度"拔得头
筹"，抢占人才高地。但这种操作不仅会制约人才政策的体系
化，阻碍人才政策科学化进程，还会加剧人才竞争的恶性循环，
破坏良性人才生态，人才转化效果也不明显。粤港澳大湾区内
的人才政策的同质化竞争现象，也表明其整体政策落实得不充
分。首先，各地在引进人才工作中盲目跟风，忽视地方产业发
展战略需求，未能以人才资源带动产业发展；其次，各地政府
部门多次"打补丁"式地推出"新政"以引进人才，这加剧了
大湾区内人才政策的"白热化竞争"，未能达到人才资源转化的
效果。

相比较而言，港澳两地人才市场开放程度低于内地。在人
才立法和政策拟定上，港澳两地更多根据地区产业布局和产业
发展急需人才，拟定人才引入政策，主要依据地区福利和税收
优惠等人才政策吸引高层次人才，如《澳门人才引进条例》等。

（四）规则衔接机制仍待完善，协同保护严重不足

人才高地建设中的关键工作是用才、留才。随着粤港澳大
湾区引入人才工作逐步推进，越来越多的人才到大湾区创业和
生活。然而，全面深化人才高地建设工作仍存在制度壁垒。例

如，在职业资格互认和标准对接方面，仅教师等八大专业性极强的职业领域实现了以单边认可带动双向互认，尚未实现各行业的认证和标准衔接，同时取得认证的人数相对较少，程序仍较为繁杂。而在人才保障司法方面，人才创业创新离不开对智慧成果的保护和劳动用工等方面的司法保障。当前，粤港澳三地相关司法纠纷仍存在，相关判决由于地域性限制、公共秩序保护等原因在其他法域难以得到承认与执行，整体的机制衔接仍待进一步完善。

为了推动粤港澳三地人才流动，《广东省人力资源和社会保障事业发展"十四五"规划》提出从三地职称评审机制、跨境执业资格准入、社保衔接机制、三地劳动争议处理协同机制等诸多方面，构建规则衔接机制。2023 年 4 月 6 日，广东省大湾区办发布了第一批典型案例，着力解决港澳律师在大湾区内地 9 市便利执业、工程师资格互认、推广"湾区社保通"、共推"湾区标准"等问题。整体而言，大湾区内部的规则衔接机制存在协同保护不足等问题，人才职业资格的双向互认问题尚待解决，需要从立法层面进行改进、革新。

（五）司法保障人才环境力度不足

建立科学规范、开放包容、运行高效的人才发展治理体系，是粤港澳大湾区人才中心的主要目标。但当下人才发展管理治理体系尚在建设过程中，各个方面的关系仍需进一步协调，特别是在立法、执法和司法环节，如何更好地对这些环节进行统筹规划是较为艰难的任务，而目前缺乏完善的人才发展治理体系，对此还需进一步努力。

作为法治体系的重要部分，人才环境的司法保护制度是重要的保障制度，其作用发挥得好坏决定了是否可以真正实现

"用制度保护人才环境"。① 人才创业创新离不开对智慧成果的保护和劳动用工等方面的司法保障。然而，目前相关的司法保护问题仍然突出。2018~2022 年，广东省法院共受理涉外知识产权案件 10226 件；受理涉港澳知识产权案件 5024 件，年均增长19.70%。而相关的判决由于地域性限制、公共秩序保护等原因，而在其他法域难以得到承认与执行。2020~2022 年，广东全省法院受理知识产权强制执行案件约 2.36 万件，有 20% 的案件需要进入强制执行程序，判决的适用率仅达 40.91%。② 广州南沙在全国范围内开展了首个试点，聘任港澳籍劳动人事争议仲裁员，对劳动仲裁案件进行跨境跨区域互联网庭审，但目前面临推广不足、案件涉及面窄等问题。

第二节 粤港澳大湾区建设世界重要人才中心和创新高地的法治路径与建议

在建设粤港澳大湾区世界人才高地的背景下，高质量人才创造的经济价值，是转变经济增长方式和实现高质量创新发展的关键要素。完善法律制度体系，推动司法协同保护，落实人才工作服务，是粤港澳大湾区实现世界人才高地建设法治保障的必由之路。法律具有权威性、稳定性和指导性，好的人才法律制度可以树立地方推进人才工作的形象，避免朝令夕改，对于"留人引人"有积极的作用，也有利于粤港澳三地人才进一

---

① 郑锦春：《探索生态检察专业化运行机制》，《检察日报》2021 年 5 月 20 日。
② 《广东法院知识产权司法保护状况白皮书（2022 年度）》，广东法院网，2023 年 4 月 23 日，http://www.gdcourts.gov.cn/gsxx/quanweifabu/baipishu/content/mpost_1151345.html。

步流动，优化粤港澳大湾区产业整体布局。针对粤港澳大湾区人才法治存在的问题，特提出以下完善建议。

一 推进粤港澳大湾区人才立法，提高立法层级

人才法治化的关键是人才立法，人才立法的核心是提高立法层级，健全法律法规体系。要想完善人才高地立法及法规体系，加快规则衔接，需要粤港澳大湾区重点围绕人才安全、人才市场管理、人才知识产权保护，以及人才培养、使用、引进、评价、激励、保障等各个环节，研究制定专业技术人才继续教育、人力资源市场管理、外国专家工作管理等方面的法规、规章或其他规范性文件，形成层次分明、覆盖范围广泛的人才法规体系，依法维护各类人才和用人主体权益，有效推进人才工作制度化、规范化、程序化。具体建议如下。

（一）在立法层次上，中央和地方人才立法并行，国家法律与部门规章、地方条例相结合，确保人才法律法规实现有机协调，在内容上衔接配套

国家层面人才立法需比对世界重要人才中心和创新高地的战略目标，从实际出发，解决人才法律法规供给不足、各类主体权责不清、法律法规修订不及时、地方恶性人才竞争等问题，贯彻落实新时代人才强国现实要求。[①] 这就要求粤港澳大湾区促进立法，建立高效的法治实施、监督体系。

一是建立完备的法律规范体系。以良法促进发展、保障善治，加快制定人才方面的法律规范，以之为人才事业发展的"基本法"，为其他单项法规及规章的制定提供遵循。第一步是完善立法

---

① 潘娜、黄婉怡：《推进人才治理法治化》，《中国人才》2022 年第 9 期。

工作格局，完善人大主导立法工作的体制机制，注重发挥政府在立法工作中的重要作用，同时，拓宽社会各方有序参与立法的渠道。第二步是坚持立改废释并举，加强人才保障领域立法工作，加强立法的协调配套工作，抓紧补齐短板；及时解决法律规定之间不一致、不协调、不适应问题；加强法律法规解释工作。第三步是坚持立法和人才保障改革相衔接、相促进，做到重大改革于法有据，充分发挥立法的引领和推动作用，从法制层面加强对粤港澳大湾区人才中心和创新高地建设的保障。

二是建立高效的法治实施体系。建设粤港澳大湾区人才中心和创新高地，必须深入推进科学立法、严格执法、公正司法、全民守法，健全社会公平正义法治保障制度，构建职责明确、依法行政的政府治理体系。各级政府必须坚持依法行政，把政府活动全面纳入法治轨道，司法部门应坚持司法公正，加强对人才权益的司法保护。例如，在知识产权保护方面，知识产权保护在创新时代对于科技的进步来说尤为重要，要切实维护知识产权相关法律的权威性，明确知识产权保护的重要性，坚决维护人才的创新权益。

三是建立严密的法治监督体系。粤港澳大湾区应当逐步扩大人才中心和创新高地建设方面的公开范围，提升服务水平，主动接受新闻媒体舆论监督和社会监督；建立健全监督工作机制，完善监督程序，特别是加强对执法工作的监督，落实行政执法责任制和责任追究制度。总的来说，建设人才中心和创新高地，必须加强和改进立法工作，深入推进科学立法、民主立法、依法立法，提高立法质量和效率，同时要积极接受外部监督，从内外两方面为人才立法。重点在于在立法层次上，中央人才立法和地方人才立法并行，国家法律与部门规章、地方条例相结合，确保各人才法律法规有机协调，在内容上衔接配套。

（二）推进大湾区人才建设的专门性立法

出台地方政府跨区域人才建设合作方面的法律法规，改变粤港澳人才建设相互独立的状态，使人才建设合作有章可循、有法可依。具体而言，将人才引进、培养、评价、流动、激励、保障等方面的政策措施经过实践检验后，上升为法律。

首先是坚持法制化的人才发展治理体系。强调主体的合作性，政府、企业、社会、个人对人才发展有独特作用，但不能各行其是，而是要相互合作协同，形成良性互动机制。强调主体的扁平化，决策层与执行层运行路线要集约，中间环节要减少，让人才智慧得到快速集聚，让行政意愿得到准确传递，尽可能提高人才培养、引进、使用、评价效率。①

其次是优化粤港澳协同创新机制。高标准建设深港科技创新合作区深圳园区、横琴粤澳深度合作区、广州创新合作区三大创新合作区，构建"两点""两廊"创新发展格局。开展创新要素跨境便利流动试点，推动香港、澳门高校和科研机构深度参与广东省财政科技计划（专项、基金）、重大科技基础设施和高水平实验室体系建设等，推动香港、澳门在广东设立的研发机构与内地研发机构同等享受国家和广东省各项支持创新的政策，为人才创新和项目研发提供法治保障。

构建具有国际竞争力的人才制度体系，进一步优化科研项目评审管理机制，改进科技人才评价方式，完善科研机构评估制度，加强监督评估和科研诚信体系建设。在优化"三评"工

---

① 孙学玉：《构建具有全球竞争力的人才制度体系》，《光明日报》2016 年 6 月 22 日。

作布局、减少"三评"项目数量、改进评价机制、提高质量效率等方面实现更大突破,基本形成适应创新驱动发展要求、符合科技创新规律、突出质量贡献绩效导向的分类评价体系,使科技资源配置更加合理高效,科研机构和科研人员创新创业潜能活力竞相迸发,科技创新和供给能力大幅提升。只有在推进粤港澳大湾区人才中心和创新高地建设时进行专门性立法,针对地域科研现状和人才评价机制进行对口梳理,才能逐步改善粤港澳人才建设相互独立的状态,这是一个循序渐进的过程。

(三)在国际人才引进、科技人才知识资源收益分配、人才安全和保障等重点领域率先推进,加快专门立法

首先是支持珠三角 9 市借鉴港澳吸引国际高端人才的经验和做法,实行更积极、更开放、更有效的人才引进政策,加快建设粤港澳人才合作示范区。建立紧缺人才清单制度,定期发布紧缺人才需求,在拓宽国际人才招揽渠道的同时,支持澳门加大创新型人才和专业服务人才引进力度,进一步优化人才结构。积极探索采用聘任制等形式,大力引进高层次、国际化人才参与大湾区的建设和管理。

其次是完善粤港澳大湾区的人才认定标准,细化相应规则,吸引全国各地的优秀人才,对于认定的人才通过政策在就业、落户、医疗等方面给予支持;完善外籍高层次人才认定标准,畅通人才申请永久居留的市场化渠道,为外籍高层次人才在华工作、生活提供更多便利;完善国际化人才培养模式,加强人才国际交流合作,推进职业资格国际互认。当前,在职业资格改革中,应对信息、金融、咨询等急需发展的产业尽快实行职业资格制度,完善人才立法结构。

最后是完善人才激励机制,健全人才双向流动机制,为人才跨地区、跨行业、跨体制流动提供便利条件，充分激发人才活力。在技术移民等方面先行先试，开展外籍创新人才创办科技型企业享受国民待遇试点，支持粤港澳大湾区建立国家级人力资源服务产业园。国际人才的引进工作在粤港澳大湾区的人才工作中占据重要的地位，在一定程度上显现了粤港澳大湾区文化建设的国际性。因此，针对国际人才保障进行专门立法显得尤为重要。

（四）实施规则不稳定状态下公民信赖保护策略

立法主体应明确暂行法时效，在进行立法变迁论证的同时确保信息透明度，保证暂行法变迁的稳定，并为接下来的相关工作奠定民主基础。在此基础之上，及时整合实验性立法经验，以实践弥补立法预判的不足，加快推进上位法立法进程。

这就要求粤港澳大湾区深入贯彻执行《中华人民共和国科学技术进步法》，营造良好的科研创新环境，提供透明的信息数据。首先，需要把科技自立自强作为粤港澳大湾区人才中心和创新高地建设的战略支撑，强调全社会尊重科学技术人员，形成崇尚科学的风尚，赢得人才的信任。这些都是《中华人民共和国科学技术进步法》确定的立法目的和价值，也可以作为粤港澳大湾区人才中心和创新高地建设的目标。

其次，明确通过《中华人民共和国科学技术进步法》，确立人才保障的制度安排。落实重大改革创新举措。创造公正平等、竞争择优的制度环境，创造待遇合理、保障有力的生活环境；加大基础研究人才培养力度，强化对基础研究人才的稳定支持，提高基础研究人才队伍质量和水平；建立满足基础研究需要的资源配置机制，建立与基础研究相适应的评价体系和激励机制，鼓励和吸引优秀科学技术人员投身基础研究。深入推进科技体制改革。

粤港澳大湾区应支持发展新型研究开发机构等新型创新主体，完善投入主体多元化、管理制度现代化、运行机制市场化、用人机制灵活化的发展模式。完善科技人员管理制度。根据职务科技成果权属改革，推进知识产权归属和权益分配机制改革，探索建立赋予科学技术人员职务科技成果所有权或长期使用权制度。鼓励科研单位采取股权、期权、分红等方式激励科学技术人员。[①]

二　提高立法质量，增强法律国际通用性

立法是区域协调发展的基础。受各种条件的限制，目前中国区域立法与区域发展的要求相比，依然存在一定的差距。建立与区域协调发展相适应的法律规范，需要从提高立法质量、增强立法实效上下功夫，需要立法者尽可能地了解立法需求和执法现状，使所立之法更好地适应现实社会的发展变化。[②] 粤港澳大湾区的区域协调发展同样需要立法的保障，这就对立法质量以及所立法律的国际通用性提出全新的要求。粤港澳大湾区的人才立法不仅需要对人才安全保障、人才产权保障及人才流动机制进行关注，更需要时刻应对社会发展变化，以流动性的、前瞻性的、适用性更加广泛的体系提高大湾区人才立法的标准。

（一）建立健全覆盖国家人才安全保障、人才权益保护、知识产权保护、社会保障、人才跨国流动、引进国外人才及外国专家来华工作等方面的人才法律法规

粤港澳大湾区的立法对人才的保障体现在多维度、多方面，

---

① 赵晨熙：《完善国家创新体系　健全创新保障措施》，《法治日报》2022 年 1 月 4 日。

② 石佑启、潘高峰：《论区域经济一体化中政府合作的立法协调》，《广东社会科学》2014 年第 3 期。

从基本的安全保障到产权保障再到社会保障，只有全面覆盖，才能凸显粤港澳大湾区人才法规的质量。针对人才的跨区域流动、跨国流动以及外来专家访华方面，粤港澳大湾区需要提出具体且有针对性的建议。这关乎加快吸引海外人才的立法、人才跨区域流动后的社会保障、人才跨国流动后的返华问题等。只有全面构建海内外人才的流动政策体系，才能更好地协调粤港澳大湾区的人才发展。还需要建立权责明确的人才管理法律体制，提高监管效率，解决多部门联运式执法的低效问题。人才立法涉及各个方面，需要不同部门针对不同的领域进行针对性监管，唯有如此才能提高粤港澳大湾区的人才立法效率。

（二）出台外国人才工作条例，制定外国人在中国工作的指导目录和分类标准

粤港澳大湾区应实施切实有效的外国人才评价办法，如修订外国人在中国的永久居留办法，对《中华人民共和国国籍法》中的对应条款进行修订。此外，还需要打造与国际接轨的技术移民法律体系，建立具有国际竞争力的创业创新人才引进体系。中国特色社会主义法治建设实践推进得越深入，它所积累的法治成就和法治经验就越丰富，它所凸显的法治规律、法治模式也就越深刻、越全面，中国特色社会主义法治建设对世界各国法治道路建设和人类社会法治文明发展的贡献就会越大。① 因此，出台外国人才工作条例、实施切实有效的外国人才评价办法，不仅可以增强对海外人才的吸引力，还可从外来人才立法的角度为国际人才管理和交流贡献中国智慧，树立中国良好的大国形象，为世界各

---

① 李娟：《习近平领导中国特色社会主义法治建设的成就、规律及实践意义》，《探索》2018年第1期。

国人才法治道路建设和发展提供借鉴。这也是粤港澳大湾区人才立法从本土走向国际的重要一步。

（三）利用"双区"建设背景下经济特区立法权，对人才制度、粤港澳合作机制、出入境政策等不同领域的法律保留事项进行革新突破

重点在于以下三点。一是利用"先行先试"授权下的先行规定权，革新外籍人才引进制度；二是突破制度壁垒，建立以大湾区为主体的联合人才引进机制，试点区域合作立法；三是在现行人才制度机制下，通过行使变通立法权，在人才评价、人才资格互认、人才生活保障等方面进行改善和突破。这些革新的重点在于从粤港澳大湾区区域协调发展的现状出发，培养大批区域性高素质、德才兼备的人才，并且给予这些人才相应的区域保障。

培养造就大批德才兼备的高素质人才，是国家和民族长远发展大计。党的二十大报告提出，"深入实施人才强国战略"，坚持科技是第一生产力、人才是第一资源、创新是第一动力，深入实施科教兴国战略、人才强国战略、创新驱动发展战略，方能开辟发展新领域新赛道，不断塑造发展新动能新优势。推进中国式现代化建设，必须培养造就现代化建设需要的高素质人才，发挥人才引领驱动现代化建设的作用，使人才在现代化建设中得到全面自由的发展，着力探索强化人才支撑作用的实现路径。[1] 粤港澳大湾区利用"双区"建设背景下经济特区立法权，对人才立法进行革新突破，正是对"深入实施人才强国战略"的区域性探索，其目的是适应区域发展新动能与现代化人

---

[1] 吴江：《深入实施人才强国战略》，《红旗文稿》2023 年第 3 期。

才需要，以人才制度的革新展示中国式现代化进程中区域现代化的建设。

三 加快建立规则衔接机制，促成三地协同保护

珠三角一直是支撑中国经济的核心区域之一，与长三角、京津冀一起，承载着国家区域发展战略的核心功能与引领作用。应将珠三角城市建设成为世界级城市，增强其对中国参与国际合作与竞争的引领支撑作用。粤港澳大湾区建设规划的制定及跨境治理的实施，丰富了"一国两制"的实践内容。从某种意义上来说，粤港澳大湾区也是中国探索参与全球治理的一个"试验田"。① 由于这一"试验田"尚在探索期，因此不可避免地存在某些问题。例如，在"一国两制、三法域"的独特法律环境之下，粤港澳三地的规则衔接、机制对接有待进一步完善。

（一）以人才规则衔接机制、司法保障与监督为主要内容，构建人才制度的基本框架

一方面，推动粤港澳三地职业资格与职称的互认政策衔接和规则协同；构建开放的粤港澳职称评价机制，建立大湾区范围内共享的职称管理政务系统，逐步实现职业资格和职称评价方面的专业领域全覆盖。另一方面，推动粤港澳对知识产权、劳动人事纠纷等人才保障案件的判决相互承认与执行。在知识产权、劳动人事纠纷案件的调查取证、委托送达文书、财产保全、案件判决和仲裁裁决的执行等方面实现司法协助全覆盖；推广仲裁在知识产权、劳动人事纠纷中的运用，加强司法在知

---

① 蔡赤萌：《粤港澳大湾区城市群建设的战略意义和现实挑战》，《广东社会科学》2017 年第 4 期。

识产权、劳动人事纠纷中对仲裁的支持力度，推动劳动人事争议仲裁院的国际化。

（二）　向上获取国家更大的支持

粤港澳大湾区规则事关顶层设计。在大湾区建设中的改革创新事项涉及国家事权的，要加强请示汇报，争取国务院、有关部委同意或授权，争取通过清单式授权或单项授权等方式下放权限，实现规则衔接。习近平总书记在党的二十大报告中提出到 2035 年建成人才强国的奋斗目标，全面部署了"完善人才战略布局，坚持各方面人才一起抓，建设规模宏大、结构合理、素质优良的人才队伍"等各项任务。[①] 因此，粤港澳大湾区的人才立法首先需要遵循中央关于人才战略布局的部署，按照国家要求进行针对性实践。在实践探索过程中，需要最大程度地向上获取国家支持。在遵循人才战略布局和向上获取更大支持的基础上，需要认识到大湾区的人才立法不仅是为了培养区域人才，更是为了充实国家人才队伍，应从更为广阔的视野去看待人才培养问题。只有充分遵循国家战略部署，才能促成粤港澳三地的协同发展。

（三）　尊重原有规则差异，内地小切口放宽重点领域的政策

出于对安全、出入境管理等因素的考量，粤港澳三地可以保留相关规则差异。为加强规则衔接，内地可以在深圳前海、广州南沙、珠海横琴等部分地区先行试点。在"小切口"改革取得良好成效后，则可以在大湾区内地 9 市复制推广。"小切口"的实践探索是试错的过程，由此可以总结实践经验，以更

---

① 李娟：《习近平领导中国特色社会主义法治建设的成就、规律及实践意义》，《探索》2018 年第 1 期。

好地适用于粤港澳大湾区的政策制定。需要指出的是，由于粤港澳三地的原有规则具有差异性，在政策的制定过程中需要将三地规则进行一定的统一，在整体制定上适当放宽、尊重原有规则、以规则衔接为工作重点的前提下进行策略调整。

政府合作的立法协调是为了促进区域经济协调发展，以构建和谐统一的区域立法体系、营造公平正义的法治环境为目标，推动地方人大和政府立法机关开展立法活动的一种政府参与行为。[①] 尊重原有规则差异，小切口衔接式战略调整本身亦是区域间政府合作、协调立法的显现，体现出区域间各政府协同发展的良好导向。

（四）建立开放协调的示范法机制

结合大湾区实际，借鉴美国、欧盟经验，建立健全开放协调的示范法机制，以实现规则的有效衔接。一是成立大湾区协商委员会，并就人才高地建设的议题邀请相关法律专家以及商会、行业协会等社会组织拟定示范法。二是大湾区立法机关以示范法为立法指南，借鉴或采纳示范法，在各自制度框架下进行适合自己实际情况的立法工作，以便更好地实现示范法的目标。三是由大湾区协商委员会对大湾区立法机关借鉴或采纳示范法进行过程监督并评估最佳立法实践，倡导其他立法机关共同学习。[②]

建立既有中国特色又有国际竞争比较优势的人才发展体制机制和科学规范、开放包容、运行高效的人才发展治理体系。

---

① 石佑启、潘高峰：《论区域经济一体化中政府合作的立法协调》，《广东社会科学》2014 年第 3 期。

② 朱最新：《粤港澳大湾区规则衔接的现状、困境与路径完善》，《法治论坛》2021 年第 3 期。

建立开放协调的示范法机制正是对充分发挥人才优势的探索，应在整体上以更加开放的姿态面对未来的挑战。这里的开放姿态不仅指立法程序上的借鉴和学习，也指在人才在地实践、对外探索方面得到启示。无论是法律法规，还是人才本身，都应当以开放的姿态树立粤港澳大湾区的良好形象。

四　从管理到服务，构建多元共治人才治理体系

国家推出粤港澳大湾区发展战略，敦促大湾区打造世界级城市群和美好优质生活圈，粤港澳三地政府和社会应在公共品供给方面加大协同治理，增强区域内公共政策协作，提升区域公共服务均等化水平，提高区域发展的核心竞争力。① 关于粤港澳大湾区的人才治理体系建设，需要以区域发展的核心竞争力为指引，遵循从管理到服务的框架：政府职能应聚焦宏观调控人才发展，通过宏观的人才管理、政策引导、人才培育规划制定等工作，对人才建设工作进行指导；加强对人才市场主体的监管，促进市场主体有序健康发展，维护人才合法权益，保障人才有效投入；充分向用人主体让渡引才资源，通过市场调节实现人才资源的供求匹配。

（一）立足地区发展战略以及区域内企业的实际人才需求，因需设岗、因岗招才，让引才的规模、结构与地区发展精准匹配，真正达到有效引才

分领域、分行业、分区域进行人才供需调研，根据需求有针对性地进行人才引进和本土人才培育。定时发布人才供需调

---

① 张树剑、黄卫平：《新区域主义理论下粤港澳大湾区公共品供给的协同治理路径》，《深圳大学学报》（人文社会科学版）2020 年第 1 期。

研报告，因地制宜、因时制宜地调整各地人才政策，减少政策滞后导致的人才供需错位。

要让有真才实学的青年人才有用武之地，对特殊青年人才要有特殊政策，对急需紧缺青年人才要给予特殊支持，对特别优秀的青年人才要给予特别关心。粤港澳三地应当着力推动人才培养"两手抓"：一手抓理论创新，大力支持青年学科团队建立并发展，促进青年学者成为文化理论研究的中坚力量，推动有区域特色的学术成果产出，丰富粤港澳大湾区文化创新成果；另一手抓实践创新，扎实动员理论人才参与广泛的社会实践，走进社会生活，拓展"师徒制"传帮带的培养模式，增加理论人才参与的环节，优化实践路径，促进理论与实践的融合共进，力求在与时代的互动中，形成开阔的视野和严谨的思辨能力，培育深厚的人文底蕴和文化自信。需要注意的是，要根据人才的个人能力和资质进行工作匹配，通过因需设岗、因岗招才，将理论人才匹配至理论岗位、实践人才匹配至实践岗位，真正有效地利用人才、发挥人才的影响力。

（二）规范人才引、育、用、留各管理环节立法、执法，明确人才培养与引进的目标和重点

针对此项又分别有以下要求：在人才立法环节明确不同主体的法律责任；探索多元化和社会化的人才评价机制；建立科学的人才开发及投入增长机制；明确政府对人才创新创业的扶持机制；探索人才荣誉奖励制度；建立重要人才特殊保障制度；完善人才诉求表达机制和权益保障机制；等等。①

为实现国际一流湾区建设，粤港澳大湾区应当对标国际一

---

① 潘娜、黄婉怡：《推进人才治理法治化》，《中国人才》2022 年第 9 期。

流水平的"湾区标准"，从人才的引、育、用、留各个环节出发，重视打造人才生活环境，积极探索人才生态环境建设，用心解决人才"关键事"，让各类人才舒心生活、安心工作、专心发展。粤港澳大湾区要紧抓加快建设高水平人才高地的重大机遇，充分利用国家给予的人才发展各项政策，持续推进符合地方特点的人才体制机制改革创新。粤港澳三地政府部门必须强化对人才的鼓励支持，优化人才激励机制，通过项目补助、平台资助、人才奖励等方式，全方位为用才、留才提供从"塔尖"到"塔基"的政策保障。建立科学的人才分类评价机制，针对不同人才实施分类评价模式，以弘扬社会主义核心价值观为重要维度，重点评价其在推动理论创新、传承文明、学科建设等方面的能力贡献。同时，应当加大服务力度、拓展服务深度，打造全方位、立体化人才保障体系。

（三）依法健全市场化、社会化的人才服务体系

面向社会主义现代化强国建设的新时代人才工作是一项系统工程，既需要高瞻远瞩、统筹谋划、科学布局、系统推进，又需要扎根基层、面向现实、破解难题、开拓创新。这体现了中国共产党带领人民进行治国理政的宏大视野、大局观念、问题意识、实践品格和开拓精神。[①] 这就要求粤港澳大湾区在坚持中国共产党的领导下扎根基层、高瞻远瞩，构建开放的区域性人才市场体系：深化人才公共服务机构改革；运用云计算和大数据等技术，为用人主体和人才提供高效便捷服务；依法提高社会组织在人才公共服务领域的参与度，最大限度营造利于人

---

① 韩升：《新时代人才引领发展的战略地位、关键环节与实践路向》，《深圳大学学报》（人文社会科学版）2021年第6期。

才创新创造创业的环境；依法完善健全人才诚信体系，建立人才失信惩戒和守信激励机制。[①] 只有将社会主义现代化强国建设的新时代人才工作落到实处，将粤港澳大湾区人才建设的大局观念、问题意识、实践品格落实到人才市场体系、公共服务机构、人才创业环境、人才诚信系统等诸多维度，才能构建较为完善的市场化、社会化人才服务体系。

---

① 潘娜、黄婉怡：《推进人才治理法治化》，《中国人才》2022 年第 9 期。

第六章

粤港澳大湾区人才中心与创新
高地的深圳实践与发展建议

第一节　深圳科技创新人才
发展现状与建议

在当前全球科技创新竞争日益激烈的背景下，深圳作为中国乃至全球的科技创新中心之一，扮演着至关重要的角色。

综合来看，深圳科技创新人才呈现多元化和蓬勃发展态势。首先，深圳总体人才规模庞大，各类人才数量较多，为本地科技创新奠定了坚实基础；其次，人才结构良好，特别是在关键领域供需两旺，年轻人才成为主体，同时女性就业比例逐年提升，形成了健康有序的人才生态。在政府人才政策支持下，深圳的科技创新生态系统日益完善，吸引了大量的人才涌入，推动了科技产业的迅速发展。

然而，尽管人才供给不断增加，但各行业人才需求依然很大。从需求主体来看，中小企业对科技创新人才的需求持续增加，因此有效地构建中小企业创新人才吸纳机制至关重要。从需求对象来看，深圳科技创新人才需求对象呈现年轻化与高学历的态势，需要更加注重对年轻化和高学历人才的吸引与培养，以满足复杂和高端的产业发展需求。未来，深圳将进一步优化人才结构、改善政策环境，并建立更多高端人才培养基地，以迎接科技创新发展的挑战。

一 从总体来看，深圳科技创新人才呈现多元化和蓬勃发展态势

（一）深圳人才总体规模大，为科技创新人才发展蓄力

根据《中国创新人才指数 2023 暨核心指标走势 2021-2023 三年对比分析》，深圳人才整体规模处于第二梯队，人才规模表现较好（见图 6-1）。具体人数上，截至 2023 年，深圳各类人才总量超 679 万人，高层次人才 2.4 万人，留学回国人员超 20 万人，在站的博士后人数为 5302 人，专业技术人才总量达到 242.88 万人。人才规模为深圳创新人才发展综合水平的提高奠定了坚实基础。

（二）深圳人才结构良好，为科技创新人才的发展搭建坚实架构

深圳一直以互联网与电子通信行业为优势产业，这两个领域的人才供需一直保持较高水平。[①] 两个科技创新领域大头行业

---

① 资料信息源自猎聘大数据研究院发布的《深圳城市人才趋势报告》。

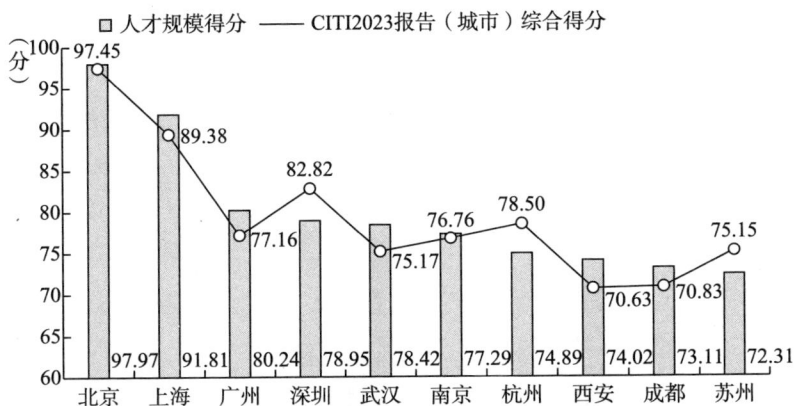

图 6-1　中国人才规模排名前 10 强城市得分

资料来源：《中国创新人才指数 2023 暨核心指标走势 2021–2023 三年对比分析》，2023 年 11 月 28 日，http://gzw. sz. gov. cn/gkmlpt/content/11/11009/mpost_11009398. html#1907。

的稳定发展，为科技创新人才发展打下坚实基础。

　　与此同时，在深圳人才中，年轻人才成为主体，女性人才比例逐年提升。在综合作用下，深圳科技创新人才发展体系更为完善。深圳市场的主体就业人群聚集在 25～35 岁，占比超过 60%；25 岁以下的年轻人才占比逐年上升（见图 6-2）。深圳作为中国开放程度最高的城市之一，具有浓厚的创业氛围和文化底蕴，因而对年轻人具有较强的吸引力。同时，深圳大力实施人才强市战略，积极引进高层次人才，因而其 36～45 岁的人才群体逐步增加。此外，深圳也积极推动性别平等就业，努力提升女性就业水平，鼓励女性自主创业，并加强女性劳动权益保护。社会保障和福利方面也在逐步完善，这些举措使女性人才在深圳的就业比例逐年提升（见图 6-3）。在综合作用下，深圳人才发展体系逐渐完备，为科技创新人才的发展搭建了坚实的架构。

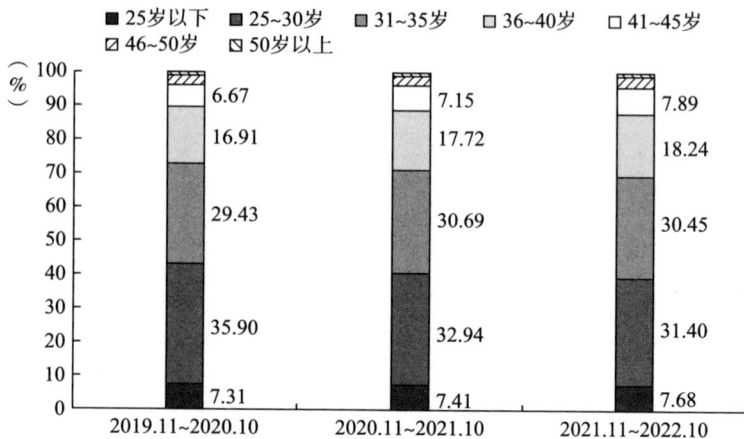

图 6-2　深圳人才年龄分布情况

资料来源：《深圳城市人才趋势报告》，树人招聘，2023 年 2 月 23 日，https：∥www. shurenzhaopin. com/system/industrynews/getIndustrynews? id＝163）。

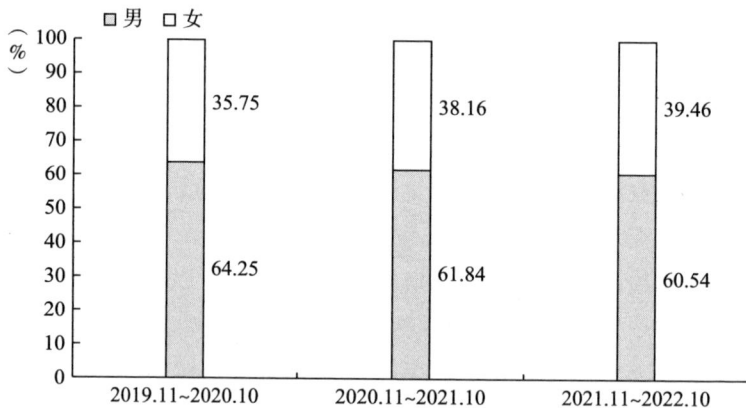

图 6-3　深圳人才性别分布情况

资料来源：《深圳城市人才趋势报告》，树人招聘，2023 年 2 月 23 日，https：∥www. shurenzhaopin. com/system/industrynews/getIndustrynews? id＝163）。

（三）孔雀计划主推科技创新人才发展，R&D 优势大，但顶尖人才与北京、上海仍有差距

高学历人才的引进对城市发展至关重要，对科技创新人才的发展起到重要作用。深圳孔雀计划引进了大量海外高层次科技创新人才。2019~2022 年，深圳博士学位人才占比逐年提升。这对计算机等科技相关专业的赋能有重大的意义，为后续深圳加强科技发展、推动高新技术产业建设等打下坚实基础。

在科技创新人才方面，深圳 R&D 人员数具有相对优势，超越上海，排名第二（见图 6-4）。但在两院院士、科技创新领军人才和具有正高级职称的专家等顶尖人才拥有量方面与北京和上海存在较大差距，这也是其人才基础规模得分与北京、上海存在差距的主要原因。

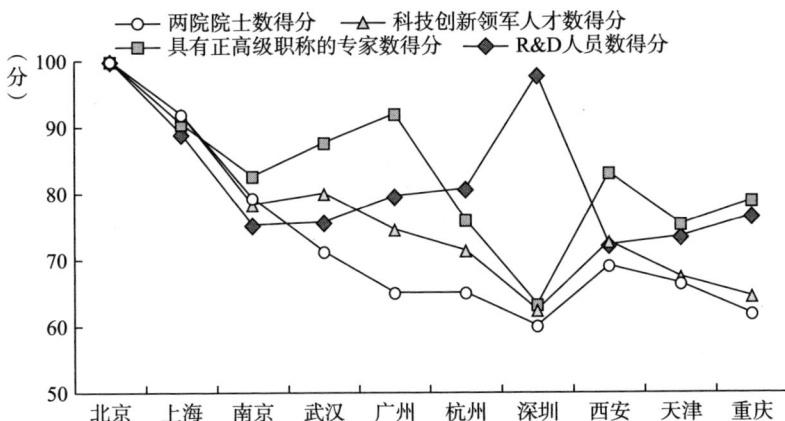

图 6-4　中国人才基础规模排名前 10 的城市各类人才拥有量得分

资料来源：《中国创新人才指数 2023 暨核心指标走势 2021-2023 三年对比分析》，2023 年 11 月 28 日，http://gzw.sz.gov.cn/gkmlpt/content/11/11009/mpost_11009398.html#1907。

（四）深圳科技创新人才有较强的经济效能

围绕人才布局及科技人才发展，"科技创新人才森林"也为深圳带来了丰硕的成果。据广东省深圳市委组织部统计，2022 年，深圳全市专利授权量达 27.58 万件，超过北京、上海、广州；PCT 国际专利申请量 1.59 万件，约占全国总量的 22.99%，连续 19 年居全国第一位；A 股上市公司数量突破 400 家，世界 500 强企业 10 家，中国 500 强企业 29 家（见图 6-5）；商事主体突破 400 万户，创业密度持续高居全国大中城市首位。[①]

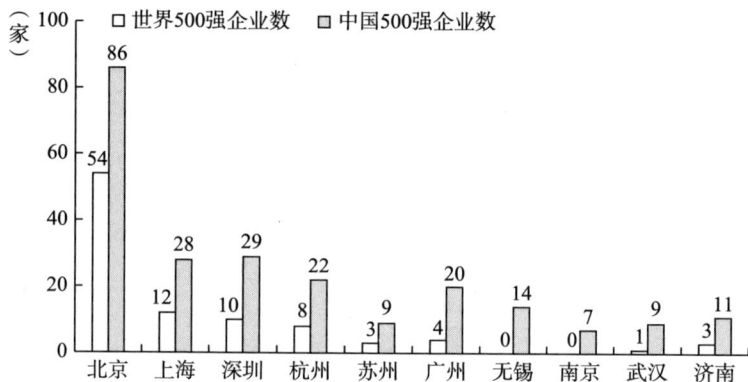

图 6-5　2022 年中国经济效益排名前 10 的城市世界 500 强
企业数和中国 500 强企业数

资料来源：《中国创新人才指数 2023 暨核心指标走势 2021-2023 三年对比分析》，2023 年 11 月 28 日，http://gzw.sz.gov.cn/gkmlpt/content/11/11009/mpost_11009398.html#1907。

（五）从城市人才流动来看，深圳科技创新人才有较强的可持续性

人才是创新发展的动力，人才流动是经济活力的源泉。人

---

① 《建设高水平人才高地的深圳实践》，《中国人才》2023 年第 8 期。

才合理流动是推动资源有效配置的应有之义，人才高效集聚是推进科技创新发展的关键举措。近几年，深圳在吸引和集聚国际与国内创新科技人才方面表现突出，成为国内外科技人才流动的重要节点。根据 2018~2022 年科研人员总量和年均增长率可以看出，深圳的科研人才规模持续扩大。深圳也被评为最能吸引"95 后"人才的城市，显示出年轻科技人才向深圳流动的强劲趋势。从 2023 年数据来看，在人才引进与流动方面，深圳常住人口与户籍人口的比值大约为 2.6，常住人口数量远高于户籍人口数量（见图 6-6）。这表明深圳是一个人口流动性较强的城市，吸引了大量外来人员工作、生活或定居。

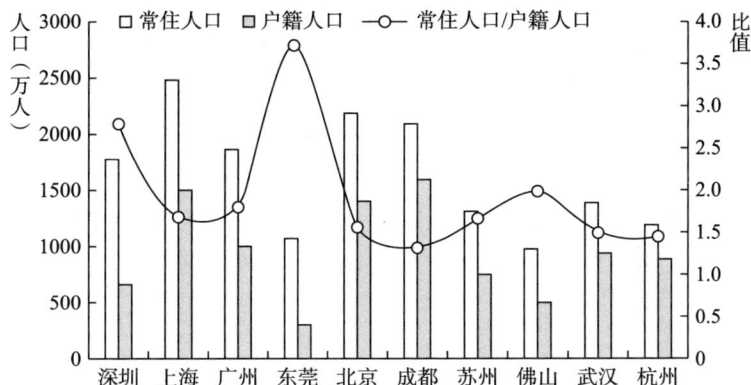

图 6-6 2023 年中国人才引进与流动排名前 10 城市常住
人口、户籍人口情况

资料来源：《中国创新人才指数 2023 暨核心指标走势 2021-2023 三年对比分析》，2023 年 11 月 28 日，http://gzw.sz.gov.cn/gkmlpt/content/11/11009/mpost_11009398.html#1907。

与此同时，深圳也有效地发挥了人才的节点作用，既能吸纳各城市人才，也为各城市输送人才，形成了有效的人才流动。

其中，在人才流出方面，2021~2022 年，上海对深圳的人才吸引力较为突出，占比达到 11.19%，位列第二（见图 6-7）。就流入深圳的人才职能而言，创新类人才与创新架构类人才为主流。

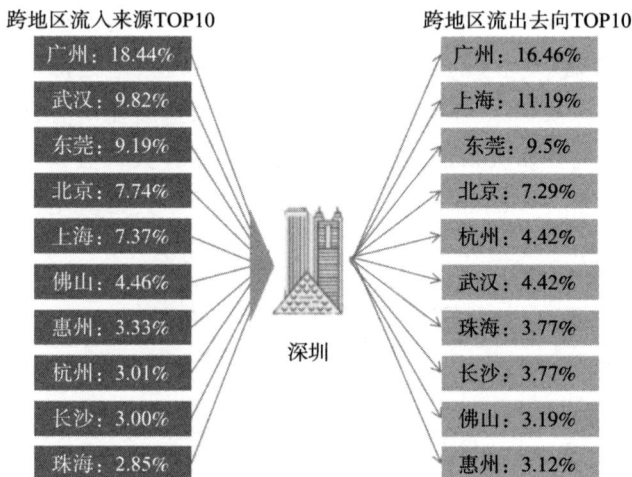

跨地区流入来源TOP10

| 广州：18.44% |
| 武汉：9.82% |
| 东莞：9.19% |
| 北京：7.74% |
| 上海：7.37% |
| 佛山：4.46% |
| 惠州：3.33% |
| 杭州：3.01% |
| 长沙：3.00% |
| 珠海：2.85% |

深圳

跨地区流出去向TOP10

| 广州：16.46% |
| 上海：11.19% |
| 东莞：9.5% |
| 北京：7.29% |
| 杭州：4.42% |
| 武汉：4.42% |
| 珠海：3.77% |
| 长沙：3.77% |
| 佛山：3.19% |
| 惠州：3.12% |

图 6-7　2021~2022 年跨地区流入、流出深圳人才 TOP10 分布

资料来源：《深圳城市人才趋势报告》，树人招聘，2023 年 2 月 23 日，https：//www.shurenzhaopin.com/system/industrynews/getIndustrynews?id=163)。

整体而言，深圳在集聚国内外创新科技人才方面取得显著成效，通过持续的政策创新，以及不断优化发展环境，成功构筑了一个开放、包容并充满活力的科技创新生态体系。深圳作为中国的科技创新中心之一，通过各种政策和举措积极营造优越的科技创新和人才发展环境，推动科技创新与产业发展深度融合，强化对科技人才的引进与培养，力争打造国际科技产业创新高地。

（六）从政府各项动作来看，深圳市政府为科技创新人才发展提供了保障

首先，深圳市出台了多项政策和举措，如设立产业发展与创新人才奖、开展优秀科技创新人才培养项目、出台个人所得税优惠政策、实行人才安居计划等，旨在吸引、培养和激励科技创新人才，吸引和留住高素质人才，推动科技创新和产业发展。

其次，深圳市政府提供有力的创新支持。如打造创新创业生态，助推人才创新创业。深圳建立了深圳创新创业学院等全新平台，为人才创新创业提供了重要平台，鼓励人才蓬勃发展。同时，打造"热带雨林式"创新创业生态，全方位支持项目落地、科技研发等，支持创新创业者实现梦想；加大前沿科学研究和基础设施建设，支撑全球科技产业。深圳市政府积极打造全球科技和产业创新高地，如深圳国家超级计算中心等设施已经启用，为科技创新提供了强有力的支持。深圳市政府在重点科研平台建设上投入巨资，打造创新创业一体的综合模式，为产业链发展开辟新空间；营造良好投资环境，支持科技创新人才发展。此外，粤港澳大湾区量子科学中心等国家级创新平台进一步强化了深圳在科技创新方面的地位。深圳市也出台了多项政策，以吸引和支持风险投资和私募股权投资，这些政策得到政府资金的支持。深圳市科技创新委员会通过提供资金等形式，支持、鼓励高端科研产业的发展。

再次，深圳市政府构建有效的人才培养体系。深圳以教育资源投入为基础，建立了完善的创新生态系统。高水平大学和专业院校是国际高层次人才的"蓄水池"。深圳建立了 11 个诺贝尔奖科学家实验室，其中 9 个由深圳高校牵头，为基础应用研究和核心技术的发展提供了平台。粤港澳大湾区国家综合科学中心、深圳先锋实验室等战略平台也在不断吸引和培养科研人才。在教育改革方面，深圳举办高水平国际教育论坛，加强国际合作，提高城市的创新能力。

最后，深圳市政府构建良好的科技创新人才生活居住环境。深圳通过实施"安居无忧"政策和其他多项措施，积极改善人才生活条件，提升人才生活品质，从而吸引和留住创新人才。这些措施包括构建多元化人才住房保障体系，提供租金补贴和人才入驻补贴，以及在人才、技术、产业集中地区建设高质量的国际人才社区。此外，深圳还采取了一系列生活和社会保障措施，如为新引进的博士和硕士毕业生提供生活补贴，改善外籍和我国港澳台青年的生活条件。尽管深圳的生活成本较高，但其强大的城市吸引力和聚集效应，吸引并集聚了众多"95后"人才。这些政策和措施共同为深圳吸引和留存创新人才提供了有力支持，进一步推动了城市的创新发展。

二 从整体需求来看，深圳的科技创新人才发展需要高度关注行业多样性和中小企业需求

从总体来看，深圳拥有一个多层次、高素质的技术创新"人才池"。这个"人才池"涵盖了青年科研人员、国际科技人才、高技能人才以及多种级别的专业技术人才，并且通过出台激励政策及评价改革等各种措施不断优化与发展。

与此同时，深圳对科技创新人才的需求呈现多维度的增长态势，基础研究人才与应用型技术人才，都是目前市场所需的人才。深圳致力于构建一个完善的创新人才培养体系，并通过

各种人才政策和项目支持引导和满足这一需求。同时，随着产业转型和升级，深圳对人才的需求正在从制造端转向创新和高质量发展。深圳市政府的政策制定和实施都紧紧围绕这一目标，在全球范围内吸引顶尖科技人才。

（一）从需求方向来看，深圳市战略性新兴产业人才需求激增

深圳作为中国创新驱动发展的典范，聚集了众多战略性新兴产业，因而对人才的需求较为迫切。据猎聘数据统计，深圳人才紧缺指数排名前 10 的行业包括通信、IT 服务、游戏产业、医疗设备、计算机软件、电子技术、计算机硬件、仪器仪表、专业服务和制药/生物工程（见图 6-8）。这凸显了深圳在各个领域对各类人才的迫切需求。

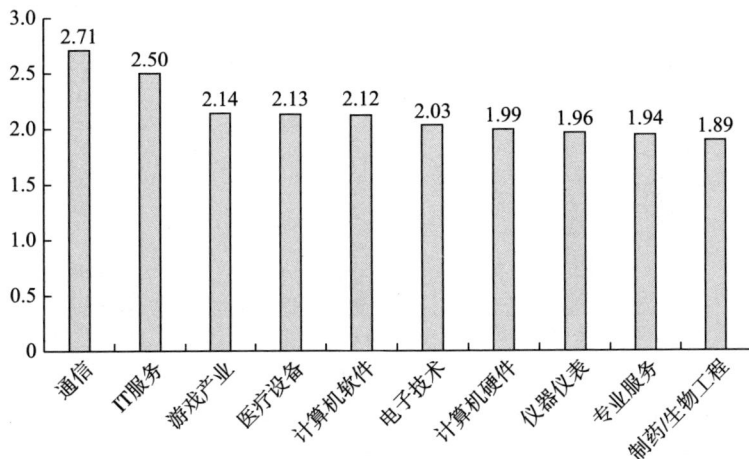

图 6-8　深圳人才紧缺指数 TOP10 行业

资料来源：《深圳城市人才趋势报告》，树人招聘，2023 年 2 月 23 日，https://www.shurenzhaopin.com/system/industrynews/getIndustrynews?id=163）。

（二）从需求主体来看，中小企业对科技创新人才的需求将持续增加

据《深圳城市人才趋势报告》，2019 年 11 月至 2022 年 10 月，深圳 100~499 人规模企业新发职位需求占比始终超过 25%，居首位；其次是 10000 人以上规模企业，其新发职位需求占比均超过 15%（见图 6-9）。2021 年 11 月至 2022 年 10 月，1~49 人规模企业的新发职位需求占比比 2019 年 11 月至 2020 年 10 月和 2020 年 11 月至 2021 年 10 月这两个统计时间段高。中小企业的人才需求增加是不争的事实，有效构建中小企业创新人才吸纳方法至关重要。

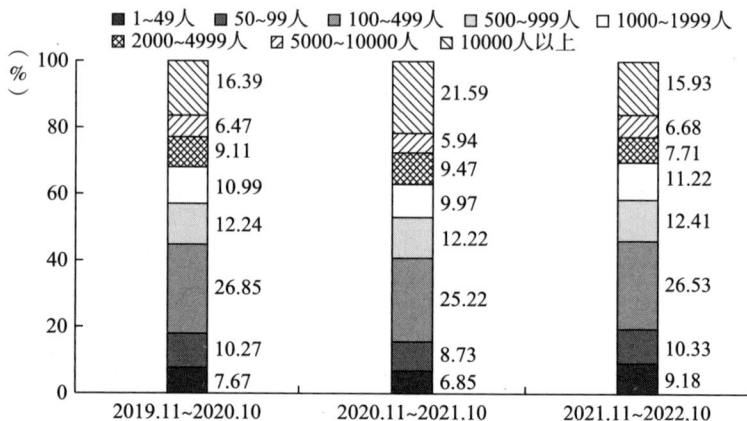

图 6-9　深圳不同规模企业新发职位需求占比

资料来源：《深圳城市人才趋势报告》，树人招聘，2023 年 2 月 23 日，https://www.shurenzhaopin.com/system/industrynews/getIndustrynews?id=163）。

（三）从需求对象来看，深圳科技创新人才需求对象呈现年轻化与高学历态势

深圳对于人才年轻化的要求逐渐提高，对高素质科技创新人才的需求持续增加。在工作经验方面，对拥有 1~3 年工作经验的人才需求比例居高不下，对拥有 1 年以下和 3~5 年工作经验的人才需求比例逐年攀升（见图 6-10）。拥有 1 年以下工作经验的人才被认为具备较高的发展潜力，他们可根据企业需求进行培养，因此受到越来越多企业的青睐；拥有 3~5 年工作经验的人才则已积累一定的资源，能够降低企业的培训成本和时间，因此也备受企业欢迎。从学历看，对硕士研究生和博士研究生学历的创新人才需求增加，对统招人才的需求增加，深圳对高学历和高质量人才的需求不断增加。大专及以下

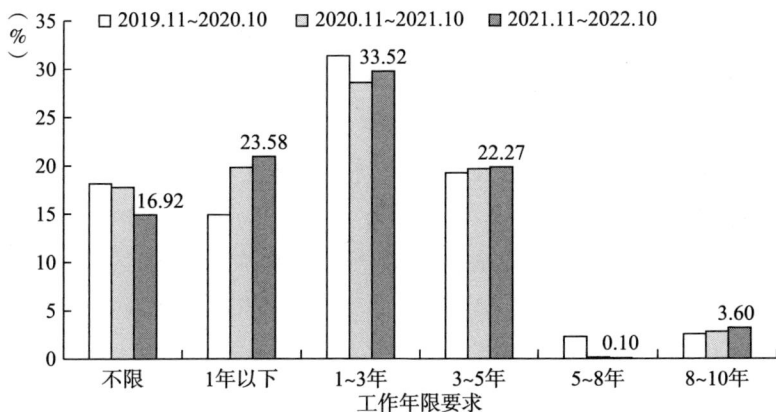

图 6-10　深圳对不同工作年限人才的需求

资料来源：《深圳城市人才趋势报告》，树人招聘，2023 年 2 月 23 日，https：//www. shurenzhaopin. com/system/industrynews/getIndustrynews? id = 163）。

文化程度的人才需求虽仍占据较大份额，但整体比例有所下降。随着新时代的发展，深圳对相对年轻与高学历创新人才的需求不断增加，通过吸纳相应人才满足不断复杂的高端产业发展需求。

三 深圳科技创新人才发展建议

深圳在科技创新人才发展方面呈现强劲的态势，具有广阔的前景。在大体方向上，深圳可围绕既有方针，有效开展科技创新人才发展工作。

在政策支持方面，深圳需完善人才资源管理机制，围绕"十四五"规划进一步加强人才制度体系建设，全面培养、引进和利用人才。此外，深圳应注重培养战略科技人才和创新团队，通过建设高端科技人才培养基地提高科研合作影响力。

在国际合作和全球影响力方面，深圳应积极与香港合作，建设国际一流的科研实验设施集群，进一步加强国际科技合作。在产业创新和经济效益方面，深圳需积极探索创新人才培养方式，加强科技人才引进和匹配，以提升相关高新技术产业的竞争力。

此外，深圳需推动科技创新领域的融资和投资持续增长，为人才创新创业提供丰富资源，同时设立产业发展与创新人才奖，激励更多人才。

深圳还需继续优化人才结构，完善政策环境，建立高端人才培养基地，逐步确立其在全球创新人才高地的优势地位。

四 深圳科技创新人才发展需关注的问题

尽管深圳的科技创新人才发展取得显著成就，但也面临诸多挑战，如人才需求与供应不匹配、人才流动与国际资源连接具有局限性等。尽管深圳市出台各种政策以加速新兴产业和未来产业的发展，但从人才供需情况来看，通信、医疗器械等产业人才仍然紧缺，需要进一步加大人才引进力度。高层次人才和技能型人才是支撑重点产业创新发展的关键，因此在引进这两类人才方面，深圳仍有提升空间。其余问题包括以下几点。

高端人才匹配科技创新需求的难题：随着深圳产业和经济的蓬勃发展，高端人才需求快速增长，高端人才匹配科技创新需求的难度也随之增加。

人才流动和国际资源连接存在障碍：尽管深圳在科技前沿领域具备强大实力，但人才流动受到一定限制，这阻碍了科技资源的有效利用和成果的快速转化。

创新活力不足与自身创新能力存在短板：面临国际资源连接障碍、创新活力不足及自身创新能力不足的挑战，需要吸纳更多高精尖的科技创新人才来解决问题。

对外来务工人员的吸引力减弱：尽管深圳在全国创新人才榜单上具有优势，但随着内陆地区的快速发展，以及深圳生活成本（如房价、教育成本、医疗成本等）的提高，对外来务工人员提供高工资的优势逐渐减弱，这对于吸引和留住人才构成挑战。

企业与员工之间紧张关系和劳动力市场自由度的限制：企业与员工的紧张关系、劳动力市场自由度的不足，以及和谐劳动关系的缺乏，制约了深圳在新技术、新业态、新产业和新模式探索中的发展。

第二节　深圳文化艺术人才发展
现状与建议

一　深圳文化艺术产业蓬勃发展，人才发展呈现专业化、国际化态势

（一）深圳文化艺术产业的规模增长迅速，处于国内领先水平

2022 年，深圳文化及相关产业增加值达到 2600 亿元，位居全国前列，占全市地区生产总值的比例超过 8%。2022 年 6 月，深圳成为全国首批文化和旅游产业发展获国务院督查激励的城市之一。

作为全国首批文化体制改革综合性试点地区之一，深圳 2003 年正式确立"文化立市"战略。据《深圳商报》统计，截至 2023 年，深圳文化产业法人单位数超过 10 万个，相关从业人员超过 100 万人。

据《深圳商报》统计，截至 2023 年，深圳市共有市级以上（含市级）文化产业园区 80 家。市级以上（含市级）文化产业园区入驻企业超过 1 万家，就业人数近 20 万人，合计营业收入超过 1500 亿元，实现税收超过 150 亿元。园区业态门类齐全，园区服务平台建设逐步完善，产业集聚效应逐步显现。得益于处在改革开放前沿和毗邻港澳的优势，深圳还积极拓展海外文化市场，文化贸易总量位居大中城市前列，每年平均有近 20 家企业入选"国家重点文化出口企业"。[①]

---

① 魏沛娜：《书写创新创意文化的深圳答卷》，《深圳商报》2023 年 10 月 12 日。

作为国内第一个被联合国教科文组织授予"设计之都"称号的城市，深圳设计产业呈飞跃式发展，据《深圳特区报》统计，截至2023年，约有1.2万家设计机构和近20万专业设计人员，设计产业年产值超过1000亿元，带动增加相关产业产值数千亿元。平面设计、建筑设计、工业设计、室内设计、服装设计等设计领域占据国内较大市场份额，"深圳设计周""创意十二月"等在全国有较大影响。[①]

当今，深圳正大力引导支持"文化+"新兴业态发展，每年认定奖励一批优秀新兴业态文化企业。深圳还通过研究编制《深圳市推动文化产业高质量发展行动计划（2023—2025）》，加快推动文化产业实现恢复性增长。同时，持续加快培育数字创意产业集群，深入实施文化数字化战略，推动将数字创意产业纳入深圳"20+8"战略性新兴产业集群和未来产业总体布局，以数字技术全面赋能文化产业发展。[②]

（二）深圳文化艺术人才发展基础良好，但整体力量薄弱

要想提升文化艺术品位，建设国际一流的现代文明城市，吸引和培养文艺人才是关键因素之一。在文化艺术领域，深圳采取了包括举办各类文艺活动和提供展示交流空间在内的一系列措施。

从整体来看，深圳拥有门类齐全、结构完整的文艺人才队伍。市级文联会员过万人，其中国家级会员过千人（见图6-11）。

[①]　焦子宇：《深圳探索文化产业高质量发展有效路径》，《深圳特区报》2023年6月6日。

[②]　焦子宇：《深圳探索文化产业高质量发展有效路径》，《深圳特区报》2023年6月6日。

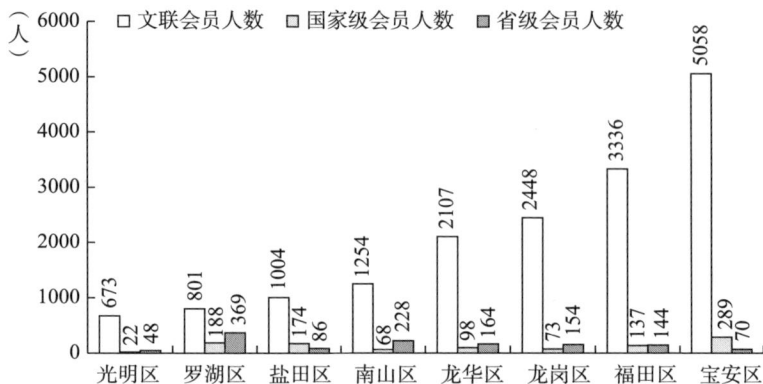

图 6-11　深圳市各区文联会员人数情况

资料来源：蔡婷玉、延钰茜《城市文艺人才队伍建设研究——以福田区为例》，福田区公共文化体育发展中心，2023 年 12 月 26 日。

根据福田区公共文化体育发展中心《城市文艺人才队伍建设研究——以福田区为例》，可以看到福田区文艺人才专业分布广泛，摄影、舞蹈、文学和音乐类文艺人才居多（见图 6-12）。据其分析，摄影由于门槛较低，发展迅速且配合度高，相关人才人数较多；得益于基础扎实，舞蹈、文学、音乐类会员数相对较多；曲艺、文化服务和艺术设计类专业从业人员较少，尚未形成相应的规模。

2022 年 9 月，在深圳市七届人大常委会第八次会议上，调研组提出，虽然当前深圳文艺人才发展基础良好，但仍存在文艺人才聚集能力不足，整体力量薄弱，文艺家协会会员总量偏少、年龄偏大、分布不均衡等问题。深圳市政协委员提出，应该引入更多领军人物，完善人才认定标准，打造人才成长平台，解决人才实际问题，以更大力度打造"文艺深军"。

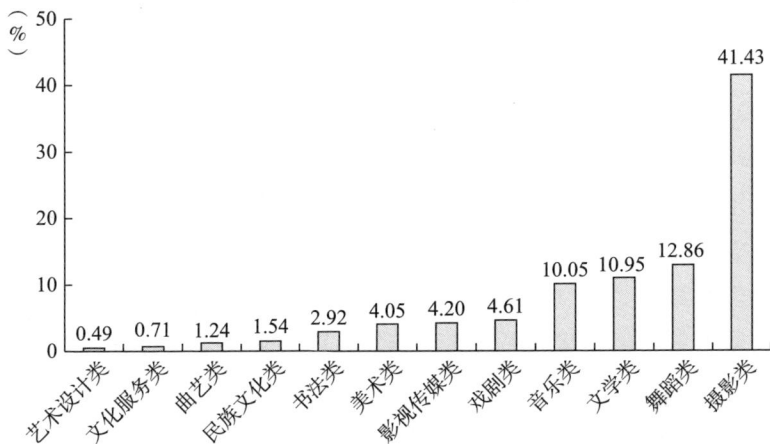

图 6-12　2023 年深圳市福田区文艺人才专业分布

资料来源：蔡婷玉、延钰茜《城市文艺人才队伍建设研究——以福田区为例》，福田区公共文化体育发展中心，2023 年 12 月 26 日。

（三）深圳市创建文艺特色学校，助力文化艺术人才专业化发展

从整体来看，深圳文化艺术人才的专业技能和教育水平呈现多样化和专业化特点。

深圳市教育局积极创建中华优秀文化传承学校和艺术教育特色学校。2018~2023 年，创建国家级、省级、市级中华优秀文化传承学校和艺术教育特色学校共 244 所，其中，国家级中华优秀文化传承学校 6 所、省级中华优秀文化传承学校 40 所、省级艺术教育特色学校 75 所。深圳大力支持学校建立高水平艺术团队，目前已建成深圳中学合唱团、深圳高级中学交响乐团、深圳高级中学舞蹈团，打造了获得百余项戏曲小梅花奖的"深圳戏曲娃"等学生团队，培养了涵括器乐、合唱、舞蹈、戏剧表演、美术书法、艺术创意设计等多个项目的拔尖创新人才。

根据福田区公共文化体育发展中心《城市文艺人才队伍建设研究——以福田区为例》，福田区文艺人才专业成果丰富。在2023年统计的文艺人才中，发表论文的提及率最高，为12.85%；其次是舞蹈作品，提及率为10.24%；还有部分文艺人才举办过个人展览，发表过诗歌、小说等作品。文艺人才专业成绩突出，获得过不同级别的各类奖项。其中，获得金奖的提及率最高，为19.17%；其次是一等奖，提及率为13.51%；获得优秀奖、银奖的提及率也相对较高（见图6-13）。

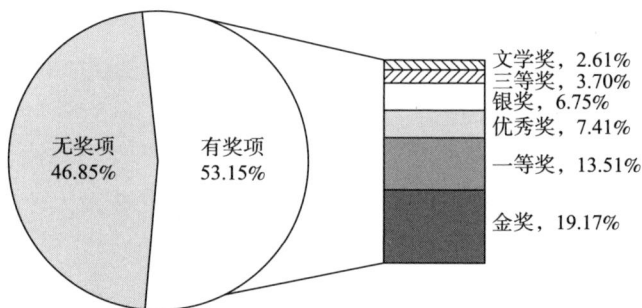

图6-13　2023年深圳市福田区文艺人才成果获奖情况

资料来源：蔡婷玉、延钰茜《城市文艺人才队伍建设研究——以福田区为例》，福田区公共文化体育发展中心，2023年12月26日。

以深圳艺术学校为例，该校和其他艺术教育机构致力于高水平艺术人才的培养，专业技能涵盖多个领域，如舞蹈表演、数字音乐制作、绘画、美术设计等。该校不仅重视专业教育，还注重提升艺术人才的文化修养，培养其审美能力。美国克利夫兰音乐学院、荷兰海牙皇家音乐学院、德国吉森现代舞团、比利时安特卫普艺术学院等世界知名艺术院团与深圳艺术学校签署合作协议。这些机构不仅经常为学生授课，还搭建了远程教育系统，共同研究教材。①

"深艺模式"助力艺术职业教育发展，立足国际语境和行业视角，以"融合"引领新时代艺术人才培养。在文化和旅游部科技教育司指导下，2023年，深圳艺术学校承办的全国性艺术教育交流活动——"艺术连接世界，共筑交流桥梁"2023全国文化艺术职业教育对外交流与合作教育成果展示活动在深圳保利剧院圆满举行。这场为期两天三晚的展示活动涵盖三场共33个艺术作品的汇报演出，一场对外交流与合作典型案例和资源研讨会，三节国际艺术大师课和一场对外交流与合作资源对接会。

深圳市艺术高中等机构侧重于培养具有一流科学文化素养和一流艺术素养的"双一流"复合型人才。深圳艺术学校的专业技能考核严格，考核人才与岗位相匹配的专业水平和科研能力，并设有合格线确保教育质量。对于普通高考艺术类专业，深圳按照广东省教育考试院统一部署，于2024年设置了普通高考美术与设计类、书法类、表（导）演（戏剧影视导演方向）笔试科目等。而对于工艺美术专业人员职称，深圳也有严格的评审制度。工艺美术专业人员职称设初级、中级和高级三个层级。申报人可以申报的专业范围包括雕塑、金属、漆器、家具、花画、剪纸、编织、结绣、织毯、印染、珠宝首饰、陶瓷、烟花爆竹、鞋类皮具、乐器视觉、其他民族工艺、平面艺术、广告等。

深圳的艺术教育项目还着重于原创作品和艺术人才的孵化，以提升深圳文艺人才的创作水平。由此可见，深圳的文化艺术

①　张锐：《深圳艺术学校勇答教育时代命题》，《深圳特区报》2022年6月23日。

人才多面开花，在学校与机构的协助下专业水平得到提升。

（四）深圳积极推动文化艺术人才国际化，仍需加强对国际顶尖艺术机构的参与

"十四五"规划明确了将深圳建设成为辐射粤港澳大湾区、服务全国、面向世界的区域文化中心城市的发展目标。[①] 深圳作为一座年轻而现代化的城市，在加深文化艺术人才的国际化程度上积极探索。

深圳通过构建"艺术深圳"等文化博览会品牌，逐步提升国际知名度，并在"中国（深圳）国际文化产业博览交易会"的支持下，进一步融入国际市场。2023 年，深圳国际艺术品拍卖中心揭牌运营，加快引进汇聚国际国内龙头艺术品机构，策划举办品牌艺术品展会，对接国际艺术品交易拍卖规则，将拍卖中心打造成专业化、一站式艺术品交易服务综合平台。[②] 第十届"艺术深圳"博览会，汇集了来自英国、加拿大、瑞士、新加坡、意大利、巴西、葡萄牙、法国等 16 个国家及地区 33 座城市的 83 家优质艺术机构，国际化程度进一步提升。

深圳通过一系列政策和措施，逐步提高自身文化艺术国际化水平，促进文化艺术繁荣发展，如实施社会主义文艺繁荣、文艺精品奖励以及文艺院团建设等政策，聚焦艺术人才的"引、留、用"，并建设"文艺深军"，提升文化艺术品位。从建设观澜版画基地和宝安 F518 创意园等多个文化产业基地到如今国内首家美术馆内的艺术品保税仓落地深圳市当代艺术与城市规划

---

① 《深圳市国民经济和社会发展第十四个五年规划和二○三五年远景目标纲要》，深圳市人民政府，2021 年 6 月 9 日。

② 尹春芳：《深圳加快打造国际艺术品拍卖中心》，《深圳特区报》2023 年 8 月 28 日。

馆，"深圳国际艺术品保税仓库"的建立将大大降低深圳市当代艺术与城市规划馆引进高质量国际化展览的成本。深圳凭借其创新精神及国际化城市定位，正加速形成自己的文化特色和艺术生态。

此外，在加强艺术教育培养、建设众多艺术学院和专业培训机构之外，深圳也在不断吸引国际上有影响力的文艺人才和团队，以实现文化艺术人才国际化的目标。

文化的包容性与可塑性是一座城市的魅力所在。开放包容的社会文化环境，会吸引越来越多"候鸟"艺术家到来。然而，深圳艺术市场要想迎来飞跃式的发展，还缺少一些关键的要素，如国际顶尖艺术机构的加持。即便是国内知名的艺博会品牌"艺术深圳"和"DnA SHENZHEN"，也鲜有国际蓝筹画廊参展。上海的当代艺术市场起步与深圳几乎同步，但发展速度与成果远超深圳。国际化是助推上海成为新兴艺术市场中心的"加速器"。国际大展的引进、国际艺术交流合作项目的落地、艺博会上国际参展画廊规模的扩大和数量的提升，以及针对国际艺术机构的招商引资，都将是深圳下一步战略部署的关键。

二　深圳制定政策与培养体系，协助文艺人才高端化、全面化发展

（一）深圳持续优化文化艺术产业政策，实现生态协同发展

深圳艺术市场的迅猛发展离不开政府的大力支持，每年都有大量的经费用于举办官方艺术活动。无论是传统艺术活动，还是现代艺术活动，无论是个体展示还是群体性交流，只要在政府的文化活动计划内，均可以获得政府的支持（见图6-14）。

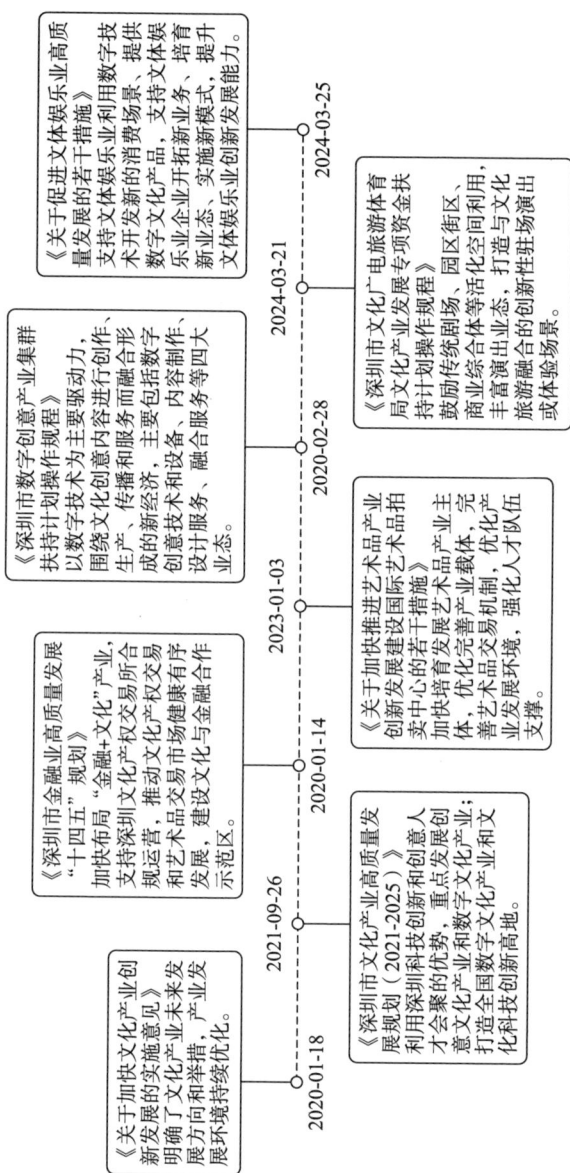

图6-14 近年来深圳市文化艺术产业主要相关政策

《关于促进文体娱乐业高质量发展的若干措施》支持文体娱乐业利用数字技术开发新的消费场景，提供数字文化产品，支持文体娱乐企业开拓新业务，培育新业态，实施新模式，提升文体娱乐业创新发展能力。 —— 2024-03-25

《深圳市文化广电旅游体育局文化产业发展专项资金扶持计划操作规程》鼓励传统剧场、园区街区、商业综合体等活化利用，丰富演出业态，打造与文化旅游融合的创新性演出或体验场景。 —— 2024-03-21

《深圳市数字创意产业集群扶持计划操作规程》以数字技术为主要驱动力，围绕文化创意进行创作、生产、传播的新经济，主要包括数字创意技术和设备、内容制作、设计与服务、融合服务等四大业态。 —— 2020-02-28

《关于加快推进艺术品产业创新发展的若干措施》加快培育发展艺术品产业主体，优化艺术品产业载体，完善艺术品交易机制，优化艺术品产业队伍，优化艺术品产业发展环境，强化人才发展支撑。 —— 2023-01-03

《深圳市金融业高质量发展"十四五"规划》加快推动"金融+文化"产业，支持深圳文化产权交易所合规运营，推动文化产权交易和艺术品交易市场健康有序发展，建设文化与金融合作示范区。 —— 2020-01-14

《深圳市文化产业高质量发展规划（2021-2025）》利用深圳科技创新优势，重点发展创意文化产业和数字文化产业，打造全国数字文化产业和文化科技创新高地。 —— 2021-09-26

《关于加快文化产业创新发展的实施意见》明确了文化产业未来发展方向和相关举措，产业发展环境持续优化。 —— 2020-01-18

在这些政策的引导下，深圳聚焦打造国家文化和科技融合示范基地、时尚创意产业圈、数字创意走廊、文化装备研发中心等，以促进文化艺术产业高质量发展。同时，深圳推进艺术品产业创新发展，力图成为国际优秀艺术品资源和艺术人才汇聚地，并深化大湾区文化协同发展。深圳还引进培养一批学术大家加强智库建设，通过增强哲学社会科学研究力量，打造成为一个文化人才群英荟萃的国际文化创意先锋城市，并努力建设成与现代化国际化创新型城市相匹配的文化强市。

（二）深圳通过资金资助引进高端文化艺术人才

相比于其他文化名城，深圳的发展出现缺乏高端文化人才的问题，并且人才的引进和发展环境尚待优化。因此，深圳正在通过一系列政策和举措，引进文化艺术类的高层次人才，助力文化产业高质量发展。

目前，深圳主要通过以下政策对人才给予生活与工作上的补贴，以此吸引高端文化艺术人才。

一是高层次人才奖励补贴政策。政策明确了在深圳创业或就业、年龄在40周岁以下、文化程度在大专以上、具有深圳市户籍、在深圳缴纳社保超过3个月的申请人享受奖励补贴。深圳市的高层次人才政策包括提供购房、租房支持等，为文化艺术类人才创造良好的生活和工作条件。持续推进人才安居工程，为文化创意和互联网等产业人才提供相应的住房保障，这在一定程度上也是深圳文化艺术产业发展的助推器。

二是专项资金和文化艺术基金支持。实施"鹏城孔雀计划""文化菁英集聚工程"等项目，通过引进、遴选培养和提供稳定经费支持、平台支持等多种方式，集聚一批哲学社会科学、新闻出版以及文化艺术、文化专门技术和创意人才。①

三是青年文化艺术人才扶持办法。2022 年 6 月，光明区结合文化艺术人才工作实际，制定了《深圳市光明区青年文化艺术人才扶持办法》，建设资助政策体系，以吸引和留住文化艺术人才。

四是领军人才奖励支持。2023 年 4 月，为全面优化人才创新发展生态环境，罗湖区大力实施文化事业领域领军人才培育专项政策，对文化领军人才提供人才奖励支持。

然而，仅通过资金对人才进行帮助，只是短时间内吸引人才的一种手段。要想长期留住人才，使人才为社会做出更大的贡献，还需要更进一步，制订完备的人才培养计划。

（三）深圳构筑人才高地，促进人才培养，调整人才评价与晋升机制

深圳文化艺术人才政策的核心是构筑文化产业人才高地，建立人才培养体系，包括建立完善的文化产业人才评价体系、资质认定和激励机制，设立项目平台，聚焦产业科技创新及文化艺术创意，旨在营造包容、开放和创新的文化艺术生态环境，同时促进既懂文化又懂经营人才的培养和引进。

1. 提供艺术培养计划

针对本土艺术人才，深圳重视对其进行培训和提升，以满足文化艺术行业的发展需求。深圳舞蹈英才计划致力于扶持本地青年舞蹈编导。在荣获第十二届"荷花奖"当代舞、现代舞奖的 3 部来自深圳的作品中，有 2 部出自该计划。深圳青年影像节"青年导演扶持计划"、"第一朗读者·剧本车间"剧本与原创人才孵化等艺术专业培训、培养计划效果明显，贡献了众

---

① 《关于促进人才优先发展的若干措施》，《深圳特区报》2016 年 6 月 15 日。

多精品。①

2. 提升文化艺术教育机构的能力

深圳艺术学校等教育机构通过专业的培养方案，培养学生的综合职业能力，以适应现代美术教育和考试体系的要求，探索国际领先艺术人才培养路径，包括与院校合作、建立相关的教育培训平台等。

3. 完善激励机制

深圳还在探索建立公平合理的艺术品开发收益分配机制，旨在激发艺术人才的创新和创业活力。

4. 调整人才评价体系

聚焦产业科技创新、文化艺术创意等经济社会发展重点领域和重点群体，落实破除"唯论文、唯职称、唯学历、唯奖项"要求，建立以创新价值、能力、贡献为导向的人才分类评价体系，因地制宜通过资格认定、自主评价、专家举荐、个人自荐、定向配额、竞赛选拔等多种方式，每年遴选一批领军人才、青年拔尖人才，给予相应资助补贴。允许个人不依托单位自荐参评。

从前期的培养计划到后期的晋升与激励，深圳试图全流程地对艺术人才发展进行保驾护航。

除此之外，2024 年，深圳市政协委员还建言设立短剧产业发展专项资金，加大对短剧人才的培养力度；创建全国大中小学影视教育示范区，推进深圳美育之城建设；成立"影视教育中心"，加强对市民的美育教育。

---

① 《谱写新时代文艺创作的深圳篇章》，《深圳特区报》2023 年 5 月 14 日。

总体来说，深圳针对文化艺术人才的政策及培养机制较为完善，通过不断地持续优化，可以更进一步提升文化艺术人才的专业性、多样性和全面性。

三 从工作环境看，深圳文化艺术人才发展需要关注生活成本和薪资健康

就文化艺术人才整体的工作环境而言，深圳提供了较好的创新土壤，但由于城市发展较快，生活成本高，人才生活受到较大影响。而且，文化艺术行业本身薪资的不稳定性，也会导致相关人才对工作环境的担忧，这些均需要引起进一步的重视。

深圳在文化产业高质量发展上持续推进，形成了包含国家文化和科技融合示范基地、时尚创意产业圈、数字创意走廊、文化装备研发中心、大湾区影视产业基地等在内的多个重点项目。深圳已成为具有国际影响力的设计新锐城市、先锋城市。

自 2004 年创办以来，文博会不断集聚产业资源、展示发展成果、拉动文化消费，促进文化产业创新发展，催生了一大批优质文化产业项目。在文博会的影响与带动下，一个个文化产业服务平台不断做大做强。2009 年，深圳在国内较早组建了文化产权交易所；2011 年，深圳参与设立了首个国家级文化产业投资基金；2013 年，深圳被文化部命名为国家对外文化贸易基地；国家版权交易中心、数字出版基地等也落户深圳……这些平台的建立都将成为深圳文化新型业态的培育基地。①

深圳加快打造特色艺术产业园区。支持艺术产业主题园区

---

① 焦子宇：《深圳探索文化产业高质量发展有效路径》，《深圳特区报》2023年6月6日。

强化对画廊、艺术机构、艺术家的孵化功能，为入驻的艺术品经营单位提供专业化服务。鼓励社会力量利用工业厂房、仓储用房、传统商业街等存量房产资源兴办特色艺术空间，丰富市民艺术生活，为青年艺术人才提供创作展示平台。

深圳市政府还促进文化创意和设计服务与相关产业融合，形成了"文化+科技""文化+旅游""文化+创意""文化+制造""文化+贸易"等产业发展新模式、新业态，为文化产业多元化发展提供无限可能，激发文化产业市场活力，① 致力于建立一个既充满活力又满足人们对丰富文化生活需求的产业环境。深圳在全国率先提出"文化+科技"的产业发展新模式，把文化与科技紧密结合作为文化产业发展的新业态予以推动，以创新科技赋予传统文化新形式、新内容，一批文化科技企业迅速崛起。

深圳的艺术空间，有依靠创意园区成熟艺术生态环境的，有扎根社区带动不同区域艺术氛围的，也有盘踞在大型商业综合体内提升其文艺指数与气质的，更有流动着的、深圳这座城市特有的艺术空间如城市光美术馆、城市声音博物馆等。这些艺术空间充分展现了深圳艺术空间的多元化特征，对深圳城市文化艺术水平的整体提升起到积极推动作用，让深圳人与艺术有了更多的深刻接触。

深圳市南山区人民政府通过举办公共艺术与城市文化沙龙活动，响应深圳建设中国特色社会主义先行示范区目标。这表明该区政府对文化艺术人才的发展给予重视。在学术研究方面，中国教育在线报道宝安区开展基于影视教育的跨学科主题教学实践，

---

① 焦子宇：《深圳探索文化产业高质量发展有效路径》，《深圳特区报》2023年6月6日。

这也反映出深圳对培养相关艺术领域人才的投入和探索。

可以看出，深圳社会对文化艺术人才的认可度和支持力度较高，并不断地探索和创新，营造有利于文化艺术人才发展的良好工作环境。

根据职友集提供的数据，2023 年，深圳文化艺术从业者月平均工资为 14000 元人民币，相比 2022 年，工资水平有所增长。但从 2018~2023 年的变化趋势来看，文化艺术方向的人员薪资存在一定的不稳定性（见表 6-1）。

表 6-1　2018~2023 年深圳文化艺术类工作月均薪资变化趋势

单位：元

年份	月均薪资	相较上年变化
2018	9000	无
2019	6000	下降
2020	13000	上升
2022	8000	下降
2023	14000	上升

资料来源：https://www.jobui.com/salary/shenzhen-wenhuayishu/。

BOSS 直聘上的招聘信息显示了一些与文化艺术相关的职位及其工资范围，一定程度上展现了行业内职位的多样性和薪资水平。但这些职位的工资范围相当广泛，从 4000 元到 15000 元人民币不等，这反映出不同公司、不同职位和个人能力等因素对薪资的影响。

可以看出，尽管当前深圳文化艺术人才有较为良好的工作环境，但也承受着较高的生活成本，享受一般水平的工资待遇。尽管该城市作为文化艺术产业的重要中心，吸引了大量人才涌入，但竞争激烈、工资不稳定等问题，都可能造成人才流失。因此，政府和企业需进一步优化政策措施，提高文化艺术人才的工资水平，以保持对人才的吸引力和发展活力。

四　深圳文化艺术人才的相关案例

深圳以高速的经济增长和科技发展而闻名，近年来更是聚焦文化艺术人才的培养和发展，推动文化产业创新，提升城市品质。以下是几个凸显深圳文化艺术人才发展前景的成功案例。

（一）深圳市歌剧舞剧院

该机构自成立之初便确立了"中国气派、当代风格、国际视野"的艺术定位，将人才培养和创作作为发展方向。例如，该机构创排的舞剧《咏春》在首演时即获得巨大成功，彰显了该机构高水准的文艺创作能力。

（二）大芬油画村

这个特色文化街区里的艺术氛围和文艺活动，使其成为深圳文化艺术的一个标志。多样性的油画作品与咖啡画廊的结合提升了街区的文艺魅力，示范了文化艺术与商业活动相结合的成功模式。

（三）文化艺术类基金会

深圳推动以设计行业为代表的文化艺术产业的发展，在这个过程中，文化艺术类基金会的发展同样不容忽视，它们为文化艺术项目与人才提供了支持平台。

（四）光明文化艺术中心

这个文化新地标集演艺中心、图书馆、美术馆和城市规划展览馆于一体，提供了一站式的文化艺术体验。同时，该中心创新推出"光鸣计划"，专门扶持拥有创新潜能和发展潜力的艺术人才，促进了文化艺术人才的成长。

（五）设计创意产业

深圳在工业、建筑、室内、服装等多个设计行业中，聚集了大批优秀设计师，形成了人才会聚的创意产业特色，为深圳的文化创意产业提供了人才保障。深圳有数千家设计公司，6 万多名设计从业人员，他们的工作为深圳文化艺术的发展打下了坚实的基础。

深圳不断推动开展文化艺术项目及活动，建设丰富的艺术场馆和公共艺术空间，如深圳美术馆的建设与进行的国际合作等，都是文化艺术人才发展前景的示范。

五　深圳文艺人才朝创新化与国际化迈进，也面临专业提升等挑战

（一）深圳文艺人才发展前景

深圳正在鼓励新模式和新业态的文化产业发展，这表明深圳的文化艺术人才有更多的发展空间和创新机会。

可以看到的是，深圳具有高新技术产业发达的先发优势，利用该优势可大力推进文化产业数字化，加快推进数字技术全面赋能文化生产、传播、消费等各环节。深圳也正全力推进数字创意产业集群行动计划的实施，推动数字创意技术和设备、内容制作、设计服务、融合服务等四大业态创新发展。

随着城市文化软实力的不断提升，文化艺术市场需求将持续增长，文化艺术领域的创新型人才将在城市发展中扮演越来越重要的角色，为文化产业的蓬勃发展注入新的活力。同时，深圳通过积极推进国际化进程，在文化艺术领域建设国际化的

交流合作平台。未来，深圳将为本地及全国各地的文化艺术人才提供更广阔的发展空间。

（二）深圳文艺人才发展面临的挑战

在文化艺术产业蓬勃发展的同时，深圳在文化艺术人才发展方面仍面临一定的挑战。这些挑战在提升城市文化艺术水平和打造文化品牌方面影响尤其大。

1. 专业人才短缺

与其他一线城市相比，深圳的文艺院团和艺术院校数量仍不足，这可能导致专业文化艺术人才供不应求的局面。尽管深圳文艺人才发展基础良好，但仍然存在集聚能力不足和整体力量薄弱的问题。而且，某些高端文化人才的流动性不足，深圳的文化艺术发展与其经济发展并不完全匹配。

2. 艺术生态不成熟

虽然深圳拥有"设计之都"的称号，但文化艺术发展与经济发展并未完全匹配，艺术生态现状有待进一步改善。部分艺术从业人员提到，在深圳的艺术生态中各个链条之间还缺乏一些连接。随着城市化进程的推进，公共艺术的质量和水平需要进一步提升，以避免快速发展带来的质量问题。

3. 文化艺术人才的留存

随着文化艺术产业的繁荣，竞争也变得更加激烈，文化艺术人才需要不断提升自己的专业技能和创作能力，才能应对市场的挑战。而深圳的生活成本较高，可能导致文化艺术人才的生存压力增加，这可能会影响其创作和发展，也会影响文化艺术人才的留存。

4. 文化发展策略与可持续性

深圳在文化发展战略上需要不断探索新的方向，如深化"文化+"的规划方案，持续推动文化艺术产业的高质量发展。文化与科技融合是未来发展的趋势，深圳需面对将数字信息技术运用到文化艺术产业领域以推动文化艺术产业升级转型的问题。艺术与文化项目的发展需要具备可持续性，这包括资金支持、项目管理及促进合作交流的长效机制等。

六　深圳文化艺术人才的发展建议

以高等教育和科研机构为依托，加快建设深圳特色学科体系，深耕"通才+特色"的人才培养模式。高等教育是人才培养体系的高阶端点，是向社会输送人才的直接出口，高等教育的质量决定人才培养的水平。当前，深圳文化艺术理论人才的高质量发展须树立"以教育为基"的基本理念，以新文科建设为引领，通过组织模式、培养机制、内容方法、理论实践创新，提升人才培养质量。深圳应当推进文化艺术理论人才教育大计，设计符合深圳发展的特色文化艺术学科体系，通过联合办学、融通培养等方式，在重点学科之间寻求通力合作，找准文化艺术理论教育的聚焦点，深耕"通才+特色"的培养模式，共谋资源、共享机遇、共同发展，形成紧密协作的高质量区域教育共同体。

以高水平人才高地建设为锚点，创新人才评价机制，落实保障体系，坚持完善有利于激发活力的人才生态环境。高水平文化艺术理论人才高地建设是一项系统性工程，仅依赖高等教育提速不足以为其做好护航工作。深圳应当对标国际一流水平，重视人才生活软硬环境的打造，积极推进人才生态环境建设，用心用力解决人才"关键事"，让各类人才舒心生活、安心工作、专心发展。深圳要紧抓加快建设高水平人才高地的重大机遇，用足用好国家赋予的人才发展各项政策措施，持续推进符合地方特点的人才体制机制改革创新。政府部门必须强化人才鼓励支持，优化人才激励机制，通过项目补助、平台资助、人才奖励等方式，全方位为用才、留才提供从"塔尖"到"塔基"的政策保障。建立科学的人才分类评价机制，针对文化艺术理论人才采用分类评价模式，以弘扬社会主义核心价值观为重要维度，重点评价其在推动理论创新、传承文明、学科建设等方面的能力贡献。同时，应加大服务力度、拓展服务深度、升华服务温度，打造全方位、立体化人才服务保障体系。

以培养青年理论人才为支点，理论研究和实践创新"两手抓"，锻造有一定规模的国际化青年人才队伍，推进高水平复合型文化艺术理论人才建设行稳致远。习近平总书记强调，"青年人才是国家战略人才力量的源头活水"，① 要让有真才实学的青年人才有用武之地，对特殊青年人才要给予特殊政策支持，对急需紧缺的青年人才要给予特殊支持，对特别优秀的青年人才要给予特别关心。深圳应当着力推动文化艺术理论人才培养"两手抓"：一手抓理论创新，大力支持青年学科团队建设发展，促进青年学者成为文化艺术理论研究的中坚力量，推动有区域特色的学术成果产出，丰富深圳文化艺术创新成果；另一手抓实践创新，扎实动员理论人才参与广泛的社会实践，走进社会

---

① 《论党的青年工作》，中央文献出版社，2022，第92页。

生活，拓展"师徒制"传帮带的培养模式，增加理论人才的参与环节，优化实践路径，促进理论与实践的融合共进，力求在与时代的互动中，使人才具备开阔的视野和严谨的思辨能力，积淀深厚的人文底蕴，树立文化自信。创造条件，鼓励文化艺术理论人才积极参与国际交流与合作，坚持和贯彻"以我为主、为我所用"的原则，借鉴和吸收国际上的先进理论和经验。

综合而言，深圳市的文化艺术人才在发展前景上拥有巨大的潜力，但也需要面对人才引进与留存、生态建设、提高创新能力、应对国际化竞争等诸多挑战。政府、企业和社会各界应共同努力，加强提供政策支持、优化教育培训、降低生活成本等方面的工作，结合深圳的城市定位和未来发展规划为文化艺术人才的发展提供更好的环境和条件。

结　语

❦·❦

　　本书第一章回顾了中国共产党自建党以来领导人才工作取得的成就，指出党的人才领导工作制度的本质就是在党的领导下，尊重人才成长的客观规律，通过政策和制度创新营造适合人才成长和发展的环境，坚持本土育才和全球引才并重。当前，在党的宏观布局、组织动员、统筹协调下，粤港澳各地人才政策密集，"引育用留"相关政策措施覆盖全面。同时，粤港澳大湾区采取多元化的引才方式，在世界范围内招才引才。在育才用才方面，粤港澳大湾区正在形成教育链、人才链与产业链、创新链融合的体系，改革产学研融合模式，推动科技创新转化为生产力。粤港澳大湾区各地政府还在持续推进体制对接，打破城市之间的制度壁垒。然而，目前粤港澳大湾区的人才工作依然存在一些不足，包括引才队伍的结构需进一步优化，现行的人才引进、选拔和培养机制难以对高潜力人才提供支持，政府尚未充分调动企业的积极性，内部人才分布并不均衡，等等。对此，在未来的人才工作中，粤港澳大湾区需要进一步改革和创新机制，进一步"松绑放权"；在人才评定方面，要进一步

"破四唯",破除"唯帽子论"。此外,还要进一步改革激励体制,进一步促进城市间的合作互动并建立沟通机制。

本书第二章指出,中国科研人才评价存在"标准单一、主体单一、方式单一"等现实问题。通过梳理、总结美国、英国、德国、法国、日本、意大利科研人才评价机制的特点,本书指出,中国科研人才评价体系需要在评价理念、操作路向和具体实施三个维度上进行改革。在此基础上,本书指出,对拔尖创新人才成长规律的认识不充分,缺乏包容个性化成长的教育环境,以及教育评价功能较差,是中国拔尖创新人才培养相对滞后的主要原因。因此,中国需要掌握拔尖创新人才特质与成长规律,完善拔尖创新人才评价体系,实施多元化的培养方案,厚植培养拔尖创新人才的"土壤",提升整个人才培养链的质量。

本书第三章秉持以人为本的价值理念,系统全面地建构了"才城融合指数"评价体系。该章将所涉及的 10 座城市的发展模式划分为五类,特别从才城经济融合、才城创新融合、才城共生融合、才城成长融合、才城制度融合五个关键维度,科学、客观地评估 10 座城市人才与城市融合发展的综合水平。第一部分对国内外公开发布的人才发展评价成果进行了细致深入的分析和解构,梳理出影响先进城区人才发展的关键性的共性因素和评价指标。这为本书构建系统、科学的人才经济贡献评价指标体系提供了有益的参考和借鉴。第二部分结合中国人才发展的实际情况,探索构建了以"人才+城市"为特征的才城融合评价指标体系,全方位、多层次、动态化地反映中国人才经济贡献的发展变化情况。研究发现,除少数几个一线城市才城融合发展较为均衡,新一线城市才城融合发展的协调程度有待进一步提高，整体呈现"东优中西弱"的格局。为了提高粤港澳大湾区的才城融合水平，该章对大湾区两座内地城市提出如下建议：深圳在教育、医疗、文化等基础资源建设方面亟须补齐短板；广州亟待挖掘并构筑新的发展优势，积极进行探索和改革。

本书第四章透过粤港澳大湾区通过主流媒介和官方渠道打造的湾区形象，指出目前粤港澳大湾区人才文化建设的"痛点"在于：人才文化品牌的知名度和外部认可度不高；文化认同感局限在粤港澳内部，对域外人才和国际人才的吸引力和凝聚力有限；人才文化建设缺乏明确的主线，各要素、维度、渠道的整合缺乏系统规划；政府之外的其他文化建设主体的积极性没有被充分调动。通过深入研究粤港澳大湾区人文价值链，该章指出"多元融合"是大湾区文化中最核心、最基础、最有代表性、最能凝聚人才的共识，是最值得宣介的大湾区人文精神内核，并指出在推介这一精神内核时，需要以中国特色社会主义文化为指引、以岭南传统文化为切入点、以文化"为人民服务"为原则。该章还提出粤港澳大湾区人才文化生态创新发展的路径，指出粤港澳大湾区的人才文化生态建设需要政府"搭台"、企业"唱戏"、社会各方共同努力，合力"讲好湾区故事"。

本书第五章针对粤港澳大湾区提高本土人才国际竞争力的立法现状，指出当前大湾区人才立法存在立法层次较低，立法质量不高、国际通用性不够，政府主导的人才管理立法模式阻碍本土人才国际化竞争力的提升，规则衔接体制建设有待完善、协同保护不足，司法保障人才环境力度欠缺等问题。对此，该章为粤港澳大湾区建设世界重要人才中心和创新高地的法治建设路径建言献策，提出要加快大湾区人才立法、提高立法层级，提高立法质量和国际通用性，加快规则衔接机制建设、促成三地协同保护，构建从管理到服务的多元共治人才体系等建议。

本书第六章针对粤港澳大湾区人才中心与创新高地的深圳实践，从科技人才和文化艺术人才两个维度进行研究分析，对人才需求与供应的不匹配、人才流动与国际资源连接的局限性以及深圳市文化艺术人才在发展前景上的巨大机遇进行探讨，提出深圳需继续优化人才结构、完善政策环境、建立高端人才培养基地等建议，以巩固其在全球创新人才高地的领先地位。政府、企业和社会各界应共同努力，加强提供政策支持、优化教育培训、降低生活成本等方面的工作，结合深圳的城市定位和未来发展规划，为深圳人才的发展提供更好的环境和条件。

本书从政策、教育、金融经济、文化研究、法制五个角度，为粤港澳大湾区人才发展规划工作提供参考意见。综合五个角度的研究结果后，本书提出：中国共产党的人才工作领导制度在粤港澳大湾区的实施情况良好，为大湾区的发展提供了强大的支持，人才中心和创新高地建设仍需要进一步推进体制改革与创新，完善和优化规则衔接体制，培育对人才有吸引力、利于创新发展和人才成长的人文环境。

从人才自身发展的角度出发，现实中这些政策如何影响他们的生活决策和事业发展轨迹，他们在创新创业过程中会遇到什么困难，什么样的政策是他们急需的，什么样的政策最能调动他们参与大湾区建设的热情……这些问题，还需要通过进一步的调研解答，这也是未来的研究方向。

后 记

　　本书的写作缘于 2022 年教育部科技委战略研究重大项目的开展。当时，我们组建了一个跨学院、跨学科、跨专业的智库团队，用不到一年的时间高质量地完成了教育部重大专项课题，并以评级"优秀"结项。这个来之不易的"优秀"评级，给予了团队莫大的信心，更让我们萌生了"著书"的雄心。从调研报告到学术专著，书稿本身谈不上厚重，但它对于我们团队却具有非凡的意义。形态上，它的真实品相不同于中规中矩的学术著作。内容上，它与我所熟悉的比较文学和比较文化研究领域相去甚远。方法上，它采用的不是我所擅长的思辨性和学理性相结合的批评范式。无论从哪个维度来看，这本不一样的书稿成形，都凝结了集体智慧和团队精神，也是以人文社科理论研究的方式服务国家重大战略的生动记录。正如已故恩师、国际比较文学大师杜威·佛克马当年的寄语——"人文科学和自然科学一样需要团队合力和平台支撑"。这句话也成为团队创新驱动、"石中点灯"的精神动力。

　　或许是历史的巧合和机遇，国家战略框架体系下的粤港澳大湾区建设，成为我和团队成员以社科研究服务经济社会发展的强力催化剂。2018 年 10 月，我有幸被选中参加了中共深圳市委统一战线工作部组织的首届全市民主党派干部领导力培训班。培训期间，我所在的第四组承接了"深港青年创新创业工作"调研课题任务。借助问卷调查、实地走访、重点访谈、文献分析等社会学研究方法，全组 12 位同学群策群力，创作了一份万字调研报告。2019 年 2 月 19 日，《粤港澳大湾区发展规划纲要》正式出台。2019 年 3 月，小组成员共同完成的中共深圳市委统一战线工作部民主党派干部"黄埔一期"调研报告节选版——《建立深港澳青年创新创业培养共同体的若干建议》，先后被《深圳信息》《省领导专送》《广东省信息》采纳，获得时任广东省主要领导肯定性批示，部分意见直接转化为《广东省人民政府关于加强港澳青年创新创业基地建设实施方案》的内容。这份报告是我参政议政的"头啖汤"，也成了我们科研团队学术研究和咨政研究双线作战的"首发站"。

在教育强国、科技强国、人才强国一体化推进的宏伟蓝图中，建设粤港澳大湾区世界重要人才中心和创新高地，是紧迫且艰巨的战略任务和时代命题。对标党中央提出的 2025 年、2030 年、2035 年三个重要时间节点及建设目标，我们团队描画了一个"分步走"路线图：（1）至 2025 年，大湾区科技体制改革深入推进，赋予科研人员更大自主权，进一步激发创新团队活力，在关键核心技术领域打造若干高素质人才团队，并形成若干可复制、可推广的人才管理经验；（2）至 2030 年，大湾区拔尖创新人才体系搭建成形，人才"引进来、走出去"的步伐显著加快，重要领域的领军人才国际影响力显著提升；（3）至 2035 年，大湾区人才国际比较优势全面凸显，一流创新生态基本形成，各行业龙头的人才创新链齐备，创新效能大幅提升，世界重要人才中心和创新高地布局定型。把"路线图"美好愿景变成"施工图"火热实践，正是我们合力撰写这部咨政类学术著作的初心使命和责任担当。让我们共同期待，一个举世瞩目的重要人才中心和创新高地昂然崛起于粤港澳大湾区 5.6 万平方公里的土地上。

在成书过程中，深圳大学教育学部副主任、教育部战略研究基地执行主任赵明仁教授、法学院侯玲玲教授、刘建翠博士，社会科学部主任、深圳大学新质生产力研究院执行院长曾宪聚教授，经济学院副院长李猛教授，深圳大学区域国别与国际传播研究院院长助理李竟成博士，以及我们团队的博士后闫然、博士生李俊保均做出重要贡献，在此一并表示感谢。

最后，谨以此书献给粤港澳大湾区每一位平凡而伟大的建设者！

张晓红

2024 年 10 月 30 日

图书在版编目（CIP）数据

粤港澳大湾区世界重要人才中心和创新高地建设／
张晓红等著. -- 北京：社会科学文献出版社，2025.1.
ISBN 978-7-5228-4218-9

Ⅰ.C964.2

中国国家版本馆 CIP 数据核字第 20241V3U04 号

粤港澳大湾区世界重要人才中心和创新高地建设

著　　者／张晓红　战　迪　等

出 版 人／冀祥德
责任编辑／韩莹莹
文稿编辑／田正帅
责任印制／王京美

出　　版／社会科学文献出版社
　　　　　地址：北京市北三环中路甲 29 号院华龙大厦　邮编：100029
　　　　　网址：www.ssap.com.cn
发　　行／社会科学文献出版社（010）59367028
印　　装／北京联兴盛业印刷股份有限公司

规　　格／开本：880mm×1230mm　1/32
　　　　　印张：9.875　字数：230 千字
版　　次／2025 年 1 月第 1 版　2025 年 1 月第 1 次印刷
书　　号／ISBN 978-7-5228-4218-9
定　　价／98.00 元

读者服务电话：4008918866